부자자호

한영진 지음

부자자효

父慈孝

한국학술정보(주)

머리글

효(孝, filial piety)란 참으로 아름답고 귀한 덕성이며, 세계가 부러워할 만한 우리나라의 자랑스러운 미풍이기도 합니다. 그런데 현대사회로 들어오면서 산업화, 정보화 물결 속에 물질만능주의가 정신세계에 스며 들어오면서 점차 부담스럽고 거추장스런 의무로 변질되어 가지 않나 싶어 안타까운 심정입니다. 가족관계가 다양해지고 가정해체도 급증해지면서 급기야는 천륜을 저버리고 부모를 살해하는 끔찍한 사건까지 일어나게 되었으니 말입니다.

필자는 바로 이러한 사회변화에 안타까움을 갖고 효(孝, filial piety)에 대한 재조명을 실천 중심의 쉬운 쪽으로 접근해 보았습니다. 그러다가 옛 경전으로부터 참으로 귀한 내용을 발견하게 되었습니다. 이것이야말로 오늘날에도 부모-자녀 간에 회복시켜야 할 새로운 덕목으로서의 효(孝, filial piety) 사상으로 구체화시켜야 하지 않을까 할 정도로 말입니다. 그것은 다름 아닌 '부자자효(父慈子孝)' 정신입니다.

곧, 부모는 자녀를 향해 자애로운 역할을 하고, 자녀는 부모에게 효성스런 맘으로 섬기는 이 정신, 얼마나 아름답고 귀한 덕목입니까? 이러한 돌봄과 섬김이 쌍무·호혜적이고 양 방향적이며 교호적으로 일어나야 됨을 말하는 것입니다.

쌍무·호혜적이라 함은 자녀에게만 부모에게 잘하기를 기대하거나 강요하면 안 되고 부모-자녀가 의무감을 지니고 서로 살피고 돌아보면서 자녀역할과 부모역할을 책임 있게 잘해야 됨을 말합니다. 부모역할을 잘하는 것은 모델링교육으로서 대를 이어 좋은 부모역할을 하게 하는 효과를 기대할 수 있습니다.

양 방향적이라 함은 그동안 효(孝)는 자녀만 하는 것, 즉 일 방향적으로 알고 있던 자효(子孝)가 아니라는 말입니다. 자녀만 부모에게 잘하기를 바라면 안 되고 부모도 자녀에게 잘해야 됨을 말합니다. 부모가 먼저 자녀를 귀한 인격체로 존중하여 자녀를 대하는 언행에 있어 인자하고 너그러운 모습을 보일 때 자녀도 부모를 존중하고 온유하고 부드러운 언행을 가질 수 있습니다.

교호적이라 함은 위에서 말한 이러한 모든 행동이 서로에게 원인도 되고 결과도 됨을 말하는 것입니다. 즉 자식이 바른 행실을 가지게 되는 것은 부모가 바른 모델로서 부자역할을 잘하였음을 말하고 또한 부모가 잘하게 되는 것은 자식이 자식 된 도리를 다할 때 서로 가능하게 된다는 말입니다. 한쪽만 잘하기를 기대하면 안 되고 서로서로 잘해야 된다는 말이지요.

현대사회에서 실천해야 할 효의 원리는 바로 부자자효(父慈子孝)입니다.

부자역할을 잘하기 위해 부모도 끊임없이 배워야 합니다. 부모가 모범을 보일 때 비로소 자녀에게도 자효(子孝)를 기대할 수 있습니다.

본 책에서 소개된 부자(父慈)와 자효(子孝)의 내용이 우리들 가정에 스며들어서 우리의 아름다운 전통이 되살아나고 가정이 든든해지는 기회가 되기를 바랍니다.

끝으로, 이 중요한 부자자효(父慈子孝) 정신을 실천프로그램으로 구현하기 위해 프로그램 개발의 전형적인 과정을 제시한 본 본 연구에 관심을 보이시고 책으로 펴내도록 기회를 주신 한국학술정보(주)에 감사를 드립니다.

2007. 5. 한 영 진

차 례

이 론 편

Ⅰ. 서 론 ··· 13

  1. 효(孝)연구의 필요성 및 목적 / 13

  2. 연구문제 / 17

  3. 용어의 정의 / 18

    1) 부자자효(父慈子孝) / 18

    2) 부자(父慈) 교육프로그램의 각 구성요소에 대한 조작적 정의 / 18

    3) 자효(子孝) 교육프로그램의 각 구성요소에 대한 조작적 정의 / 19

    4) 한국적인 양육행동 / 19

Ⅱ. 이론적 배경 ··· 21

  1. 효(孝)의 개념과 변천 / 21

    1) 효(孝)의 개념 / 21

    2) 효(孝)의 변천 / 23

  2. 부자자효(父慈子孝)의 의미와 기능 / 34

    1) 부자자효(父慈子孝)의 의미 / 34

    2) 부자자효(父慈子孝)의 기능 / 38

  3. 부자자효(父慈子孝) 구성요소의 선행연구 / 51

    1) 부자(父慈)의 구성요소 / 52

    2) 자효(子孝)의 구성요소 / 54

4. 효교육프로그램 선행연구 / 56

5. 본 연구의 모형 / 59

Ⅲ. 부자자효(父慈子孝)의 프로그램 구성요소 선정 ················ 61

1. 부자자효(父慈子孝) 구성요소의 시안(試案) / 61

1) 부자(父慈)의 구성요소 / 62

2) 자효(子孝)의 구성요소 / 64

2. 부자자효(父慈子孝) 구성요소의 전문가 내용타당도 검증 / 67

1) 부자(父慈) 구성요소의 내용 타당도 검증 / 67

2) 자효(子孝) 구성요소의 내용 타당도 검증 / 70

3. 부자자효(父慈子孝) 프로그램 구성요소 선정 / 74

1) 부자(父慈)의 구성요소 / 74

2) 자효(子孝)의 구성요소 / 74

Ⅳ. 부자자효(父慈子孝) 교육프로그램의 개발 ················ 77

1. 프로그램 요구도 조사 / 77

1) 설문제작 및 조사 / 77

2) 설문분석결과 / 79

2. 부자(父慈) 교육프로그램의 개발과정과 모형 / 83

1) 부자자효(父慈子孝) 교육프로그램 개발의 사회·철학적 배경 / 83

2) 부자자효(父慈子孝) 교육프로그램 개발과정 / 84

3) 부자자효(父慈子孝) 교육프로그램의 모형 / 87

3. 부자자효(父慈子孝) 교육프로그램의 내용 / 88

  1) 부자(父慈) 교육프로그램의 내용 / 89

  2) 자효(子孝) 교육프로그램의 내용 / 91

4. 부자자효(父慈子孝) 교육프로그램의 내용 타당도 확인 / 95

적 용 편

Ⅴ. 부자자효(父慈子孝) 교육프로그램 실시 및 효과 분석 ····························· 99

  1. 연구방법 / 99

   1) 연구대상 / 100

   2) 실험 설계 / 102

   3) 측정도구 / 102

   4) 분석방법 / 105

  2. 연구결과 및 해석 / 105

   1) 프로그램 실시 / 105

   2) 실험집단 참여자 정보 / 109

   3) 효과검증 및 결과의 해석 / 110

Ⅵ. 결론 및 제언 ·· 139

    1. 결　론 / 139

    2. 제　언 / 143

참고문헌 ·· 145

부 록 편

<부록1> 부자자효 구인 타당을 위한 전문가 설문지 / 157

<부록2> 설문지 <어머니용> / 160

<부록3> 설문지 <자녀용> / 162

<부록4> 부자(父慈) 교육프로그램 진행안 / 164

<부록5> 자효(子孝) 교육프로그램 진행안 / 170

<부록6> 프로그램 실시 안내 및 모집글 / 180

<부록7> 어머니용 설문-부모역할수행척도 / 181

<부록8> 자녀용 설문-한국적인 양육행동 / 182

<부록9> 자녀용 설문-어머니에 대한 태도 / 183

<부록10> 어머니용 설문-자녀 효행동 관찰척도 / 186

<부록11> 추후 자기 보고서(self-report) / 187

<부록12> 사후 소감문(어머니용) / 190

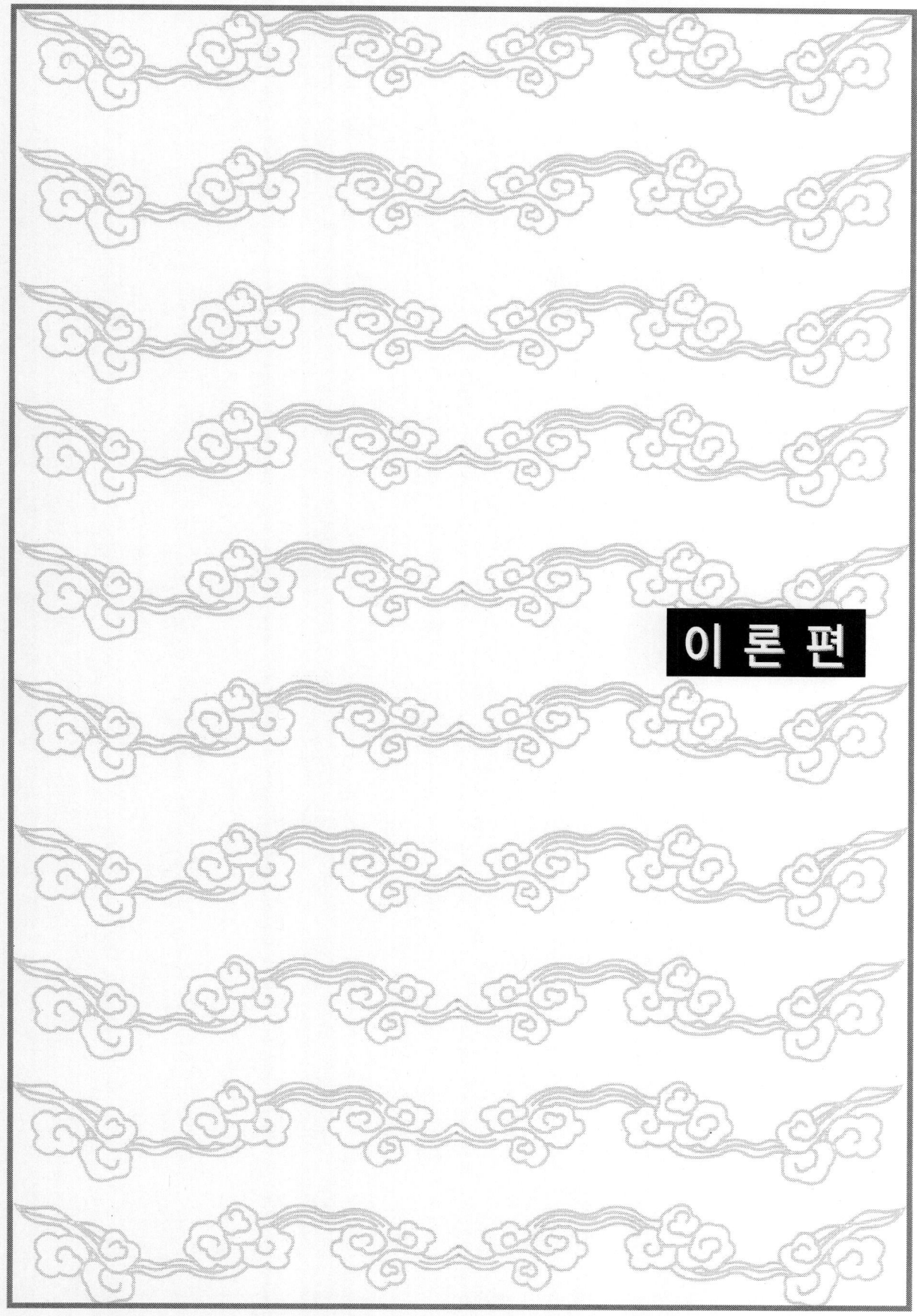

이 론 편

I. 서 론

1. 효(孝)연구의 필요성 및 목적

효(孝)는 오랜 세월 동안 우리 민족의 가족관계에 있어 가치기준의 근거였고, 인간관계의 가장 기본인 부모-자녀관계를 유지시켜 주는 기본 덕목으로서 자리매김을 하여 왔다. 또한 이 덕목은 가족관계를 넘어서 사회와 국가에 대한 개인 역할의 덕목인 충(忠)으로까지 그 의미 범주를 넓히기도 했다.[1]

그러나 농경사회에서 산업사회로 옮겨오는 과정에서 사회구조는 급격히 변화하였고, 그로 인해 가족구조에도 변화를 가져와 기존의 위계질서를 중시하던 가족윤리는 기능 중심의 가족구조로 변화하게 되면서 많은 문제를 야기하게 되었다. 이에 따라 가족윤리도 전통적 유교 성향보다 서구사회의 가족윤리 영향을 더 받아들이게 되었고, 자연히 효사상도 많은 변화를 일으킬 수밖에 없게 되었다. 즉 효를 천륜(天倫)이기보다 인륜(人倫)으로 봄으로써, 사회조건과 환경의 변모와 더불어 인륜으로서의 효(孝)의 변모 양상이 가정마다 다양한 현상으로 드러나게 된 것이다.

한국의 근대 가족윤리에 대해 시대별로 기축론적 접근(基軸論的 接近)[2]을 통해 그 변모를 밝힌 이정덕과 박허식(2002)에 의하면 이러한 현상은 특히 1950년대와 1960년대에 두드러진 것으로 나타난다. 바로 이 시기부터 부모의 자식에 대한 관심은 전통적인 개념과는 다른 변화를 가져오기 시작했다는 것이다. 즉 성인이 된 후 올바르게 살아갈 수 있도록 하기

---

1) 부모-자녀관계의 핵심 덕목인 효(孝)가 사회·국가에로까지 전이되었던 것에 대해 다소 부정적 견해도 있긴 하지만(孔德成, 1995; McMullen, 1995; Lee Cheuk Yin, 1995) 일반적으로 자신의 부모를 사랑한다는 것은 타인을 사랑하게 되는 데 있어 선행되어야 할 조건이라고 여겨져 왔다. 인간관계에서 인(仁)을 강조한 공자(孔子)의 견해도 타인사랑은 부모사랑, 즉 효(孝)로부터 출발한다고 하였다(羅國杰, 1995).
2) 기축론적 접근(axial approach)이란 사건이나 사례를 근거로 미래를 예측하는 방식이 아니라, 일련의 사회구조적 현상 속에 존재하는 규칙성과 방향성을 근거로 그 사회를 지배하는 구심점(중심원리)을 찾는 접근방식이다. 이정덕과 박허식(2002)의 연구에서는 부모-자녀관계의 담론을 중심으로 시대별 변화를 살펴보았다.

위해 권위주의적 교육이 아닌 자녀의 입장에서의 교육을 실시하는 합리적 가족관계를 갖기에 이르고, 가정의 중심이 부모로부터 자녀에게로 옮겨 가게 되었다는 것이다. 이로 인해 부모와 자식 중, 자식을 먼저 고려한 후에 부모를 섬긴다는 현실론적 자녀 중심의 가정생활로 바뀌게 되면서 효의 중요성과 관심이 급격히 감소하게 되었다. 즉 효의 내용이 물질화되기 시작하여 부모에 대한 경제적 공급과 부양을 효행의 표현과 잣대로 인식하게까지 되면서 노동력을 상실한 부모를 부담으로 여기는 현상까지도 일어나게 되었다. 김두헌(1985: 586-587)은 이를 두고, 한국 사회가 자본주의적 경제조직이 진전되면서 경제적 변동이 사상적 변동을 가져오게 하고 가족제도의 변동도 가족윤리의 변화를 가져오게 한 것이라고 하였다. 아울러 그로 인해 가족 내부의 의사소통적 상호 관계가 약화되거나 변화되었고, 그동안 전통 효사상이 사회의 규범으로 유지되었던 윤리적 가치조차 그 기반이 되어 주던 가족관계의 약화에 따라 자연히 영향력을 잃은 채 결국 가족의 위계질서까지 혼란스럽게 되는 처지에 이르렀다는 것이다.

이렇듯 사회변동에 따른 가치관의 변화에 대해 문제의식을 가진 연구자들을 중심으로 기존의 효윤리(孝倫理)는 사회변화에 대응하여 현대사회에 재조명되어야 한다는 주장이 일각에서 일어나기 시작하였다(김광웅, 1999; 성규탁, 1996; 이계학, 1995; 이응백, 1995; 정옥분 외, 1995; 조남국, 1995). 그것은 인간이 관계적 존재인 한, 비록 전통사회에서 요구되던 효개념을 그대로 전승하지는 못할지라도 한국인의 효사상은 21세기 현대사회에서도 그 의미와 가치를 발휘할 수 있도록 해야 한다는 것이다. 즉 가정이라는 울타리 안에서 '엄부자모(嚴父慈母)'로 정형화된 전통가정 교육사상을 현대의 가정교육 사상으로 변환하여 오늘날의 부모-자녀관계에 적용되는 효윤리로 유지·발전시켜야 한다는 데에 일치된 의견을 보인 것이다.[3]

이처럼 효윤리의 재개념화를 추구하는 그동안의 연구들은, 효윤리가 관계중심적인 한국 사회에서 여전히 부모-자녀관계의 핵심윤리로 그 정신을 유지·발전시켜야 한다는 사회적 합의가 가속되고 있음을 보여주는 것으로써 매우 다행스런 일이라 생각된다.

그동안 효의 가치를 유지하고 덕(德)의 인간회복을 위해 꾸준한 연구와 계몽을 해 온 효를 주제로 한 연구들은, 주로 홍익인간(弘益人間)을 지향하는 방법적 원리로서 효의 가치와

---

3) 이것은 흡사 근대사회에서 조상이나 부모를 중심으로 한 효(孝)윤리를 자녀 중심의 미래지향적 관점에서 비판하여 전통적인 효의 관념이 변해야 함을 주장했던 이광수(1925)의 효무용론(孝無用論)의 맥락을 연상케 한다.

실천의 교육학적 의미에 초점을 두어 왔다. 그것은 전통적인 가정교육 가치의 상실을 우려하여 효를 현대적으로 재해석하고 실천가능 여부를 확인하고자 한 노력으로 보인다. 서양식 자녀교육의 한계를 극복하고 우리 고유의 사상과 전통문화를 현대생활에서 주류화시키고자 실증적인 연구를 시도했던 기존의 결과들은(김광웅, 1999; 마영래, 2000; 성규탁, 1995; 정옥분 외, 1996; 한선봉, 2001) 전통가정교육원리의 실천 및 효교육의 실천 면에 있어 나름대로 상당한 기여를 한 것으로 본다.

이러한 기존 연구의 개략적인 동향을 보면 크게 이론 연구와 실천 연구로 대별할 수 있다. 이론 연구로는 전통 효의 개념 및 내용을 탐색하거나 부정적 측면을 비판하는 사상 중심의 연구(공덕성, 1995; 성규탁, 1995; 안태원, 1994; 이계학, 1994; 조기석, 1998; 최근덕, 1995)와 효(孝)의 구성요소를 밝히기 위한 연구(서병숙·윤혜경, 1992; 정옥분 외, 1995; 주영애, 1999)가 있다. 실천 연구로는 1995년을 전후로 해서 이론적 연구에 이어 점차 구체적인 진행을 보이고 있는데 그 내용을 세분하면 효교육(孝敎育)의 방법적 원리와 내용에 관한 연구(원종철, 2000; 이계학 외, 1997; 이재승, 1998; 이효범, 2001; 최기섭, 2000)를 거쳐, 복지에의 적용 및 문화적 측면에서의 연구(김성철, 2003; 임돈희·로저, 2001), 현대사회에 적용할 수 있는 효교육 방안에 관한 연구(김경희, 1997; 려중동, 1997; 서영신, 2002; 손인수, 1996; 이한분, 2000), 프로그램의 실시에 관한 연구(마영래, 2000; 주영애, 1999; 한선봉, 2001; 한영훈, 2001)로 구분해 볼 수 있다.

이렇듯 이론적인 개념수준 연구에서 점차 실천적인 방법 연구에로 진전되어 온 것은 전통 가정교육 원리로부터 부모-자녀관계의 수월성을 과학적으로 입증해 보고자 한 점에서 상당히 고무적인 일이라고 본다. 그러나 효의 현대적 해석과 적용에 관한 연구는 아직 미흡한 실정이라 좀더 치밀한 탐구가 요구된다고 하겠다.

효의 현대적 해석과 적용에 있어서 무엇보다 중요한 것은 그 방향성이다. 전통 가정교육 원리가 오늘날의 가정에서 그대로 적용되지 못하고 사장(死藏)되거나 변질된 근본적인 이유는 급변하는 사회 변화를 따르지 못하기 때문이다. 곧, 사회는 산업사회에서 지식정보사회로 급격히 변모되는데 가정의 부모-자녀관계에서는 이전의 효행방식을 구태의연하게 요구하기 때문이라고 볼 수 있다. 사회와 가정의 변화에 따라 더 이상 예전과 같은 효도를 할 수 없는 것은 당연한 일이다. 그럼에도 불구하고 여전히 자녀로부터 상향식의 효를 요구한다면 부모는 자녀에게 더 많은 부담을 지워 주게 되고, 자녀는 학업과 일상의 스트레스 위에 가중되는 의무감으로 정신적인 부담과 스트레스만 안게 될 뿐이다.

따라서 기존의 일 방향식 효의식을 재개념화하여 현대 민주주의 사회의 가정교육 원리에 부응하는 것으로 재정립하고, 그에 걸맞은 효교육프로그램을 개발하는 것은 오늘날 자칫 무너지기 쉬한 현대 한국 가정의 가족관계와 가족위기를 극복하는 데 꼭 필요한 일이라고 본다. 그러기 위해서는 무엇보다 기존의 일 방향식 효의식을 극복하고 부모-자녀 간 쌍방향적인 효의식으로 바뀌어야 한다고 본다. 그럼으로써 가정 내에서 상호 바람직한 역할을 합의와 조정하에 수용하게 되면 부모나 자녀가 당위성에 대한 기대로 서로 부담스러워지지 않으면서 현대사회에 걸맞은 부모-자녀관계를 재정립하게 될 수 있다고 본다.

이런 효(孝)의 재개념화에 있어 무엇보다 우선으로 생각해야 할 것이 바로 '부자자효(父慈子孝)'라고 하겠다. 이는 부모-자녀 간에 쌍방향적이고 쌍무적(雙務的)이며 교호적(交互的)인 효의 개념이며 일찍이 예기(禮記)[4] 제9편 예운(禮運) 14절에 사람의 행할 의(義)로 등장된 바 있다. 최근 효에 관심을 갖고 연구한 여러 학자들도 이 원리를 현대 가정교육 원리로 되살려야 할 개념으로 규정한 바 있다(성규탁, 1995; 손인수, 1995; 임정하, 2004; 정옥분 외, 1995). 한편, 박철호(2000)는 효를 절대적인 효와 상대적인 효로 구분하기도 하였다.[5] 이러한 연구결과들을 통해, 효는 이제 보편화 가능한 것으로의 윤리체계를 구성하여, 일상의 교육활동으로 실천해야 하는 사회적 요구와 당위성이 성립하게 된 셈이고, 인정받게 된 셈이라고 볼 수 있다.

그동안 효교육은 학교현장에서 도덕 교과목을 통해 다뤄지거나 인성 및 생활지도 차원에서 학교 단위의 특별 주제로 선정하여 연구되어 왔다. 그러나 거의 대부분이 일 방향적이고 상향식의 효를 강조하는 내용으로 구성되어 있어서(마영래, 2000; 서영신, 2002; 안희옥, 2002; 효교육 길라잡이, 2003) 현대사회가 요구하는 상호 합의 과정과 민주적인 인간관계 형성과는 다소 거리감이 있었다. 따라서 부모와 자녀가 쌍방향적이며 쌍무적이고 교호적인 효를 가정에서 실천할 수 있도록 부자자효(父慈子孝) 원리를 기반으로 한 교육프로그램을

---

4) 예기(禮記): 5경(詩經, 書經, 易經, 禮記, 春秋)의 하나이며 유가사상의 모든 것을 총정리한 백과사전적인 경전으로 중국 한(漢)나라 이후부터 수천 년 동안 중요한 경전(經典)으로 인정되어 왔다. 예기(禮記)엔 정치제도·예절의식·예의·학술·일상행사의 규칙·유가(儒家)의 잡다한 일에서부터 사람이 태교·장례·제사의식에 이르기까지 일상적인 행사들을 각 부분별로 정리한 가장 귀중한 유학(儒學)의 진수가 담겨 있는 저서이다.

5) 절대적인 효(孝)란 자녀라면 누구나 지켜야 할 효를 말한다. 그리고 상대적인 효란, 반사회적 행위가 아닌 한, 자녀의 인격과 자유를 보장하는 의미에서 사회통념적으로 수용하는 것이 타당한 것으로서의 효를 뜻한다. 이런 구분은 부모-자녀 사이에 권위적이고 위계적인 부분도 필요할뿐더러, 수평적 위치에서 인격적인 애정과 친애의 성격을 띤 관계도 필요하다는 뜻을 담고 있는 셈이다.

구성할 필요가 있다. 마영래(2000)는 이론의 실제화를 통한 가정위기 극복을 위해 효행 프로그램을 개발하였는데 프로그램 개발에 있어 학교 교육과정 운영에 준하여 각 영역별로 실시 가능한 주제들을 모아 나열한 것에 불과해 엄밀한 의미에서 프로그램 개발이라고 보기 어려운 점이 있다. 한편, 주영애(1999)는 유아들을 대상으로 한 자효(子孝) 프로그램을 개발하여 유아교육기관을 통해 일상적인 교육을 하고 있는데 전통적인 효사상을 발달단계와 대상특성에 맞도록 개발하였다는 데에 그 의의가 크다고 본다.

이상을 종합해 볼 때 현대사회에 회복해야 할 가정교육 원리로서의 효는 부모와 자녀 양방향성을 기본 원칙으로 재정립할 필요가 있으며, 효에 대한 가치를 형성하여 습관화하기 위한 방안에 있어 시기와 방법에 대한 논의가 필요하다고 본다. 습관형성의 중요한 시기이며 논리적인 설득과 가치형성교육이 가능한 아동기는 이러한 교육을 집중적으로 실시하기에 매우 적합한 시기이다.

이에, 본 연구자는 그동안 이루어진 이론적인 연구들과 '부자자효(父慈子孝)' 개념을 바탕으로 하여, 현장에서 구체적으로 적용하고 실천할 수 있는 효교육프로그램 모형을 개발할 필요를 절감하게 되었다. 이제는 효교육이 일방적 전달로만 끝날 것이 아니고 효교육을 통해 변화되는 구체적인 행동 및 사고와 태도의 변화는 무엇인지 살펴야 할 것이다. 그리고 현장에서 활용할 수 있는 효과적인 효교육의 방안이 무엇인지에 대해 좀더 과학적이고 실험적인 접근이 필요한 것이다.

본 '부자자효(父慈子孝)'의 원리를 기반으로 구성된 프로그램은 자녀에게만 초점을 맞추는 것이 아니라 부모도 교육대상으로 삼는, 즉 한 가정에서 부모와 자녀가 함께 참여하는 프로그램이 되는 셈이다. 이것은 바로 일반 부모와 아동을 대상으로 삶의 질을 향상시켜 주어 예방적 가족복지에 기여하는 구체적인 실천방법이 되기도 한다. 그리고 아직도 한국의 부모-자녀관계를 부러워하며 관심을 보이는 많은 외국인에게 부자자효(父慈子孝)의 본질을 바르게 알려줌으로써 가족관계의 모델 국가를 지향해 봄 직하다고 본다.

2. 연구문제

앞에서 제시한 연구 목적을 달성하기 위해 다음과 같이 연구문제를 설정하였다.

연구문제 1. '부자자효(父慈子孝)'의 요인을 구성하고 타당화한다.

    1-1 '부자자효(父慈子孝)'의 구성요소를 파악한다.

    1-2 '부자자효(父慈子孝)'의 구성요소를 타당화한다.

연구문제 2. '부자자효(父慈子孝)' 교육프로그램을 개발하고 타당화한다.

    2-1 '부자자효(父慈子孝)' 교육프로그램을 개발한다.

    2-2 '부자자효(父慈子孝)' 교육프로그램을 타당화한다.

연구문제 3. '부자자효(父慈子孝)' 교육프로그램의 효과를 분석한다.

    3-1 '부자(父慈)' 교육프로그램의 효과를 분석한다.

    3-2 '자효(子孝)' 교육프로그램의 효과를 분석한다.

3. 용어의 정의

본 연구에서 사용하는 핵심 용어인 부자자효(父慈子孝), 부자(父慈)와 자효(子孝)의 각 구성요소 및 한국적 양육행동에 대한 정의는 다음과 같다.

1) 부자자효(父慈子孝)

기록상으로는 예기(禮記)에 처음 등장한 용어이나 이후의 다른 경전(經典)에는 부모-자녀의 역할관계의 핵심을 의미하는 다른 표현으로 자주 등장한다. 부모가 자녀를 대하여 자애(慈愛)로운 역할을 감당하고 자녀는 부모를 대하여 효(孝)를 행하는 쌍무적인 관계로서의 효를 말한다.

2) 부자(父慈) 교육프로그램의 각 구성요소에 대한 조작적 정의

(1) 책임(責任): 자녀가 독립할 때까지 필요한 물질적·정신적 지원을 다하는 역할을 말

하며 정성(精誠)과 헌신(獻身), 관심(關心)을 하위요소로 가진다.

(2) 훈육(訓育): 부모의 권위를 유지하며 엄격함과 자애로움을 바탕으로 사람의 바른 도리를 안내해 주는 역할을 말하며 권위(權威)와 엄친(嚴親)을 하위요소로 가진다.

(3) 수신(修身): 부모 자신이 스스로를 돌아보며 몸가짐을 바르게 하고 덕을 쌓아 자녀의 본보기가 되는 역할로서 보신(保身)과 모범(模範)을 하위요소로 가진다.

(4) 존중(尊重): 자녀를 독립된 인격체로서 인정하고 격려하며 지지하는 역할로서 아껴줌, 격려(激勵), 지지(支持)를 하위요소로 가진다.

(5) 인내(忍耐): 자녀에게 나타나는 발달적·심리적·학업적인 현재의 결과에 대해 소망과 믿음을 가지고 참고 기다리는 역할로서 관대, 믿음, 이해를 하위요소로 가진다.

3) 자효(子孝) 교육프로그램의 각 구성요소에 대한 조작적 정의

(1) 감사(感謝): 낳으시고 길러주신 은혜를 생각하여 보답하고자 노력하며 감사의 마음을 표현하는 역할로서 보은(報恩)과 경애(敬愛)를 하위요소로 가진다.

(2) 순종(順從): 부모님의 생각과 뜻과 권면을 거역하지 않고 그대로 따르는 역할로서 청종(聽從), 형제우애, 절제(節制)를 하위요소로 가진다.

(3) 공경(恭敬): 부모님에 대한 경외심을 바탕으로 몸가짐을 공손히 하여 존경의 마음을 표현하는 역할로서 예의, 존중, 충간(忠諫)을 하위요소로 가진다.

(4) 승지(承旨): 가문의 기대와 뜻을 헤아리고 자신의 위치와 역할을 파악하여 가족과 세상을 유익하게 하는 역할로서 보신(保身), 존속(存續), 입신(立身)을 하위요소로 가진다.

(5) 봉양(奉養): 부모님의 심신을 편안하고 즐겁게 해드리며 섬기는 마음으로 필요를 채워드리는 역할로서 안락(安樂), 섬김, 불욕(不辱)을 하위요소로 가진다.

4) 한국적인 양육행동

지리적으로 한국이라는 위치와 역사적·사회적으로는 다른 나라와 구별되는 배경 특성을 지닌 현대 한국의 가정에서 나타나는 양육에 관한 전반적인 행동과 태도를 말한다. 전통적으로도 중시되었으며 현대 한국 가정에서도 그 가치를 인정받고 행동적·심정적으로 지속되고 있는 양육방식과 일부 서구화의 영향을 받아 현대 한국 가정에 널리 퍼져 있는 양육방식을 모두 포함한다. 임정하(2003)는 청소년이 지각하는 아버지의 양육행동과 어머니의 양육행동을 따로 보고 있는데 본 연구에서는 '아동이 지각한 어머니의 한국적인 양육행동'만을 보고자 한다. '존중', '인내', '가르침'이 본 연구에서의 부자(父慈) 구인과 일치한다.

Ⅱ. 이론적 배경

1. 효(孝)의 개념과 변천

1) 효(孝)의 개념

효사상은 본래 공자로부터 전래된 것으로서 유교윤리의 근본이 되는 사상이며 부모-자녀관계에서 기본이 되는 핵심사상이다. 효(孝)의 출발을 은대(殷代)로 추정하는 이도 있고 (儒敎大事典, 1990: 1764) 주대(周代)로 보는 이도 있다(공덕성, 1995: 135). 은대(殷代)(기원전 약 1766년-기원전 약 1122년)에 중국 하남성 안양의 은허(殷墟)에서 발굴된 갑골문자에서 '孝'라는 글자가 발견되었는데 그 당시의 해독으로 보면 '孝' 자를 '父' 자와 '子' 자의 合字라고 보았다. 은대(殷代) 당시가 일부일처제의 가부장제도에서 父는 양친의 대표자이고 子는 자녀의 대표자를 나타냄으로 '孝' 자는 양친과 자녀의 관계, 즉 친자관계를 의미하는 것으로 보았다(문경서·김상태, 1983). 한편, 주대(周代)로 보는 이는 글자로서의 '孝'가 처음으로 문헌에 등장한 때가 주대(周代)라고 주장하는 것이다.

효(孝)를 자구(字句)적으로 해석하는 여러 사람들의 주장을 보면 '孝'라는 글자를 노인이 자식에게 의지하고 있는 형태로 보는 이도 있고, 子가 父를 받들고 있으며 父도 종속되고 子도 종속되어 있는데, 가운데 마치 父와 子가 의뢰하고 있는 것으로 본다고 한다(공덕성, 1995: 136-137). 설문해자(說文解字)[6]에서는 '孝는 老의 匕가 생략된 부분에 子가 종속되어 있어 子가 老를 받들고 있는 모습과 같다'고 설명하였다. 이상의 자구(字句)적인 해석을 통해 볼 때 孝는 '부모와 자녀관계를 전제로 하여 잘 모신다.' 또는 '상호의뢰관계'라는 내용이 함축되어 있음을 알 수 있다.

효경(孝經)[7]에 의하면 '우리 몸의 터럭이나 피부까지도 부모에게서 받은 것으로 이것을

---

6) 說文解字는 중국 언어학사상 불후의 명저로서 허신(許愼)이 서기 98년에 초안을 잡아 100년에 완성하였는데, 모두 14편으로 9,353자가 수록되어 있다. 이 책을 만든 목적은 학자들의 그릇된 견해를 풀어주고 성인들이 문자를 만든 신성한 목적을 알리기 위해서다.

7) 효경(孝經)은 저자가 분명치 않고 성립연대도 비교적 늦으나 공자의 제자였던 曾子와 그 문인들 또

손상시키지 않는 것이 효의 시작이요, 인격을 완성하는 것이고, 도를 행하여 이름을 후세에 남김으로 부모를 드러내게 된다면 이것은 효의 마지막이라고 할 수 있다'[8]고 하였다. 즉 효는 부모님께 근심을 끼쳐서는 안 되고 자기 몸을 잘 간수하는 것이 그 시작인데 입신양명(立身揚名)함으로써 그 마무리를 한다는 것이다. 흔히, 입신양명(立身揚名)이란 말은 이 세상에서 부귀영화를 누리는 것이 부모에게 효를 행하는 것으로 해석하기 쉽지만 단순히 그런 개인의 가시적이고 물질적인 복의 차원이 아니라 인격의 양성과 도를 행하는 것을 말하는 것이다(윤성범, 1994: 51).

윤성범(1994: 53-54)은 또한 효가 동양사회에만 국한된 것이 아니라 문명인이나 미개인 모두에게 형식은 다르더라도 부모를 존경한다는 점에서는 공통된 사실이라는 것을 세계 여러 부족들의 사례를 통해 증거하였다. 그는 심지어 일부 부족들에서 볼 수 있는 고려장 같은 부모살해 현상까지도 그 근본정신은 존경에 있음을 입증하였다. 다소 극단적이고 비약적인 전개라는 생각이 들긴 하지만 효는 일단 자식이 부모를 존경하는 것이 보편적이고 기본적인 정신임을 보여주는 예라 하겠다.

효에 담겨 있는 사상으로는 생명경외(양태임, 2000; 윤성범, 1994, 한철희, 1997), 사랑(성규탁, 1995; 안태원, 1994; 이재승, 1998; 최기섭, 2000), 겸비 및 겸손(엄주정, 2000; 윤성범, 1994), 감사(엄주정, 2000; 유점숙, 1994; 이효범, 2001; 정옥분 등 1997) 등이 있다. 사랑, 겸손, 감사의 사상도 결국은 생명경외와 인간존중을 표현하는 방법임을 생각할 때 효는 살아있는 모든 생명체를 존귀하게 여기는 기본정신이 바탕이 되어 그 행동으로의 표현이 부모-자녀관계를 비롯하여 모든 인간관계로 확장할 수 있는 것임을 알 수 있다.

공자(孔子)는 "집안에서 부모에게 효도하며 우애 있게 지내는 사람은 대인관계에서도 공손하고 원만하게 지내게 되므로 효를 실천하는 것은 곧 인(仁)을 실천하는 것이며 효는 곧 인의 존재근거가 된다."[9]고 말하였다. 이렇게 볼 때에 효는 유교윤리의 핵심인 인(仁)을 실천하게 되는 선행요건이 되며 부모에게 효도하는 자녀는 그 효심을 바탕으로 다른 사람들을 사랑하고 이 사회의 질서에 순응하며 나아가 온 우주를 사랑으로 대하게 됨을 짐작할 수 있다. 퇴계 이황은 "효는 백행(百行)의 근원이고 천지 모든 인간생활의 지도원리이며 근본"이라고 했다. 율곡 이이도 "효는 사람들의 모든 행동 가운데 으뜸이 되는 것이며(百行之

는 후대 유자(儒者)들이 효에 관한 사상들을 모아 편집한 것으로 전국시대(戰國時代) 말에 이루어졌다고 보는 견해가 지배적임.

8) 身體髮膚受之父母, 不敢毀傷, 孝之始也, 立身行道, 揚名於後世, 以顯父母, 孝之終也(孝經卷一).

9) 孝經, 天子章, 子曰: 愛親者, 不慢惡於人, 敬親子, 不慢於人.

首) 가정을 바로잡는 길(正家之道)"이라고 했다. 즉 효는 덕(德)의 근원이며 인의 근본인 것이다. 최재석(1982: 190)도 덕(德)과 인(仁)은 효도의 다른 언어적 표현이며 인과 덕의 구체적 표현이 바로 효도인 것이라고 하였다.

이렇게 볼 때에 효의 전통적인 개념은 가정에서 부모를 공경하고 봉양하는 것으로부터 시작하여, 충성을 다해 임금을 섬기고 마지막으로는 제 몸을 세워 온전한 사람으로 의의 있는 생활을 하는 것이라고 말한 유점숙(1994: 96)의 관점과 일치함을 알 수 있다. 전통적인 개념에서는 이와 같이 효로부터 충(忠)으로, 즉 가정의 부모와 국가의 임금 섬기는 일을 동일시하였다. 한편, 일각에서는 충의 개념은 정치적인 배경을 염두에 두어 통치의 수단으로서 효사상을 강조한 것으로 더 많이 알려져 있기에 순수하지 못하다는 지적을 받기도 한다.

이러한 배경을 벗어나 단순히 효(孝)만을 말한다면 '부모를 공경하여 잘 모심'으로 간단히 표현할 수 있으나 그 '잘 모심'의 배경은 생명존중사상과 인간존중사상이 바탕이 된다. 따라서 가정에서 효를 실천하는 사람은 한 가정의 부모뿐만 아니라 이 사회의 모든 사람과 사회규범까지도 사랑하게 되므로 효는 인간관계의 기본이자 필수적인 덕목이라고 말할 수 있다.

2) 효(孝)의 변천

공자로부터 시작된 효사상(孝思想)은 시대와 역사적 배경에 따라 그 의미에 있어 변천을 가져왔다. 우리 민족의 효교육(孝敎育)의 역사에 대해 연구한 윤철순(2001: 243-282)은 우리 민족의 효교육의 내용은 중국 경서에 근간을 두었으며 그 경서의 내용을 교육기관에서 교재로 삼아 전수함으로 신라, 고려, 조선시대를 거쳐 오늘날까지 이어져 내려옴을 말한 바 있다. 즉 효경(孝經), 예기(禮記), 논어(論語) 등 유가(儒家)의 경서(經書)가 우리나라에 들어온 삼국시대 이후부터 2천년에 이르는 민족사에서 효사상은 끊임없이 교육내용의 중심이 되어 왔다는 것이다.

한편, 김관옥(1999: 19)은 효사상이 중국으로부터 전수되었다는 주장에 대해 이견(異見)을 제시하였다. 효사상이 부모나 조상에 대한 보은(報恩)의 감정에서 자연발생적으로 생성될 수 있는 인간만이 가질 수 있는 감정이라고 본다면 우리의 효사상은 꼭 중국의 영향을 받지 않더라도 단군신화나 상고시대의 흔적에서도 찾아볼 수 있다는 것이다. 우리의 고유한 효사상은 고인의 덕을 기리고 조상을 참배하며 전통을 수호하고 단합을 공고히 하려는 정신으로서 고대로부터 내려오는 전통사상이라는 것이다. 그러기에 우리의 효의식(孝意識)은 중국의 유학이 들어오기 훨씬 이전부터 우리 민족의 고대 신앙에서부터 싹터 온 것으로 보는 것이 타당하다는 것이다. 이렇듯 효는 부모-자녀관계에서 자연스럽게 생성되는 덕목임을 생각할 때 꼭 중국에서 전래되지 않았더라도 우리 민족 자체에서도 가정교육의 차원에서 체계화되었을 가능성은 얼마든지 있었음을 알 수 있다. 다만 우리 조상의 일상생활 속에 자연스럽게 스며있던 효 중심의 생활이 중국의 유교문화가 체계를 갖추어 들어옴에 따라 차츰 형식과 규범을 갖추어 발전하게 된 것이다. 조선시대로 들어와서는 유학의 도래와 더불어 비로소 효에 관한 교육용 교재도 만들고(童蒙先習, 擊蒙要訣, 孝行錄) 일반에게 일정한 체계를 갖추어 소개되었으며 발전하게 되었다.

성규탁(1995: 43)은 중국과 한국의 효이념(孝理念)에 차이가 있는가를 알아보기 위해 양국의 효행이야기를 중심으로 하여 주제와 내용을 분석해 보았다. 그 결과 두 나라의 효행이야기에 담겨 있는 효이념이 유사함을 발견하였다. 즉 두 나라의 효행이야기의 내용은 부모를 존경하는 것, 부모를 위해 육체적 및 재정적인 희생을 하는 것, 부모에 대한 책임을 수행하는 것, 부모의 은혜에 보답하는 것, 부모를 중심으로 가족화합하는 것, 부모에게 동정심을 갖는 것, 노부모를 극진히 보호·부양하는 것, 부모를 위해 어렵고도 비상한 일을 수행하는 것 등이었다. 다만 현재 중국은 국가정치체제상 공맹(孔孟)의 도(道)는 낡은 시대의 것으로 여겨 교육 현장에서는 다루어지지 않은지 오래이나 아직도 중국인의 가족가치에서 중요한 위치를 차지하고 있는 것은 사실이다(이척인, 1995: 605).

효는 시대와 학자에 따라 여러 가지로 분류하였는데 주대(周代)의 효는 살아생전의 효인 달효(達孝)와 돌아가신 후에 그 은덕을 기리고 추모하는 추효(追孝)로 구분하였다(한철희, 1997: 11). 달효의 내용은 봉양, 존경, 순종이 있고 추효도 비록 돌아가신 후의 효이긴 해도 살아있는 부모에 대한 달효의 연장이며 동시에 조상신 숭배의 한 표현으로 중요하게 여겨왔다. 孝經大義[10] 序文에 있는 다음 구절로 미루어보면 달효와 추효의 중요성은 더욱 확실해진다.

'……伊尹 述成湯之德 一則曰 立愛惟親 二則曰 奉先思孝 人紀之修 孰大乎是 文武周公 卽是而
行 備見於記禮所載 上而宗廟之享 下而子孫之保 其爲孝蔑有加焉 功化之盛 至使四海之內 人人親
其親 長其長 一鱗 毛一芽甲之微無不得所 嗚乎 二帝三王之敎 可謂多矣 孝經一書 卽 其遺法也'

---

10) 宋代 朱子의 '孝經刊誤'를 南宋 末의 학자 동정(董鼎)이 주석한 것으로 그 내용은 '今文孝經'과는 별 차이가 없으며 朱子가 分章을 다시 하고 傳會한 말들을 삭제하고 정리하여 223자가 줄어들었음 (전통문화연구회, 1996; 20).

"……이윤(伊尹)은 성왕(成王) 탕왕(湯王)의 덕을 소술(紹述)하였으니, 그 첫째는 사랑을 세우되 부모로부터 하며, 둘째는 조상을 받드는 데 효도하기를 생각하라고 하였다. 사람의 도리를 닦는 데 있어 무엇이 이보다 크겠는가? 문왕(文王), 무왕(武王), 주공(周公)이 이를 본받아 행한 것이 '禮記'에 갖추어 실려 있으니, 위로는 종묘(宗廟)에 제향(祭享)하고 아래로는 자손을 보전(保全)하였으니 이보다 더한 향도(享道)는 없다. 이로써 공화(功化)의 성(盛)함이 온 천하 사람으로 하여금 사람마다 그 부모를 친애하고 그 어른을 공경하여 터럭 하나나 비늘 하나를 가진 미물(微物)이나 싹 하나 마디 하나를 가진 초목일지라도 모두 제자리를 얻게 하였다. 아아! 이제(二帝)와 삼왕(三王)의 가르침이 크다. 이 효경(孝經) 한 권은 바로 그 유법(遺法)이다."

이러한 사상이 유학(儒學)을 통해 조선시대에 전해져서 부모-자녀관계에서 살아계신 부모뿐만 아니라 돌아가신 조상을 향해서도 효행(孝行)을 실천하도록 하는 기본 지침이 되어주고 있었다. 서인(庶人)부터 천자(天子)까지 그 신분과 상황에 따라 구체적으로 실천할 효행(孝行)에 대해 안내한 효경(孝經)을 비롯하여 예기(禮記), 논어(論語), 맹자(孟子), 명심보감(明心寶鑑) 등엔 효의 내용과 그 실천방법을 자세히 소개하고 있다. 그중 효경(孝經)은 신라 국학의 교육과목에도 들어있던 것으로 이천 년 동안 우리 민족의 효사상에 가장 많은 영향을 주어왔다. 선행 연구자들(김미령, 1999; 신중선, 1985; 양희열, 1993; 윤성범, 1994; 윤철순, 2001; 최성규, 2001; 한철희, 1997)이 효의 본질, 범위, 유형 등 효사상에 관해 그동안 정리한 내용들은 다음과 같다.

효의 본질은 덕의 근본이며(孝子 德治本), 하늘의 떳떳한 경(經)이고 땅의 의(義)며 백성의 행실이다(孝子 天經 地義 人行). 또한 천지에서 받은 성품 중에서 사람이 가장 귀하고 사람의 행실 가운데 효도보다 더 큰 것이 없다(人行 莫大之孝 子曰 天地之性 人爲貴人之行 莫大於孝)고 하였다. 또한 효의 범위로는 孝始孝終(효시효종)하고 孝行順次(효행순차)하며 孝之三除(효지삼제)이고 靜子之孝(쟁자지효)라 하여 사람의 머리카락 터럭 하나라도 상하지 않는 데서부터 이름을 후세에 드날리는 것이 효의 마침이며 어버이뿐만 아니라 임금까지, 부모의 불의를 막기 위해 간언(諫言)을 하는 것까지였다.

다음으로 효의 유형(類型)은 신분에 따라 구분한 것으로서 天子之孝(천자지효), 諸侯之孝(제후지효), 卿大夫孝(경대부효), 士類之孝(사류지효), 庶人之孝(서인지효)로 부모에게 효도하는 근본정신은 만민에 공통되지만 효를 행하는 데서는 신분과 계층에 따라 차이가 있는 것으로 효경에 제시되어 있다.

또한, 효의 확대는 효가 인륜도덕의 덕목이지만 인간생활의 기본 윤리이므로 효를 확대하여 다른 덕목과도 관련시킬 수 있음을 말하여 효로써 천하까지 다스릴 수 있음을 말하였다. 그만큼 효의 영향력을 넓게 본 것이다. 효경에서 효의 내용을 이와 같이 구분한 것은 색다른 시도로서 모든 인간관계의 기본 덕목인 효의 가치가 무한히 확대될 수 있음을 보여준 것이라 할 수 있다.

이러한 효사상의 근본 핵심은 기본적으로는 부모−자녀관계를 천륜(天倫)으로 유지시켜주는 자연발생적인 윤리규범으로 존재하였으나 시대적·사회적 배경에 따라 그 본 의도가 빗나가는 경우도 생기게 되었다. 그것은 바로 조선시대에 들어오면서 효를 유지·발전시킴에 있어서 인간관계에 차별성과 타율성을 적용하였던 것이다. 나아가 명예욕을 부추기며 신비주의적이고 비합리적인 실행성 강요로 비판을 받기에 이르기까지 하였던 것이다(조기석, 1998: 34-37).

차별성은 조선시대가 남녀차별의 가족 위계문화로 철저하게 위계질서가 형성되어 효의 실천에서까지도 그러한 질서가 적용되었던 것을 말한다. 타율성은 부모의 권위에 절대 복종해야 하고 부모에게 예속되는 지위의 속성상 자율성의 보장을 찾기 힘들었던 점을 말한다. 또한 명예욕은 입신양명의 효를 행하기 위해 자아실현보다는 가문의 존속(存續)과 영광을 먼저 생각하다 보니 지나친 명예욕을 추구하게 된 것을 말한다. 마지막으로 신비주의적이고 비합리적인 실행성 등은 효행설화에 소개된 내용들이 일반인들의 효의식(孝意識)을 고취시키고 효행(孝行)을 권장하는 교재로서는 지나친 비현실성으로 인해 적용하기 어려웠던 점을 말한다.

특히, 조선시대 교육용 교재였던 '오륜행실도'의 '효자' 부분에 실린 효행사례 등은 일반인들이 일상생활을 통해서는 실천하기 힘든 비합리적인 사례들이 소개되어 있다. 예를 들어 아버지의 병을 고치기 위해 자신의 손가락을 잘라서 먹인 조선조의 '유석진 이야기'라든가, 중국의 이야기로 왕연이 아홉 살 때 추운 겨울 얼음 속에서 생선을 구해 봉양한 '왕연 이야기', 검루의 아버지가 이질병에 들었을 때 벼슬길을 포기하고 집에 돌아와 대변을 맛보면서까지 병 낫기를 원했다는 '검루 이야기' 등은 비현실적이고 비합리적인 것이어서 상상 속에서나 가능하지 일반인들의 실천과는 거리가 먼 것이었다.

이상에서 경전과 고전에 제시되었던 효사상이 시대에 따라 어떻게 변천하였는지 그 구체적인 내용들을 살펴보았는데 이를 전통사회의 효와 현대사회의 효로 구분하여 좀더 자세히 알아보고자 한다.

(1) 전통사회의 효

전통사회의 특징과 시대적 구분을 어떻게 설정해야 하는가에 대해서는 다소간 의견의 차가 있다. 넓게 보는 측은 전근대사회 전체를 모두 포함하는 관점이 있고, 좁게 보는 측은 유교사회, 즉 조선의 건국부터 갑오경장까지를 보는 경우가 있다. 오늘날 일반적인 용어로 일컬어지는 전통사회는 앞 시대의 전통을 포함하면서 현대화에는 이르지 않았던 조선시대를 의미하는 것이 보통이다(유점숙, 1994: 10). 본 연구에서도 유교적 가치관이 지배적이었던 조선시대를 전통사회로 제한하고자 한다. 그것은 오늘날 전통사회에 대한 시기적인 구분으로서는 가장 일반적인 개념이며 효에 관한 인식이 변질되었던 시대적인 배경특성이 두드러졌기 때문이다.

전통사회의 특징은 여러 가지가 있겠으나 여기서는 가족제도의 특징 중 부모-자녀관계에 초점을 두어 살펴보고자 한다. 전통사회를 유지시켜 주던 중요한 가치관은 유교였는데 유교의 이론적 측면에서 강조되던 효사상은 가정윤리의 핵심이었다. 효의 전통적인 개념은 가정에서 부모를 공경하고 봉양하는 것으로부터 시작하여 충성을 다해 임금을 섬기고 마지막으로는 제 몸을 세워 온전한 사람으로 의의 있는 생활을 하는 것을 말하는 것이었다. 즉 가정에서 효를 행하면 결국 나라에도 충성하게 된다 하여 효의 개념을 충으로까지 확대해석하기도 하였는데 이는 조선의 건국과 더불어 새로운 통치이념을 확립하고 명분화하기 위해 효를 강조한 것이었다(유점숙, 1994: 96).

한편, 한철희(1997: 25-26)는 전통사회에서 보편적으로 권장했던 효행의 구체적인 내용을 효경을 근거로 해서 다음과 같이 요약하였다.

첫째, 보신(保身)의 효로서 나의 몸이 나 개인의 소유물이 아니라 부모님의 일부분이기에 신체를 잘 보전하고 훼상하지 않는 것이 효의 시작이라는 것이다. 나면서부터 생명체임에 대한 자부심과 소중함을 바탕으로 생명이 다할 때까지 자기 몸을 잘 지키는 것을 말하는 것이다(身體髮膚受之父母 不敢毁傷孝之始也).

둘째, 공경(恭敬)의 효로서 공경함이 없이 부모를 봉양함은 마치 개나 말을 기르는 것과 다름없지 않다. 공자도 자식이 부모에게 효도함에 있어 공경하는 마음이 우선되어야 함을 특히 강조하였다. 이 공경을 누구나 우러러보는 하나님을 모심에 비유하여 부모는 존엄한 존재로 우러러볼 대상이며 자식의 공경의 대상이 되어야 하고 공경하는 효는 配天思想으로까지 이어지게 된다는 것이다(居則致其敬 人之行莫大於孝 孝莫大於嚴父 莫大於配天).

셋째, 간언(諫言)하는 효로서 부모의 잘못을 보고도 따르기만 하는 것은 부모를 불의에 빠뜨리는 셈이니 이것은 효를 해치게 된다는 것이다. 부모에게 옳지 않은 일이나 허물이 있으면 조용하고 화(和)한 모습으로 은미(隱微)하게 간(諫)하여 올바른 방향으로 가도록 하는 것이 자식 된 도리이며 효도하는 것이다. 혹 부모가 자기의 뜻을 따라주지 않게 되더라도 더욱 공경하여 어기지 말고 아무리 수고스럽더라도 원망해서는 안 됨을 말하였다(父有爭子則身 不陷於不義).

넷째, 양친(楊親)의 효로서 자식이 육체적 정신적으로 인격을 닦아서 사회에 나아가 진리를 행하고 덕을 완성하도록 노력하면 사회에 공을 세우게 된다는 것이다. 진리는 드러나게 마련이어서 자식이 사회에 세운 공은 이름이 후세에 드날리게 되고 부모에게까지 그 영광이 미치게 되는 것이다(立身行道 揚名於後世 以顯父母 孝之終也).

다섯째, 봉사(奉祀)하는 효로서 효자는 부모상을 당하게 되면 모든 일에 뜻을 잃게 된다. 이와 같은 현상은 부모의 죽음을 애척(哀戚)해하는 자식의 지극한 충정이다. 상사 시(喪事時)에는 자신의 슬픔을 지극히 하고 제사지낼 때에는 엄숙함을 지극히 하여야 한다. 부모의 생존 시에 공경으로 효도하던 바를 사후에도 똑같이 계속하는 것이 자식으로서의 마땅한 도리임을 말한 것이다(喪則致其哀 祭則致其嚴 孝子之喪親也哭 不依禮亡 用言不文 服美不安 聞樂不樂 食旨不甘 此哀戚之情也). 한철희(1997)는 이와 같이 효경에 제시된 효의 내용을 생명론적인 관점에서 본 자효(子孝) 측의 핵심사항만 제시하였다.

그 외에 전통 효의 내용이나 방법을 제시한 선행연구를 보면, 김미령(1999)은 보신(保身)과 불욕(不辱), 봉양(奉養)과 화순(和順), 사랑과 공경(恭敬), 양지(養志)와 양명(揚名), 간언(諫言)으로, 신중선(1985)은 봉양(奉養)과 화순(和順), 사랑과 공경(恭敬), 양지(養志)와 양명(揚名)을 강조하고 양희열(1993)은 보신(保身), 순종(順從), 봉양(奉養), 공경(恭敬), 간언(諫言), 양지(養志), 양호(養護), 상례(喪禮)와 제례(祭禮)의 여덟 가지로 구분하여 제시하였다.

이상 선행 연구자들이 제시한 효의 구체적 내용을 살펴보면 항목이 거의 동일함을 알 수 있다. 효는 결국 자기 몸을 부모 몸의 일부분으로 생각하여 어떤 귀중한 것보다 더 소중히 보신하면서 공경과 사랑으로써 부모를 섬기고 나아가서 입신행도(立身行道)하여 후세에 부모를 드러나게 하고 부모의 사후에는 생존 시나 똑같은 마음가짐으로 애척(哀戚)으로 섬기고 추모의 정을 잊지 않아야 한다는 것이다. 효경(今文孝經)의 마지막 장인 第18章 상친장(喪親章)에 있는 다음 구절은 바로 이러한 효의 중심 내용을 잘 요약해 준 것이라고 할 수 있다.

生事愛敬 死事哀戚 生民之本 盡矣 死生之誼 備矣 孝子之事親 終矣

'살아계실 때에는 애경(愛敬)으로 섬기고 돌아가신 뒤에는 애척(哀戚)으로 섬기면 생민(生民)의 근본이 극진하고 사생(死生)의 의리가 갖추어지니 효자가 부모 섬기는 일이 끝나는 것이다.'

한철희(1997)는 효경의 위와 같은 내용을 들어 효의식이 먼 조상으로부터 시작하여 현재의 나와 그리고 먼 미래의 후손에게까지 끊임없이 이어지는 인간 생명론적 윤리의식이라 보고 있다. 가족의 영속적 속성을 생각해 볼 때 생명론적인 관점은 부모와 자녀를 중심으로 하여 점점 확장되는 생명의 속성으로서 그 관점이 매우 타당한 접근이라고 본다.

한편, 최기섭(2000: 37)은 논어(論語) 속에서 효에 관해 언급된 내용들을 소개하였다. 그 내용은 공자가 제자들에게 들려주는 개인적인 내용들이었다. 따라서 객관적이고 체계적인 내용을 기대하기는 힘들지만 공자의 전체적인 사상 안에서 해석 가능한 몇 가지 중요한 내용들은 다음과 같다.

첫째, 효는 자신의 몸을 아끼고 행동을 조심하는 것이다(論語 爲政篇). 부모가 가장 걱정하는 것은 자식의 몸이 아플까 하는 것인데 이러한 부모의 마음을 헤아려 자신의 몸을 다치지 않도록 하여야 한다는 것인데 바로 효경에서 말하는 보신의 효와 일치하는 내용이다.

둘째, 효는 윗사람을 침범하거나 난(亂)을 일으키지 않는 것이다. 유자(有子)는 효의 구체적인 효과로서 "그 사람됨이 효성스럽고 공손하면서도 윗사람 침범하기를 좋아하는 사람은 드물다. 윗사람 침범하는 것을 싫어하면서 난(亂)을 일으키기를 좋아하는 사람은 있을 수가 없다"고 했다(論語 學而篇). 이것은 효의 범위가 이미 가정에서 사회로 확장되었음을 나타낸다. 즉 집에서 효의 정신을 체득한 사람은 사회에 나가서도 잘못되는 일이 없다는 것이다.

셋째, 효에 있어서는 부모를 공경하는 것이 부모를 봉양하는 것보다 더 중요하다. 공자시대에 벌써 부모를 공경해야 하는 올바른 효의 정신을 지니지 못한 채 봉양하는 것만으로 의무를 다했다고 생각하는 사람들이 있었던 것 같다. 그래서 공자는 자유(子游)가 효에 대해 물었을 때 이렇게 한탄하였다. "오늘날의 효는 부모를 잘 먹여 살리는 것만으로 생각하나 그것은 개와 말이라 하더라도 모두 먹여 기르고 있다. 공경하지 않는다면 무엇으로 구별하겠는가?"(論語 爲政篇). 또 자하(子夏)가 물었을 때도 '부모를 모실 때 마음 없이 봉양하는 것만으로는 효가 되지 못함'을 강조하여 중심에서 우러나오는 효(孝)를 강조하였다.

넷째, 효는 언제나 예(禮)로써 부모를 섬기는 것이다. "살아계실 때에는 예로써 섬기고,

돌아가시면 예로써 장사지내고 예로써 제사지내는 것이다(論語 爲政篇)"라고 하여 부모에 대한 정성스러운 마음이 언제나 절도에 맞고 또 변하지 말아야 됨을 강조한 것이다.

다섯째, 효는 형제끼리 우애 있게 지내는 것이다. 공자는 정치에도 형제우애를 반영할 것을 서경(書痙)의 말을 인용하여 제자에게 말한 적이 있는데(論語 爲政篇) 공자의 말에서 여러 의미를 생각해 볼 수 있다. 즉 효라는 개념에 제(悌)를 포함시키면서 부모를 잘 모시려면 형제끼리 우애 있게 지내야 함을 나타낸 것이고, 또 하나는 효제(孝悌)가 바로 정치의 근본이 된다는 그의 정치사상의 일면을 드러낸 것이다.

한철희(1997)나 최기섭(2000)이 효경이나 논어의 효사상을 총망라하여 소개한 것은 아니다. 그러나 그 핵심은 부모님이 물려주신 신체를 소중히 간수하고 몸을 아껴 행동에 조심하라는 내용으로 부모의 가장 큰 보람과 기대가 무엇인지를 다시 생각하게 한다. 부모의 행복은 무엇보다도 자식의 심신건강과 관련이 있음을 생각할 때 '보신의 효'가 효 중에 큰 효임을 알 수 있는 것이다. 또한 봉양보다는 공경이 중요함을 말하는 것은 정신적인 효가 물질적인 효에 앞서야 됨을 공감적으로 말한 것이다. 그 외에 양친(養親), 봉사(奉祀)는 모두 자녀가 부모에게 효행을 올려드리는 수직적인 개념이 담겨 있다. 다만 예의, 형제우애는 보다 포괄적인 범위로 효행이 영향을 미치는 범위를 확대하고 있으며 간언(諫言)도 자녀가 부모를 대하여 바른 도리를 안내한다는 의미에서 그 방향성이 반대로 보이나 역시 부모를 배려하는 마음의 바탕은 동일한 것이다.

이상에서 효경과 논어에 흐르는 효의식과 내용에 대해 살펴보았다. 효경과 논어에 흐르는 참된 효정신은 위로 부모를 공경하고 수평적으로는 형제와 우애하며 부모라 할지라도 혹 잘못된 생각이나 행동을 할 경우에는 비록 자식의 입장이라도 올바른 도리로 안내하는 역할까지 포함되어 있다. 따라서 가족의 도덕적 생명력이 효라는 윤리를 틀로 삼아 대대로 전승되어 생명이 확장되기를 기대하는 마음이 담겨 있음을 알 수 있다. 이러한 점은 서양의 부모-자녀관계의 특징인 개별성·독립성과는 질적으로 다르며 비교될 수 없는 독자성과 차별성을 간직한 것이다.

부모-자녀관계를 규정지우는 규범역할을 하던 이러한 효의식은 조선시대에 들어와 본래의 효정신이 변질되는 과정을 겪기도 하였다. 조선시대의 시대적 특성 중 하나는 가족관계에 영향을 미쳤던 중국의 종법제도(宗法制度)[11]에 영향을 받은 것으로서 남성 중심의 대가

---

11) 중국 주(周)나라 때 만들어진 가족제도로서 적장자(嫡長子)가 시조(始祖)를 계승하고 제사를 주관하도록 한 제도로서 적장자는 대종(大宗), 나머지 자손은 소종(小宗)이다.

족 제도와 신분사회 제도였다(유점숙, 1994: 13). 이러한 제도는 실학과 서학의 영향을 받아 갑오경장을 계기로 점차 폐지되기는 하였으나 그 폐해는 부모-자녀관계에도 남게 되었다.

조선조 500여 년 동안 가족제도를 유지하기 위해 강조하던 효윤리의 변질에 대해 퇴계 이황과 다산 정약용도 우려를 표한 적이 있는데 그것은 다름 아니라 일반인들에게 본보기를 제시할 목적으로 쓰인 효행록에 소개된 효의 내용에 대한 지적이었다. 즉 일반인은 실천하기 힘든 특별한 효행(孝行) 또는 기행(奇行)이라 할 정도로 일상생활과는 거리가 멀어서 자녀에게는 심리적으로 부담이 되고 부모에게는 그에 이르지 못하는 자신의 자녀를 대하여 섭섭한 마음을 가질 수도 있게 된다는 것이다(深谷昌志, 1995: 이을호, 1985).

한편, 혈연적 가족주의가 강했던 조선시대의 실천적 덕목으로 삼강오륜(三綱五倫)을 비롯하여 효행실천 행적이 기록된 삼강행실도, 오륜행실도 등을 들 수 있다. 조선시대 유교윤리의 절대적 규범이 된 오륜(五倫)에서 가장 처음에 제시한 부자유친(父子有親)은 모든 인간관계의 근본으로서의 부모-자녀관계를 강조하기 위함이었다. 이에 근거하여 윤성범(1994)도 부자(父子) 관계야말로 모든 인륜(人倫)의 모형이라고 하였다. 이와 같이 오륜을 중심으로 한 인간관계가 가족주의적인 윤리규범으로 등장하였으며 이 중에서도 부자유친의 원리를 근본으로 하여 부계 중심이며 남성 중심인 가족주의의 원리가 사회적 인간관계에도 그대로 적용되도록 강조되었다. 이것은 조선왕조의 정통성 부여와 사회적 안정수립에 필요한 지배-복종 관계를 보편적이며 당위적으로 인식하도록 하는 데에 결정적으로 기여하였으며 효의 본래 정신과는 빗나간 부작용이 발생하게 된 것이다. 바로 혈연적 가족중심주의와 인정적 연대윤리로 수직적 질서윤리 아래에서 강요된 타율적 규범윤리로서 효가 강요되게 된 것이다.

조기석(1998: 12-15, 44-49)은 조선시대 유교윤리의 핵심이었던 효사상에 대해 상당히 비판적인 입장을 취하여 삼강오륜이 수직적 질서와 타율적인 규범윤리로서 부모자녀관계에서 부정적 역할을 한 것으로 기술하였다. 부모와 자녀가 상호 동등한 인권을 가진 것이 아니라 부모에게 예속된 지위로서의 자녀는 부모의 권위에 절대복종을 해야 하는 위치에 있게 된 것이다. 이러한 분위기는 효행설화를 통해 은근히 강요되고 있었을 뿐만 아니라 개인의 자유와 욕구가 인정되지 않아 현대의 평등주의적인 인간관계와는 거리가 멀므로 전통적인 효사상은 더 이상 일반인들이 수용하기는 어렵다. 다산 정약용도 이를 우려하여 충, 효, 열(烈)의 일방적 윤리관 중에서 효사상을 강조하여 인륜의 지상목표로 삼는 것은 유교의 본래적인 면을 상실하는 것이라고 말하였다(이을호, 1985: 307-308). 오륜은 인간과 인간 사이의 수평적 관계를 나타낸 것임에도 불구하고 조선시대의 오륜은 삼강(三綱)의 영향을 입어 수직적 관계 속에서 일방적인 복종의 윤리만을 강요하게 된 것이다.

이러한 전통사회의 효는 봉건적 차별 질서와는 일치하나 민주적 평등윤리에 부합되어야 하는 현대가정의 삶의 방식으로는 적용이 불가능하다. 현대사회는 부부간에, 부모-자녀 간에 등 모든 가족구성원이 종속관계가 아닌 상호 동등한 관계로서 평등한 질서를 유지하며 가족윤리를 형성하는 데에 합의해야 하는 것이다. 즉 부모와 자녀 간에는 내리사랑과 올리효도의 조화로운 상호 작용이 있어야 하며 상호성의 윤리인 부자자효(父慈子孝)가 회복되어야 한다(손인수, 1992: 124-126).

또한 일 방향적이고 절대화된 것이어서 현대사회의 개방적·인본주의적 교육을 받고 성장하여 민주적 가치관이 형성된 요즘의 청소년들은 아무리 부모라 할지라도 강요성이 있거나 일방적인 지시에는 합의하기 힘든 것이 사실이다. 때로 효는 민주사회의 기본 원리인 정의와 대치되는 경우에도 정의를 포기하고 효를 택할 것을 요구함으로써 비도덕성과 비합리성의 원인이 되기도 하는 폐해까지 안고 있었다(深谷昌志, 1995; 원종철, 2000; 조기석, 1998). 따라서 전통사회의 비일상적인 효윤리는 새로운 윤리체계를 갖추어 현대가정의 부모-자녀관계에 정립될 수 있도록 교육적 관점에서 재조명되어야 한다.

이상에서 전통사회의 효에 대해 조선시대라는 시대적 특성을 중심으로 살펴보았다. 부모의 자애(慈愛)로움과 자녀의 효행이 공시공소(共時共所)적으로 상호 작용되어야 함에도 불구하고 위계적인 질서유지를 위해 자효(子孝)만 강조되었던 것이다. 이러한 폐단으로 인해 파생된 가족 간의 문제는 곧 사회문제로 확산되어 인간관계에 새로운 규범이 요구되며 현대가정의 부모-자녀관계는 새로운 가치관을 회복해야 할 당위성이 성립된다. 따라서 현대민주주의적인 생활방식으로 수용가능하고 평등주의적인 인권사상에 합치되는 부모-자녀관계의 새로운 질서가 필요하다. 그것은 바로 부자자효(父慈子孝)로써 현대사회에서 회복되어야 할 효의 원리인바, 그 구체적인 내용을 다음 절에서 기술하고자 한다.

(2) 현대사회의 효

농경사회에서 산업사회로 변모하는 과정에서 한국 사회는 많은 진통을 겪어왔다. 해방 후, 서구근대사상의 유입으로 가족관계에 변화를 가져오게 한 큰 줄기는 개인주의 사상이다. 시장경제의 원리와 개인주의, 자유주의의 폭넓은 확산은 가족·친족 구조는 물론 사회조직의 형태와 구성원리까지 크게 변화시켜 왔다(조성윤, 1997: 14). 산업사회로의 진입에서 가장 큰 변화를 가져온 가족구조의 변화는 남녀관계·부부관계에 대한 고정관념이 깨진 것이다. 가부장적인 문화에서 온갖 불리한 관습과 굴레에 굴종하던 여성들이 여권을 주장하며 자신의 욕구를 충족하기 위한 행동표방으로 이혼율이 급속히 늘어났다. 또한, 성 자유화로 인한 혼전 동거형태의 가족 및 재혼가족의 증가로 가족 간의 문제가 복잡하고 다양해졌다.

이러한 사회분위기 속에서 가족 내 부모-자녀관계를 탄탄하게 유지시켜 주던 효는 자유사상에 동화된 청소년들에게 무거운 의무처럼 인식되었고 현대사회에 걸맞지 않는 옛것으로 돌려놓게까지 되었다. 급기야는 천륜(天倫)이라고 하던 부모-자녀관계를 끊는 패륜적 범죄행위까지도 심심찮게 발생하게 되었다(2000. 5. 29. 조선일보).

이러한 때에 효사상 국제학술회의(1995. 5. 15-5. 17)는 효의 현대적 해석과 실천 및 확산 방안에 대한 논의로 효연구에 커다란 획을 긋는 계기가 되었다. 효는 동·서양을 막론하고 인간사회를 아름답게 하는 가장 기본적인 윤리규범이라는 점에 여러 연구자들이 동의하였던 것이다. 인간존중의 분위기가 사라지는 삭막한 현대사회에 회복해야 할 부모-자녀관계 윤리로서 동·서양의 학자들이 주목하게 된 효는 미래사회를 희망적이게 할 인간관계의 기본 덕목인 것이다. 유승국(1995: 12)은 이에 대해 효야말로 인도정신(人道精神)의 각성(覺醒)이고 인간 동질성을 회복하는 길이며 세계 공동체 의식을 진작하는 요도(要道)라고 강조하였다. 이러한 가치를 지닌 효는 마땅히 현대 한국 가정에 실천 가능한 원리로 재정비할 필요가 있다. 나아가 건국이념이며 교육의 궁극적 목적인 홍익인간을 실현하는 길이기에 교육적 방법으로 해결해야 할 과제로 남는다.

그런데 전통사회에서 그 폐해로 지적했던 부모-자녀관계의 일 방향적이고 비합리적인 효윤리를 그대로 현대사회의 부모-자녀관계에 적용하기는 어렵다(조기석, 1998: 48-49). 더욱이 자녀의 인성을 평가하는 도덕적 준거로서 효행 여부를 문제 삼는다면 민주적이고 평등한 관계를 지향하는 서구적 윤리관에 익숙한 젊은이들이 더 이상 그 원리를 수용하기 힘들다. 특히 교육적 장면에서는 가르치는 이와 배우는 이가 상호 합의할 수 있는 평등개념과 자발성을 전제로 하지 않으면 설득력이 없어진다. 따라서 상호 합의할 수 있는 개념이 내포된 효윤리를 제시하는 것이 현대가정의 부모-자녀관계에 필요하다. 그것은 한국적인 부모-자녀관계를 특징지어 주며 교육할 수 있는 가치가 있는 것으로서 서구의 것과 비교해 볼 때 고유하면서도 수월한 가치가 있어야 한다. 변모된 사회에서 이전의 전통적인 가치만 주장하여 어린 자녀나 다음 세대에게 권위주의적인 모습으로 대우받기를 원한다면 갈등만 증폭될 뿐이다. 이제는 세대 간에 권위주의적 관계를 떠나 쌍무적 관계로 변화해야 하는 것이다(김흥주, 1994: 155).

이에 현대 한국의 가정에서 부모－자녀 간에 상호 수용할 수 있는 효의 원리로서 부자자효(父慈子孝)를 제시하고자 한다. 그동안 일 방향적이던 자효(子孝)의 제한적인 효윤리를 벗어나 쌍무적인 측면에서의 부자(父慈)도 동시에 고려되어야 함에 대해 여러 선행연구자들은 이미 지적하여 왔다(성규탁, 1995; 손인수, 1995; 원종철, 2000; 임정하, 2004; 정옥분 외, 1995). 전통사회에서 폐해로 지적되었던 일 방향적이고 부담스런 의무만 요구 또는 강요하던 자효(子孝)와 더불어 부자(父慈)의 측면도 동시에 고려되어야 설득력 있음을 공감하게 된 것이다.

따라서 현대가정의 부모－자녀가 함께 상호 작용하면서 발전시켜나가야 할 효윤리는 부자자효(父慈子孝)임을 다시 한번 강조하며 이에 대해 다음 절에서 상세히 살펴보고자 한다.

2. 부자자효(父慈子孝)의 의미와 기능

1) 부자자효(父慈子孝)의 의미

부자자효(父慈子孝)는 부모－자녀관계의 상호성을 바탕으로 하는 전통적인 효의 핵심원리라고 말할 수 있다. 부자자효(父慈子孝)라는 용어가 처음으로 등장한 경전은 예기(禮記)[12]이다. 예기는 고려시대 안향이 처음 들여와 전국으로 보급되었던 경전으로 인간의 외적(外的)인 법도의 총체라 할 수 있다. 예(禮)는 본래 의(義)에서 나오고 의는 인(仁)에 근거하는 것으로서 인과 의는 인간의 도를 형성하는 유학의 이상목표인 동시에 인간의 실천적 윤리의 요체(要諦)라 할 수 있다. 공자(孔子)도 "예를 배우지 않으면 남의 앞에 설 수 없다"고 말했고 맹자(孟子)도 "사양하는 마음이 예의 실마리이다. 남에게 양보하고 사양하는 마음이 없으면 사람이라 할 수 없다."고 했다. 예란 인간이 살아가는 형식의 모든 것으로서 외적인 가치의 총체적인 것을 말하는데 자신의 몸을 수양하는 일에서부터 부부, 부모, 형제, 가족, 이웃, 그리고 윗사람과 아랫사람에 대한 인간관계의 형식과 내용에 이르기까지

---

12) 五經(시경·서경·역경·예기·춘추) 중 하나로서 주(周)나라 말기의 춘추시대를 거쳐 전국시대에 진(秦)나라와 한(漢)나라 초기의 유학계에 산재한 자료들을 집대성한 고전으로서 유가사상의 모든 것을 총정리한 백과사전적 경전이다.

또한 의식주를 비롯하여 일상생활의 문화와 정치, 사회, 경제, 습속, 제사 등 한 사회의 근간을 이루는 정신적 골격에 이르기까지 그 범위가 매우 광범위하다(池載熙, 2000).

그 예기(禮記)에 제시된 다음과 같은 구절은 부모와 자녀관계를 비롯하여 가족관계와 임금과 신하관계의 핵심원리를 제시하고 있다.

> "(중략)……何謂人義오 父慈하며 子孝하며 兄良하며 弟弟[13]하며 夫義하며 婦聽[14]하며 長惠하며 幼順하며 君仁하며 臣忠이니 十者를 謂之人義오." 예기(禮記) 제9편(禮運篇) 14절

-무엇을 사람의 의(義)라 이르는가. 그것은 아버지의 자애(慈愛)와 아들의 효(孝)와 형의 어짊과 아우의 공경과 남편의 의로움과 아내의 순종함과 어른의 은혜와 어린이의 유순함과 임금의 인애(仁愛)와 신하의 충성으로 이 열 가지를 사람의 의(義)라고 한다-

예기에는 이처럼 모든 인간관계를 비롯하여 각각의 관계에서의 핵심윤리가 제시되고 있는데 부모와 자녀관계에 대해서는 아버지의 자애(慈愛)와 자녀의 효(孝)가 공시공존적으로 소개되고 있다. 즉 부모-자녀관계를 규정지우는 핵심원리로 부자자효(父慈子孝)를 제시하고 있는 것이다. 또 예기 제11편인 교특생(郊特牲) 편에는 "만물은 하늘에 근본 하고 사람은 조상에 근본 하는 것이니 이것이 조상을 상제(上帝)에 배향(配享)하는 까닭이다. 하늘에 제사지내는 것이 크게 근본에 보답하고 시원(始原)으로 돌아가는 것이다"고 하여 만물의 근원은 하늘이지만 인간의 가까운 근원은 부모가 되니, 그 근원에 있어서는 하늘과 부모가 같기 때문에 부모를 상제에 배향할 수 있는 것이라는 의미이다. 즉 부모를 하늘에 빗대는 부모배천(父母配天)의 사상이 깃들어 있는 것이다. 부모는 하늘을 공경하듯이 섬겨야 된다는 말이고 이것은 어진 사람이 할 수 있는 효라고 하였다.

한편, 맹자(孟子)도 인간관계의 기본은 부모와 자식, 임금과 신하, 남편과 아내, 연장자와 연소자, 친구관계 이 다섯 가지에 있다고 하였다. 이 다섯 가지 인륜을 오륜이라 하여 인간으로 하여금 인간답게 살게 하려는 윤리규범으로 정해 주었다. 맹자(孟子)는 공자(孔子)의 가정적 소효(小孝)인 경친숭례(敬親崇禮)에서 이천하양(以天下養)의 대효(大孝) 이론을 정립하고 발전시켜 나갔다. 공자(孔子)의 효도관이 맹자(孟子)에게 와서 더욱 확고하게 재정립된 셈인데 그의 오륜사상인 부자유친(父子有親), 군신유의(君臣有義), 부부유별(夫婦有

13) 제제(弟弟): 아우의 공경 뒤의 제(弟)는 제(悌)와 같다.
14) 부청(婦聽): 청은 종(從)과 같으므로 아내의 순종으로 풀이된다.

別), 장유유서(長幼有序), 붕우유신(朋友有信)은 인간의 어진 품성, 즉 인(仁)·의(義)·예(禮)·지(智), 신(信)을 갖고 착한 행실을 할 수 있도록 해 준다고 말했다. 오륜에 바탕을 둔 생활을 하게 되면 자연스럽게 충(忠)에도 이르게 된다는 것이다.

이 오륜사상도 공자의 인(仁)에 입각하여 부자(父子)·군신(君臣)·부부(夫婦)·장유(長幼)·붕우(朋友) 간의 쌍무호혜(雙務互惠)의 인륜관계를 말한 것이다. 이 중 부자유친(父子有親)은 상친(相親)관계를 나타내는 것으로 불변적인 인간관계인 것이다. 즉 부자유친(父子有親)은 부자자효(父慈子孝)라는 호혜평등(互惠平等)의 인간관계로 성립되고 있는 것이며 모든 인간관계의 출발점이 된다(한철희, 1997: 15). 맹자(孟子)는 오륜에서 효의 행동이 비록 상향적이라 하더라도 타율적 강요에 의한 것이 아니라 스스로의 도덕의식에 의한 자발적 행위이어야 함을 강조하고 있다(이을호, 1979: 301).

퇴계 이황도 효의 근본정신을 경장자유(敬長慈幼)에 두어 부모-자녀가 상호 존중하고 사랑하는 인격적인 관계가 되어야 함을 강조하였다. '효도란 백가지 행실의 근원이 되는 것이므로 한 행실에라도 빠짐이 있으면 그 효는 순수한 효라 할 수 없다'고 하였는데 이는 공자(孔子)가 말한 효는 모든 행실의 근본이라는 말의 의미를 되새긴 것이라 하겠다. 퇴계집(退溪集)에 "물질적으로 부족한 봉양이 죄송스럽기는 하나 그렇다고 이것을 얻으려 별별 짓을 다 해 가며 얻을 필요는 없다." 요즘 사람들은 영양이나 잘 보충해 드린다고 나쁜 짓으로 이득을 얻어 부모봉양하고는 잘 봉친(奉親)했다 자랑한다. 그러므로 군자는 비록 봉양의 일이 급하기는 하지만 그렇다고 무슨 다른 변통을 꾸며 가며 봉양하는 방법을 취하지 말아야 한다.'고 하여 공경하면서 좋은 음식이나 의복으로 봉양하는 것도 중요하지만 부모의 마음을 편안하고 기쁘게 해드리는 정신적인 효가 더욱 중요한 효라는 것을 강조한 것이다. 그러므로 먼저 효행 방법에 있어 사람으로부터 손가락질 받거나 욕먹는 일이 없어야 한다고 하였다. 이것은 불욕(不辱)의 효로서 부모를 부끄럽게 하지 않는 자녀가 되어야 함을 말한 것이다.

다산 정약용도 조선시대 변질되었던 효의 병폐를 지적하여 효란 천자(天子), 제후(諸侯), 경대부(卿大夫), 선비(士), 서인(庶人)의 신분을 나누어서 실천하는 별개의 행위가 아니라 직접적인 일상생활 속에서 부모를 보살피며 매일 안위를 살피는 효행으로 실천되어야 한다고 했다. 이것은 마치 효경에 제시되었던 효의식에 대한 비판이 담겨 있는 듯이 보이기도 한다. 그는 논어고금주(論語古今註)에서 "子事父母 當於恒禮之外 別有婉容愉色"[15]라 하여 평상시 부모에 대한 부드러운 태도가 효의 요건이 됨을 말하였다. 또한 그는 '오륜행실도'의

---

15) 論語古今註 1권 27.

'孝子' 부분에서 효행(孝行)의 사례들이 비합리적임을 비판하기도 했다. 오륜행실도에 소개된 33편의 사례들은 중국 사람들의 사례가 대부분으로 29편이나 차지한다. 그 내용도 앞서 소개한 왕연 이야기(王延躍魚)[16]처럼 현실성이 없는 것들이다. 이로 보아 오륜행실도의 효행의 실제는 효경의 근본적인 효사상을 중심으로 하였다기보다 신비적이고 비합리적인 효행자들의 구체적 행위의 효가 모범으로 제시되었다고 할 수 있다. 이토록 극단적이고 자학적인 효행은 아무나 할 수 없거니와 자식으로부터 자연스럽게 기대하기도 힘든 것이다. 실생활과 거리가 먼 효개념은 자연스러운 효도를 인위적인 효도로 비약시켜 현실성 없는 부모-자녀관계의 윤리로 만들어버리는 것이다(조기석, 1998).

경전에 제시되었던 효의 본질이 전통사회를 거치는 동안 변질되어 자효(子孝)만 강조하였으나 그 폐해에 대해 퇴계 이황이나 다산 정약용 등 본질적인 효윤리를 되찾아 바른 안내를 하고자 노력했던 학자들도 있었음이 다행한 일이다. 결국 효는 처음부터 끝까지 공경하는 마음으로 부모를 편안하고 즐겁게 모시되 물질적인 봉양만이 아니라 정신적인 봉양까지, 그리고 생존 시만이 아니라 사후에도 이어지는 것을 말한다. 이러한 효정신은 부모-자녀관계를 출발로 해서 이 사회, 나아가 인류 전체에 평화를 가져오게 되는 귀한 덕목이다.

이상에서 경전 속에 드러난 효를 중심으로 그 개념과 내용을 살펴보았다. 인간생명에 대한 존중감을 바탕으로 하여 지위고하(地位高下)나 신분의 차별을 막론하고 화평을 이루기 위해 강조했던 효(孝)가 현대로 넘어오면서 부담스런 덕목으로 여겨지기도 한 내용적인 원인이 경전 속에는 드러나 있지 않았다.

예기(禮記)에서 처음으로 제시된 부자자효(父慈子孝)의 정신은 맹자(孟子)의 오륜사상(五倫思想)에 와서 더욱 확고히 표현되어 부자유친(父子有親)이라는 호혜평등의 인간관계로 성립이 되었다. 또한 퇴계 이황도 앞서 말했듯이 경장자유(敬長慈幼)라는 표현을 하여 부모-자녀관계는 상호 존중하고 사랑하는 인격적인 관계임을 밝히고 있다. 부자자효(父慈子孝)는 이렇듯 부모와 자녀가 상호 평등한 위치에서 인격적으로 사랑을 주고받으며 교호적인 위치에 있음을 말하는 인간관계의 가장 기초적이고 기본적인 부모-자녀관계의 핵심원리이다.

그렇다면 이제 부자자효(父慈子孝)가 자녀의 발달적 측면에 미치는 영향은 무엇인지, 그것의 교육적 기능은 무엇인지, 또한 부모-자녀관계를 새롭게 규정지우는 특성은 무엇인지

---

16) 중국의 효행사례로서 9살 된 왕연이 모친을 여의고 3년 동안 피눈물을 흘리면서 거상(居喪)을 치른 후 계모에게 매를 맞으면서도 추운 겨울에 강가에 가 울매, 갑자기 얼음 위로 생선이 뛰어올라 봉양을 했다는 이야기(王延躍魚).

에 대해 알아보고자 한다.

2) 부자자효(父慈子孝)의 기능

(1) 발달적 기능

여기서는 먼저 부모-자녀관계의 핵심역할인 부자자효(父慈子孝)가 아동의 도덕성 발달 및 애착발달, 외디프스 콤플렉스의 해소 등에 어떤 몫을 담당하는지를 살펴보고, 이어서 인지적(cognition)·정의적(affection)·심동적(psychomoter) 세 영역과 관련하여 어떠한 영향을 미치는지 그 양상을 짚어보고자 한다.

① 부자자효(父慈子孝)와 도덕성 발달

효성(孝誠)을 주요 덕목 중 하나로 삼고 있는 도덕성의 발달이야말로 부모와 자녀의 관계에서 가장 영향을 많이 받는 분야라고 하겠다. 부모는 자녀의 도덕성 형성에 일차로 영향을 미치는 주요 결정 요인인 것이다. Freud는 부모와의 동일시에서 형성된 초자아가 부모의 금지(prohibition)에 순응해서 행동하고 부모의 금지와 반대되는 행동을 하고 싶은 충동에 대해서 다양한 방어기제를 사용함으로서 죄책감을 피하게 되며 도덕성을 발달시켜 나간다고 했다. 즉 초자아를 형성하는 부모와의 관계를 도덕성 발달의 시초로 볼 만큼, 도덕성 발달에 있어서 부모의 역할이 소중함을 강조하고 있다(권혁내, 1985).

Piaget도 자녀들의 도덕성이 가정 내에서 부모에 대한 일방적인 권위와 존경으로부터 출발하여 점차 동료 간의 상호적 존경의 관계로 발달해 가는 방향을 보인다고 했다. 따라서 가정에서 부모의 권위가 어떠하냐 하는 것은 어린 자녀들의 도덕성 발달에 결정적 요소가 되며, 이 초기의 권위적 도덕성은 후일의 '타율적' 기능의 원천이 되는 것이라고 보았다. 부모의 양육방식 또한 자녀의 도덕성 발달에 영향을 미치는데 권위주의적인 양육방식으로 자란 자녀는 타율적 성향을, 협동과 평등한 상호 교섭이 가능한 양육방식으로 자란 자녀는 자율적인 도덕성을 발달시킨다고 하였다. 즉 부모는 자녀의 도덕성 발달을 촉진시킬 수도 있고 방해할 수도 있다는 것이다. Piaget의 이런 견해는 도덕성 발달에서 부모의 역할을 과소평가한 Kohlberg와 차이를 보인다. 또한 도덕성 발달의 주요인인 역할채택의 기회는 초기 양육환경인 가정에서 부모를 통해 제공되기 마련이라고 언급함으로써 부모와 자녀관계가 도덕성 발달의 중요한 요소임을 말해 주고 있다.(권혁내, 1985: 13). 그 외 여러 연구들(김화순, 1973; 신동로 외, 1995; 임경숙, 1975; 최정이, 1989; Russel et al., 1991)도 도덕성 발달과 부모의 양육방식이 상관있음을 보고하고 있다.

한편, 사회학습이론에서는 도덕성 발달을 학습의 측면에서 설명하고 있다. 관계윤리인 배려윤리도 학습의 결과로서 형성된다고 한 초도로우(N. Chodorow)도 아동기 때의 부모-자녀관계가 도덕성과 성역할 형성에 결정적인 영향을 준다고 하였다(이미식, 2000). 사회학습 이론가인 반두라(Bandura, 1999)도 같은 주장을 하였는데 그는 도덕성이란 어린이가 부모나 권위인물을 동일시 또는 모방에 의해 습득한 관찰 가능한 가치나 규범을 말하는 것이라 했다. 따라서 부모와의 접촉 여부야말로 도덕성 발달에 결정적인 영향을 미치는 주요인이라는 것이다.

즉 초기 양육환경으로부터 성장과정을 거치면서 부모와 자녀는 끊임없이 상호 간에 영향을 주고받으며 교호적인 관계를 유지하는 것이다. 이에 부자(父慈)와 자효(子孝)는 자녀의 도덕성 발달에 긍정적인 영향을 미칠 수 있는 기능이 잠재되어 있는 것이다.

② 부자자효(父慈子孝)와 애착 발달

애착은 모-자의 상호 작용의 질을 나타내는 용어로서 유아와 어머니 간의 애정의 끈(affectional bond)으로 묘사되며 시간의 흐름에 따라 계속되는 두 사람 간의 독특한 관계로서 정의된다(이경희, 2000: 139). 애착형성에서 중요하게 다루는 것은 애착관계의 질(the quality of the attachment relationship)이며 어머니의 민감성이 안정된 애착관계를 형성하는 데 중요한 변수가 되고 있다. 따라서 어머니는 자녀의 욕구를 중시하여 자녀가 어머니를 필요로 하는 순간이 언제인지를 파악하여 반응할 준비가 되어 있어야 안정애착을 형성하는 데 도움이 되는 것이다. 어머니의 성격이 자녀의 애착형성에 영향을 미친다는 외국의 연구(재인용, Mangelsdorf, Gunnar, Kestenbaum, Lang, & Andreas, 1990: 154)에서는 자녀에게 따뜻한 지지를 잘 나타내지 않고 긍정적인 애정을 적게 보이는 어머니들은 자녀의 고통스러워하는 기질과 연관이 있다고 말함으로써 어머니의 특성이 애착발달과 높은 상관이 있음을 확인하였다. 따라서 어머니의 특성은 애착발달에 직접적인 영향을 미치며 애착이 아동의 초기 사회·정서발달을 설명하는 주요인임을 생각할 때 부자(父慈)와 자효(子孝)는 어머니의 양육특성 측면에서 볼 때 주목할 만한 역할이라고 본다. 왜냐 하면 앞서 설명한 부자자효(父

慈子孝)의 교호적 측면을 생각해 볼 때 자효(子孝)를 기대하기에 앞서 부자(父慈)를 먼저
고려하는 것이 양육환경에서 선행요건이 되기 때문이다. 또한 부자(父慈)하는 모습은 자녀
에게 모델이 되어 대(代)를 이어 전이되는 특성이 있으며 애착발달과 부자(父慈)역할은 아
동의 특성에 영향을 미쳐 결과적으로 자효(子孝)를 기대할 수 있다는 측면으로도 설명이 가
능하다.

현미숙(2004: 37)도 부모역할에 영향을 미치는 요인으로서의 부모특성에 대해 설명한 바
있는데 부모특성으로 고려해야 할 요소로서 부모 자신의 부모 됨의 경험, 나이와 교육수준,
인지능력, 성격 등을 포함하였다. 또한, 어머니는 자신의 어머니가 행했던 양육습관을 모델
링하여 어머니 자신의 정신적 틀이나 자신의 어머니와의 경험을 바탕으로 한 '내재적 작동
모델(internal working model)'에 영향을 받아 양육패턴이 다르게 나타난다고 말하였다. 결
국 이 양육패턴은 초기 양육환경에서 자녀와의 상호 작용을 긍정적·부정적으로 방향 지우
는 역할을 하게 되므로 애착발달과 직접적인 관계가 있음을 알 수 있다.

홍강의·박선자(1991: 176-181)는 효와 애착의 관계에 대해서 다음과 같이 말하였다. 곧,
부모-자녀관계에서 효는 자식의 부모에 대한 의무만을 강조하는 일방적 관계가 아니라 상
호 의존적 관계로서 사랑을 주고 싶고 받고 싶은 욕구(need)를 충족시키는 면에서 일생을
통해 지속되는 애착의 관계라는 것이다. 상호 의존적인 부모-자녀관계는 발달의 단계에 따
른 관계의 역동으로 이해해야 하는데 '돌봄과 기대기'의 양이 상호 역행하는 점에서 역동적
인 관계인 것이다. 자녀가 어릴 때에는 부모의 돌봄 속에 기대어 성장하다가 자녀가 성장한
후엔 늙은 부모가 장성한 자녀에게 기대게 된다는 것이다.

이상을 요약하면 결국 유아기에 애착이 안정적으로 형성되어야 기본적 신뢰감이 형성되
기 때문에 효는 결국 모자간에 생겨나는 기본적 사랑의 관계, 애착의 관계, 신뢰의 관계를
의미하는 것이다. 그리고 이 기본적 신뢰관계가 성격발달이나 대인관계발달을 정상적으로
이루어지도록 함을 생각할 때 애착발달과 부자자효(父慈子孝)는 교호성을 지니고 상호 작
용하게 되는 것이다.

③ 부자자효(父慈子孝)와 외디프스 콤플렉스

Freud의 성격발달단계에서 남근기의 과제 중 하나인 외디푸스 콤플렉스를 효(孝)와 관련
지은 선행연구를 보면 교육을 통한 부자(父慈)와 자효(子孝)의 역할수행 이전에 개인의 특
성에 따라 무의식적인 심리과정이 작용함에 대해 말하였다. 조두영(1976: 119-128)은 효

자 · 효녀 전에 드러난 사례를 분석한 결과 효자 · 효녀이야기 속의 효는 외디프스 콤플렉스에 의한 병적인 행위라는 견해를 밝힌 바 있다. 즉 효는 외디푸스 콤플렉스를 해소하기 위한 행위일 뿐이고 본 연구에서 밝힌 부자(父慈)역할 중의 한 구성요소인 수신(修身)도 거세공포의 한 예로서 설명하였다. 이성부모에 대한 애정으로 인해 동성인 아버지에게 거세당하지 않으려고 자신을 절제하며 통제해 나가는 행위가 수신으로 나타난다는 것이다. 이와 유사한 견해는 차준구(1979: 82-90)도 밝힌 바 있는데 대부분의 효행이야기에는 주인공의 동성 부모는 이미 돌아가시고 이성 부모에게 효성을 베풀어드리는 상황이 많이 등장하는데 동성부모는 이미 심리적으로 제거된 것을 암시하여 효행의 심리적 동기를 Oedipal하게 보고 있는 것이다. 즉 이성의 부모에 대한 근친상간적 동기가 상징화의 과정을 거쳐 이성의 부모에 대한 효행으로 나타나기도 한다는 것이다. 그는 또한, 효행을 방어기제의 하나로 설명하여 동성의 부모에 대한 적개심이 반동형성의 과정을 거쳐서 효행으로 나타난 것이라고 보기도 하였다. 효행을 방어기제와 관련하여 설명한 또 다른 연구(홍강의 · 박선자, 1991: 178)에서도 효가 공격성을 조절해 주는 한 방법이 된다고 말한 바 있다. 즉 효의 대상에 대한 공격성이 발휘되고 나면 효의 대상을 잃는 셈이 되기 때문에 공격성을 억제하는 것은 그의 무의식에서 시작되는 것으로서 달리 말하면 부정(denial)이라는 자아의 방어기제가 작용한다는 것이다. 부연하면 부모에게 느낄 수 있는 양가감정의 하나인 분노와 공격성이 효에 의해 통제 · 승화되면서 그 결과 부모와 애정의 관계를 계속 유지할 수 있다는 것이다.

이상과 같이 부자자효(父慈子孝)의 발달적 기능에 대해 알아보았다. 부자자효(父慈子孝)는 도덕성 발달을 비롯하여 애착발달, 외디푸스 콤플렉스의 긍정적 해소 등에 교호적인 영향을 미침을 알 수 있었다. 우리나라 부모-자녀관계의 핵심원리인 부자자효(父慈子孝)는 정신분석학적 관점으로 바라볼 때 발달과제인 외디프스 콤플렉스를 문화적으로 용납이 되는 보다 바람직한 행위로 해소 · 승화시킨 표현이기도 한 것이다. 즉 효를 남근기 시기와 관련된 갈등을 해소함으로써 발달과제를 수행하는 하나의 과정으로서의 의미를 밝혀 긍정적인 시각을 제시한 홍강의 · 박선자(1991: 179)의 견해를 잘 반영하고 있다. 그는 또한 부자(父慈)의 역할로서 자녀로 하여금 안정된 자아상, 신뢰감, 자신감의 형태로 내재화하여 긍정적 동일시에 의해 자아의 성장을 가져오게 해야 하는 부모의 책임역할을 강조하였다.

④ 부자자효(父慈子孝)와 인지(cognition)·정의(affection) · 심동적(psychomotor) 영역

개인의 심리적 변화 영역은 인지 · 정의 · 심동적 영역으로 구분해 볼 수 있다. 인지의 변

화는 새로운 지식에 대한 자극과 경험에 의존하여 인지구조나 도식(scheme)에 변화를 일으키며 경우에 따라서는 정의적인 변화가 함께 수반되기도 한다. 행동의 변화는 정의적인 변화에 이어 의지가 연합될 때 가능하다고 말한다. 효의 내용과 구체적 방법에 대해 이해하고 수용함으로써 행동적 변화가 나타나도록 하기까지는 인지적인 변화가 선행되어야 한다.

효의 인지적 특성에 대해 말한 김미령(1999)은 율곡 이이의 예를 들어 다음과 같이 말한 바 있다. 격몽요결(擊蒙要訣)을 쓴 율곡 이이는 '사친장(事親章)'에서 '무릇 사람 된 자로 어버이에게 마땅히 효도해야 한다는 것을 모르는 이는 없으되 실제로 효도를 하는 이가 매우 드문 것은 어버이의 은혜를 깊이 알지 못하는 까닭이다'라고 하였는데 이것은 효행을 하기에 앞서 인지적인 변화가 먼저 일어나야 함을 말한 것이다. 또한 박재주(1992)는 부모와 자녀관계를 상하관계나 지배·복종의 관계로 오해하고 있는 한, 평등주의를 지향하는 오늘날의 민주주의 사회에서 효가 받아들여지기 힘들다고 말하였다. 그러므로 효는 본래 쌍방적인 관계임을 바로 인식하도록 하는 것이 중요하며 이것 역시 인지적인 변화가 수행되어야 함을 말한 것이다. 특히 어머니의 은혜에 대해 부모은중경(父母恩重經)[17]에서는 10가지의 세부내용을 소개하였는데 그 하나하나는 자식 된 도리로서 부모의 은혜를 깊이 깨닫도록 하는 인지적 요소가 내포된 것이다. 그 10가지는 산고(産苦)와 양육(養育)의 은혜에 대해 자세히 안내한 것으로서 첫째, 아이를 배어 지키고 호위해 준 은혜, 둘째, 해산할 때 괴로움을 받는 은혜, 셋째, 자식을 낳고 모든 근심을 잊는 은혜, 넷째, 입에 쓴 것은 삼키고 단 음식은 뱉어서 아기에게 먹여주는 은혜, 다섯째 마른자리 골라 아기 눕히고 젖은 자리에는 자기가 눕는 은혜, 여섯째, 젖을 먹여 기르는 은혜, 일곱째, 빨래를 해 주는 은혜, 여덟째, 자식이 먼 길을 떠나면 생각하고 염려하는 은혜, 아홉째, 자식을 위해 모진 일을 다 하는 은혜, 열째, 끝까지 자식을 사랑하신 은혜를 말한다. 이것은 효경에 소개된 부모의 은혜는 '낳아주고 길러주심' 정도인 데 비해 부모은중경에는 상당히 구체적인 안내가 되어 있음을 알 수 있다. 이처럼 부모의 수고를 자세히 앎으로써 효를 더 잘 행할 수 있으리라고 기대할 수 있는 것이다. 이러한 근거에서 부자자효(父慈子孝)의 내용이 과연 무엇인지에 대해 인지적인 자극을 주기 위해서는 그 구성개념을 자세히 밝히는 선행 노력이 필요하게 되는 것이다.

Piaget의 인지발달단계에 의하면 아동기는 구체적 조작기에 해당한다. 초등학교 고학년은 아동기의 후반부로서 구체적 조작기에서 형식적 조작기에로 이동을 준비하는 단계다. 이 단계의 아동은 확산적 사고를 할 수 있으며 상황을 제시하고 최선의 선택을 하도록 토론의

---

17) 어머니의 은혜를 기리는 부처의 가르침을 기록한 책.

기회를 주면 논리적인 인지과정을 통해 타당한 이유를 들어 최선의 가치를 선택하고 그 이유를 설명할 수 있다. 이러한 과정을 거치기 위해서는 먼저 효의 개념과 방법에 대한 안내가 있어야 한다. 본 연구를 위해 실시했던 요구조사에서도 알 수 있듯이 일반적으로 아동과 부모(어머니)가 알고 있는 효의 개념과 방법은 지극히 상식적인 수준이며 전적으로 자효(子孝)에만 집중되어 있었다. 따라서 효행을 증진하기 위해선 먼저 효성이 내면화되어야 하는데 그러기 위해선 효의 내용에 대해 알 수 있는 기회를 제공하여야 한다. 이것은 인지적 변화를 통해 정의적 변화를 이끌어내고 나아가 행동의 변화를 가져와 습관화되도록 하기 위함에서다.

앞서 율곡 이이도 어버이의 은혜에 대해 깊이 알지 못하는 데서 효행을 실천하지 못한다는 말을 했던 것을 보더라도(김미령, 1999) 현대를 살아가는 아동에게는 전통적인 효의 내용뿐만 아니라 방법에 대한 구체적인 안내를 해 주는 것이 필요하다. 이를 통해 부모-자녀 관계에서 자식으로서의 도리를 깨달아 알도록 인지적인 자극을 주기 위한 구체적인 계획을 세워야 한다.

다음으로 효의 정의적 특성은 효의 참뜻에 감은(感恩)이 깊이 배경되어 있음을 생각해 볼 때 자연스런 발로로서의 감성적인 작용은 바로 정의적인 영역의 한 부분인 것이다. 부모를 향해 감사하는 마음이 우러나오는 것이 효행의 필수 선행과정이라 볼 때 공자가 말한 공경하는 마음(恭敬心)은 정의적 측면의 으뜸이라고 볼 수 있다. 인격의 정의적 특질을 양심, 자아존중, 감정이입, 선에 대한 사랑, 자기통제, 자신의 도덕적 잘못을 기꺼이 인정하고 고치는 자세로서의 겸허함이라고 볼 때(김미령, 1999: 27) 효행의 변화는 인지적 측면에서 행동적 측면으로 전환되는 과정에 반드시 내면화를 일으키는 정의적 변화를 가져오는 과정이 필요하다. 마찬가지로 부모의 자애로운 역할 중 자녀에 대한 신뢰와 인내, 존중, 지지, 관대함 격려도 정의적 영역에 해당되는 덕목들이다. 인간관계에서 자신의 정서를 이해하는 과정, 적절히 표현하거나 활용하는 과정, 정서를 조절하는 과정들은 대인관계의 양상을 결정짓게 되는 요인이 된다.

부모-자녀관계에서 한국의 부모는 자신보다 더 사랑하는 자녀를 위해서는 무조건적인 사랑을 베풀어주게 되는 것이 특징이다. 이러한 관계를 일체감과 헌신성의 두 요인으로 규정하고 부모-자녀관계의 밀착 정도를 측정한 이장주(2002)의 연구는 부모-자녀 간의 정의적 특성을 잘 밝혀낸 것이라고 본다. 한국적 부모-자녀관계를 서양의 부모-자녀관계와 구별되는 토착문화심리학적 관점에서 바라본 이러한 특징은 최상진(2000)을 비롯하여 근래에 여러 연구자들의 관심이 되어 왔다(이장주, 2002; 조윤경, 2002; 최봉영, 1997). 그들은 한국적인 부모-자녀관계의 특징으로 정(情)문화가 배경이 된 부모-자녀관계의 밀착성을 이야기했는데 이것이 바로 서양의 독립적이고 개별적인 자녀교육과 구별되는 정의적 요소인 것이다.

끝으로 효의 행동적 특성에 대해서는 효성과 효행의 관계를 살펴봄으로써 효행의 습관화를 목표로 하는 교육적 측면을 생각해 볼 수 있다. 초등학생들을 대상으로 효교육을 실시할 경우에 부모에 대한 감사한 마음, 즉 정서적인 변화를 일으키는 과정이 필요하다. 이어서 그 정서적인 변화가 내면화되어 효행을 실천하고자 하는 자발성이 발휘되도록 해야 한다. 이와 같은 이유에서 효성이 싹트도록 교육과정을 구성하고 교육내용의 배열을 구조화할 필요가 있는 것이다. 즉 효행에 우선하여 효성이 아동의 심리 속에 자리잡도록 해야 하며 이를 위한 방법론으로는 도덕교육에서 중요하게 생각하는 내면화의 과정이 필수적이다.

아동에게 중요한 가치를 내면화하는 과정에 직접적으로 영향을 주는 것으로서 Ryan, Connell 및 Grolnick(재인용, 이영식·김대성, 1998: 14)은 '자율성'과 '구조(structure)'와 적극적인 '개입(involvement)'을 말하고 있다. 아동에게 자기조절(self-control)을 발달시키려면 외적인 통제와 책임을 점진적으로 아동에게 넘겨줘야 한다. 이런 이유에서 '자율성'의 발달을 지원하는 것은 자기를 조절해 나가면서 효성을 행동화할 수 있도록 동기를 부여하는 적절한 교육방법인 셈이다. 또한 특별한 환경을 조성해 줌으로써 특정한 가치에 대해 학습할 기회를 부여할 수 있는데 구조제공이 바로 그것이다. 이러한 '구조'에는 사회적 기대와 관련한 정보의 제공과 '왜' 그러한 기대가 중요한지, 또한 이러한 기대에 부응하고 부응하지 못하느냐에 따른 결과가 무엇인지를 설명해 주는 정보의 제공도 필요한 것이다. 아동이 의미 있는 타인(significant others)에 대해 유대감과 존중감을 갖게 된다면 아동은 그들이 부과하는 가치와 규칙들을 동일시하고 그들이 전달하는 내용들을 내면화할 가능성이 가장 높게 된다. 이로 보아 아동의 효행을 증진시켜 습관화하고자 할 때 부모가 아동의 '자율성'을 인정하고 환경을 통해 '구조'와 '개입'의 틀을 제공한다면 효성의 내면화는 촉진될 것이다(이영식·김대성, 1998: 16). 아동에게 있어 의미 있는 타인은 대개는 부모이고 경우에 따라서는 교사이기도 하나 본 연구에서는 부모 특히 어머니로 제한하였다.

결국, 부자자효(父慈子孝)는 쌍방향적이고 쌍무적인 관점이므로 양 방향적으로 상호 작용하면서 인지 영역과 정의 영역, 그리고 심동적 영역에 서로 발달적인 자극을 주는 과정을 통해 어머니의 자애로움과 자녀의 효행이 증진되기를 기대할 수 있는 개념인 것이다.

(2) 교육적 기능

부자자효(父慈子孝)의 교육적 기능을 알아보기 위해서는 인간관계의 바탕에 도덕성이 전제되므로 도덕성과 관련한 교육적 기능에 대해 살펴보는 것이 타당한 접근이라 생각된다. 도덕교육에 있어 1980년대 이후 주목받고 있는 것은 '배려'에 대한 관심이다. '배려'(caring)는 도덕성 발달에 있어 콜버그가 말한 '정의'(justice)와 더불어 1980년대 이후 도덕교육학의 집중적인 관심과 연구 주제 중 하나이다.

그동안 유교를 현대적으로 재해석하여 학교교육을 통해 도덕성 형성에 기여하도록 제안한 학자들은 많이 있지만 그 구체적인 방법론에 있어서는 과학적으로 연구된 바가 거의 없음이 안타까운 일이다. 이와 같은 연유로 인해 유교식 윤리교육을 학교에서 어떻게 실시하여야 할 것인가에 대한 체계적 연구가 필요하다. 특히, 모든 인간관계의 기본인 부모-자녀 관계에서 배려의 도덕성을 형성하고 그것을 기반으로 부모가 올바른 역할을 수행하도록 하는 것은 교육의 몫이다.

부모가 바른 모델을 보여주고 자신의 몸을 통해 생산한 자녀로 하여금 독립할 때까지 책임을 지며, 올바른 가르침으로 덕(德)의 인격을 소유한 민주시민으로 길러내기 위해서는 부자(父慈)의 역할에 대한 구체적 내용을 알려주는 교육이 필요하다. 또한 자녀도 자녀의 도리를 다하여 부모에게 효도하도록 하기 위해서는 자효(子孝)의 내용과 방법 대한 교육이 체계적으로 필요하다. 현재 자효(子孝)의 내용이 무엇인지에 대해서는 어느 정도 연구가 진전되어 있다. 효성은 태도 및 가치교육이 우선되어야 하기에 그 방법론 측면에서 볼 때 고려해야 할 요소가 많다. 특히 아동을 대상으로 하는 효교육은 대화와 토론 및 역할극 등을 통해 내면화 과정을 거침으로써 효성이 형성되도록 면밀하게 설계되어야 한다. 이렇게 할 때 비로소 효성이 자녀의 마음속에 자리잡도록 할 수 있는 것이다.

건전한 교육적 경험은 학습자와 학습내용 사이의 계속성과 상호 작용을 포함한다. 경험의 지속성에 대해 듀이(J. Dewey)는 습관과 연결지어 다음과 같이 말한 바 있다. "습관의 기본 성격은 행하고 겪게 되는 모든 경험이 바탕이 되며, 그 경험은 행하고 겪는 사람을 변화시키게 된다. 또한 이러한 변하는 원하던 원치 않던 뒤따르는 경험의 질에 영향을 준다." (강윤중 역, 1995: 44)고. 습관은 감정적이며 지적인 태도의 형성을 포함하며 우리가 살아가면서 만나는 모든 여건들을 대면하여 이에 반응하게 되는 기본적인 방법과 감수성을 포함하는 것이다.

교육은 바람직한 인간을 기른다는 교육목표의 측면에서 볼 때 '길러낸다'는 기능 그 자체는 같지만 사회철학적 배경에 따라서는 과연 '바람직한 인간'의 정의가 무엇이냐에 따라 달라지는 점도 있다. 교육목표를 설정할 때 고려해야 할 요소가 학습자의 심리적 특성이나 사회나 시대가 요구하는 인간상, 교육철학적 가치로서의 이념 등임을 생각해 볼 때 교육은 시대와 장소에 따라서 그 모습이 다르며 동시에 끊임없이 개선·진보하고 있다. 현재 운영되고 있는 초·중등학교 제7차 교육과정이 추구하는 인간상은 건강한 인간, 자율적인 인간, 창의적인 인간, 도덕적인 인간이다. 그중에 '도덕적인 인간'은 산업화·정보화 사회에서 자칫 경제논리를 앞세워 소홀하거나 빗나갈 우려가 있는 인간의 기본적인 도덕적 심성을 의도적으로 계발하여 공동체적인 삶을 살도록 하려는 데에 의의가 있다고 본다.

교과목 중에 아동으로 하여금 건전한 도덕적 심성을 함양하도록 돕는 교과는 도덕과이다. 초·중등학교 제7차 교육과정에서 도덕교과의 목표는 학생들이 자신을 이해하고 일상생활에서 필요한 규범과 예절을 익히며 국가와 민족의 구성원으로서, 또한 세계 사회의 일원으로서 역할과 책임을 파악하게 하여 한국인, 나아가 세계 시민으로서의 바람직한 삶을 살아가도록 도움을 주는 것이다(초·중등학교 제7차 교육과정 총론: 15).

여기서 건전한 도덕적 심성이란 도덕성의 지적, 정의적, 행동적 측면이 통합적으로 잘 발달한 바람직한 도덕적 인격을 형성하고 있는 상태를 일컫는다. 지적 측면이란 도덕적 규칙이나 원리 또는 규범의 합리성을 판단하고 선택하며, 그것에 비추어 자신의 행동이나 타인의 행동을 평가하는 능력과 관계된 것이다. 이러한 의미의 도덕성은 '선악판단의 능력'이라고 볼 수 있으며 도덕성의 인지적 측면에 해당된다. 정의적 측면이란 도덕적 민감성, 공감능력, 분노, 배려 등을 말하는 것으로서 도덕적 정서의 발달을 통해 도덕적 문제의 민감성을 발달시키고 도덕적 행동을 선택하도록 하는 능력을 길러주는 영역을 말한다. 마지막으로 행동적 측면은 도덕적 규칙이나 원리를 내면화하고 이를 실천하려는 태도나 성향을 가지고 습관화시킨 상태를 일컫는 말로서 도덕성의 실천적인 측면을 부각시킨 것이다(교육인적자원부, 2003).

건전한 도덕성을 형성시키려면 한 개인의 가치체계를 형성하는 과정에서 발생하는 갈등의 요소들을 통합할 수 있는 훈련이 필요하다. 예를 들어 효도와 우정은 모두 인간관계에서 중요한 가치인데 효도를 만족시키려면 우정이 희생되거나 우정을 만족시키게 되면 효도를 희생시켜야 하는 갈등상황이 있을 수 있다. 이때 여러 가지 가치 규범들의 상호 의존관계나 모순성을 파악하면서 최선의 가치로운 것을 선택하는 과정에서 하나의 통합된 가치체계를 가진 인격을 형성하도록 도와주는 것은 도덕교육의 몫이다. 교육 특히 도덕교육을 통해 다원적이고 이질적인 신념체계들과 함께 사회를 성립시킬 수 있는 원리를 공유하게 하고 그것에 따른 성향을 함양시킴으로써 사회의 통합을 이룰 수 있게 되는 것이다. 즉 개인의 가치통합적 기능과 사회통합적 기능은 도덕과 교육의 기능을 설명하는 핵심적인 두 축이다.

이 도덕과에서 다루어지는 교육내용을 선정하는 몇 가지 원칙 중에 우리의 전통적 규범과 가치, 즉 효도와 공동체 의식이 있다. 오늘날 사회에서 부각되고 있는 대인관계의 제 문제들을 도덕적 관점에서 판단하고 행동을 선택할 수 있도록 교육 내용을 선정하는 것인데 그중에 한 가지로 '타인배려'가 초등학교 제7차 교육과정에 새로이 포함되어 있다(제7차 초등학교 교육과정 도덕과 총론: 21). 따라서 '효'와 '배려'는 도덕교육에서 다루어질 중요한 덕목으로서 교육 현장을 통해 이러한 기능이 신장되도록 설계될 필요가 있다. 그중에 배려에 대해서는 다음 절에서 더 상세히 설명하고자 한다.

(3) 부자자효(父慈子孝)와 상호 배려 및 쌍무호혜의 관계

① 상호 배려 관계로서의 부모-자녀

서양의 인간관계와 동양의 인간관계의 기본 특성은 출발부터 다르다. 서양은 독립적이고 개별적인 인간을 육성하는 것이 자녀교육의 목표인 데 비해 동양은 유교윤리 자체가 관계윤리이므로 가족 내에서 관계를 원만하게 맺고 조화를 이룰 수 있는 인간을 육성하는 것이 그 목표다. 관계윤리에서 주요한 관심인 배려에 대해서 자세히 살펴보고자 한다.

대립과 갈등, 폭력과 억압이 횡행하고 있는 지구촌의 도덕적 위기상황에 적합한 새로운 대안윤리로서 주목받고 있는 배려(caring)는 관계윤리이며 상황윤리이고 자연적 심성의 윤리라는 점에서 동양의 유교윤리와 유사함을 선행연구자들이 밝히고 있다(노사광, 1986; 목영해, 2002; 박병춘, 2002; 이숙인, 1999).

목영해(2002: 47~64)는 이 배려윤리를 유교윤리와 대비하여 다음과 같이 주장한 바 있다. 우선, 배려윤리가 서구에선 대안윤리로 뒤늦게야 길리건(C. Gilligan)에 의해 등장했지만 동양에선 고대 공맹(孔孟)시대부터 인간관계의 기본윤리로서 주목해왔다. 그는 배려윤리가 공맹의 유교윤리와 같은 논지인 점을 다음과 같이 정리하였다. 첫째, 배려윤리와 유교윤리는 관계중심·상황 중심의 윤리라는 것이다. 그것은 도덕적인 상황에서 도덕원리에 입각한 사고나 판단 혹은 도덕규범의 준수보다는 구체적인 도덕적 상황을 고려하는 것이 도덕성 성립의 선행요건이 된다는 점에서 그렇다. 또 하나는 도덕성 성립에는 개별적 개인의 판단이나 행동보다는 사람들 간의 관계형성 및 유지가 최우선 요건이라고 본다는 점에서 두 윤리는 맥을 같이한다는 것이다. 나아가 자연적으로 배려의 심성이 발현되는 부모-자녀관계를 제외하고는 교육을 통해서 자연적 심성을 확충할 수 있다는 논지도 두 윤리체계는 같다. 이를 위해 본보기, 역할연습 등을 교육장면에서 활용하고 이를 통해 자연적 심성이 발휘되도록 교육함으로써 자연적 심성을 확충할 수 있다는 것이다.

이 배려관계를 가정으로 제한시켜 보면 부모-자녀관계에서 찾아볼 수 있다. 부모-자녀관계, 특히 어머니와 자녀의 관계는 배려관계의 전형이다. 어머니가 자녀를 배려하고자 하는 마음은 인위적으로 노력하지 않아도 갖게 되는 자연스러운 심성인 것이다. 정영숙(1994)은 어머니에 대한 배려심이 깊은 아동은 자기통제력이 높아서 초기 청소년의 충동성을 자제하고 학교생활을 통해 제시되는 힘든 과제를 끝까지 수행할 수 있다고 밝힌 바가 있다.

나딩스(Noddings, 1989: 221)는 배려는 한 사람이 다른 사람과 가지는 특정한 상태 또는 관계의 질이며 배려하는 사람과 배려받는 사람 사이에 형성되는 것으로서 배려자와 피배려자가 함께 구성해야 성립되는 구성적 관계라고 말하였다. 배려관계에는 배려자의 배려시도에 응하여 배려를 수용하고 배려시도자에게 배려시도가 수용되었음을 보여주는 피배려자가 있어야 한다. 그녀는 배려받는 사람이 배려자의 배려시도를 인식하지 못하거나 반응을 보여주지 않으면 배려관계는 성립하지 않는다고 한다. 그러므로 배려적 관계는 일방적 관계가 아닌 양 방향적인 것으로 서로를 정서적으로 인식하는 사람들 사이의 연결인 것이다(목영해, 2002: 49).

부모-자녀관계에서 강조하던 효(孝)는 자녀가 부모에게 대하던 일 방향적인 요소만 고려하였으나 본래 부모-자녀관계의 효는 부자자효(父慈子孝)라는 쌍방향적이고 쌍무적이며 교호적인 성격을 가진 윤리였다. 그러한 점에서 부모가 자녀를 배려하는 태도나 행위는 자연적 심성의 발현이기에 물의 흐름과 같다고도 말한 바 있다(유점숙, 1994). 그러나 자녀가 부모를 대하는 태도는 부모와 같이 자연적 심성의 발현이 되기는 마찬가지이나 그 의지 면에서 부모와는 질적으로 다르다. 부모 특히 어머니가 자식을 배려하는 수준처럼 자녀가 부모를 배려하기에는 부족하기에 불과 같이 의도적으로 피워 오르게 하는 노력이 필요하다. 바로 이와 같은 이유에서 자녀도 부모를 배려하도록 하는 의도적인 교육이 필요하게 되는 것이다. 효성이 도덕성의 한 구성요소임을 생각해 볼 때 도덕성 발달의 양대 축이라고 볼 수 있는 '정의'와 '배려' 중 효성은 부모를 배려하는 심성이 바탕이 되어 발현되는 것이라고 볼 수 있다. 따라서 아동기에 부모에 대한 배려심이 싹트고 습관화되도록 의도적인 교육을 실시할 필요가 있는 것이다.

배려윤리에 대해 본격적으로 학술적 논의가 시작된 것은 반세기도 되지 않는다. 하지만 우리에겐 이천여 년 전부터 공동체 지향적 윤리에 대한 안목과 지혜가 함축된 유교윤리가 있었음에도 그 우수성이 빛을 발하지 못하고 있는 것은 유교윤리가 아직도 전근대적, 반여 성적이어서 현대사회에 적합하지 못하다는 비판을 받고 있기 때문이다(목영해, 2002: 62). 이와 같은 맥락에서 본 연구는 부자(父慈)와 자효(子孝)를 주제로 하여 동시기(同時期)에 한 가정의 부모-자녀를 교육하도록 구안된 교육프로그램으로서의 의미를 지닌다. 여기서 부모는 어머니로 제한한다.

사람 간의 관계를 중심으로 하는 배려윤리는 구체적 상황을 필요로 하는 점에서 공자(孔子)나 맹자(孟子)를 중심으로 하는 유교윤리와 유사하다. 목영해(2002)는 논어(論語)의 자로(子路)에 나오는 공자의 다음과 같은 진술에서도 관계윤리가 잘 드러나 있음을 말하고 있다. 즉

> 葉公語孔子曰, 吾黨有直躬者 其父攘羊而 子證之 孔子曰, 吾黨之直者 異於是 父爲子隱 子爲父隱 直在其中也

> 섭공이 공자에게 말하였다. "우리 마을에 처신을 곧게 하는 자가 있습니다. 그의 아버지가 양을 훔쳤는데 그가 그것을 고발하였습니다." 공자가 이에 응하여 말하였다. "우리 마을의 곧은 자는 이와 다릅니다. 아버지는 아들의 잘못을 덮어주고 아들은 아버지의 잘못을 덮어줍니다. 곧음은 그곳에 있습니다."

여기서 보면 '타인의 범법 행위를 보았을 때 이를 고발하여야 한다'고 하는 정의윤리 규범의 준수에 앞서 아버지(부모)와 아들이라는 특수한 인간관계를 우선으로 고려하여 그 인간관계에 합당하게 행동하는 것이 윤리도덕적 행위가 됨이 공자가 진술한 내용에 담겨 있는 것이다. 이것은 자효(子孝)의 구성요소 중에 충간(忠諫)도 결국은 부모를 배려하는 마음이 기본적으로 갖추어진 상태에서 실천하도록 하는 것이 중요함을 알려주는 귀중한 근거를 제공하는 셈이다.

한편, 나딩스(Noddings)에 의하면 마음을 열어 타인을 수용하고 태도와 행동의 동기를 타인에게 돌리어 타인과의 적극적인 관계를 맺으면 누구나 배려를 수행할 수 있다고 한다. 이

같이 타인을 배려하는 마음은 사람이면 누구나 가지고 있으며 부모－자녀관계에선 노력하지 않아도 일어나는 심성인 자연적 심성중심윤리의 그 전형적인 예라 할 수 있다. 자식을 배려하고자 하는 마음은 부모라면 누구나 저절로 우러나는 자연적 심성인 것이며 배려윤리는 부모의 마음같이 일상생활 장면에서 누구나 가지고 있는 감정, 태도를 그 도덕적인 시발점으로 한다. 나딩스(Noddings)가 말한 '자연적 배려'는 부모－자녀관계에서 가장 잘 발현이 되는데 특히 부모는 자녀를 향해 본능적으로 배려를 베풀어준다. 이것은 도덕교육의 혼돈 속에서 새로운 윤리 및 도덕 교육론으로서 서구사회에서 등장한 것 중의 하나인 것이고 배려윤리(Care ethics) 및 배려교육론으로서의 가치는 대안윤리라고 불릴 정도로 관심을 받고 있다(목영해, 2002). 이러므로 교육, 특히 배려교육은 의도적인 설계가 필요하며 교육 현장에선 그 구체적인 방안의 하나로 교육프로그램을 통한 경험의 조직을 기대해 볼 수 있는 것이다.

또한, 배려가 요구되는 타인임에도 불구하고 자연적 배려심이 일어나지 않는 경우에는 자연적 배려심을 의도적으로 확장하여 인위적 배려심을 일으켜야 됨을 말하였는데 이것을 나딩스(Noddings)는 '윤리적 배려'라고 한다. 윤리적 배려는 자신의 이상형, 즉 부모나 주 양육자로부터 과거에 배려를 받아본 경험 및 배려를 해 본 경험을 바탕으로 형성되는데 바로 부모의 배려를 받아본 자녀는 필요한 상황에서 윤리적인 배려를 하게 된다는 점에서 생애 초기부터 배려를 경험하도록 기회를 주는 양육방식은 매우 중요하다.

이렇듯 부모와 자녀는 상호 배려관계의 전형(典型)이며 부모는 자연적 배려의 모델이 되고 자녀는 성장과정에서 받았던 배려의 경험을 통해 또 다른 사람에게 필요한 상황에서 배려해 줄 수 있는 인격이 형성되는 것이다.

② 쌍무호혜 관계로서의 부모－자녀

앞서 살펴본 예기(禮記)에는 부모의 자애(慈愛)와 자녀의 효(孝)가 공시공소(共時共所)적임이 부모－자녀관계의 핵심원리로 제시되고 있음을 확인하였다. 부모를 존귀하게 여기도록 안내한 내용은 경전의 여러 부분에 기술되어 있다. 예기(禮記) 11편 교특생(郊特牲) 편에는 "만물은 하늘에 근본 하고 사람은 조상에 근본 하는 것이니 이것이 조상을 상제(上帝)에 배향(配享)하는 까닭이다. 하늘에 제사지내는 것이 크게 근본에 보답하고 시원(始原)으로 돌아가는 것이다"라고 하여 만물의 근원은 하늘이지만 인간의 가까운 근원은 부모가 되니, 그 근원에 있어서는 하늘과 부모가 같기 때문에 부모를 상제에 배향할 수 있는 것이라는 의미이다. 즉 부모를 하늘에 짝 지우는 부모배천(父母配天)의 사상이 깃들어 있음을 엿볼 수 있다. 부모를 하늘을 공경하듯이 섬기라는 말이고 이것은 어진 사람이 할 수 있는 효라고 하였다.

부모의 위치를 하늘에 비유하는 것은 지나친 비약이라 생각되기도 하나 예기(禮記)의 본 정신으로 보면 분명히 자애와 효는 동시적이고 쌍무적이며 호혜적이고 교호적이어서 부모만 귀하게 여기는 것이 아니라 자녀도 역시 귀하게 여기라는 내용도 포함되어 있다.

퇴계 이황은 "효도란 백가지 행실의 근원이 되는 것이므로 한 행실에라도 빠짐이 있으면 그 효는 순수한 효라 할 수 없다"고 하여 형식적이고 의무적인 효를 경계하였다. 또한 효의 근본정신을 경장자유(敬長慈幼)에 두어 부모-자녀가 상호 존중하고 사랑하는 인격적인 관계가 되어야 함을 강조하였다. 이것은 조선시대의 시대적 배경에 의한 차별적 위계질서와 가족주의적 폐해를 지적하여 자효(子孝)만 일방적으로 강조하는 것에 대해 우려를 표하기도 했던 다산 정약용의 지적과도 일치하는 의견이다. 현대사회에 회복되어야 할 부모-자녀 관계의 효원리는 부모와 자녀가 함께 책임과 의무를 진다는 의미를 담은 쌍무호혜적이어야 되고 양 방향적이어야 되며 부모-자녀가 상호 간에 원인과 결과의 관계가 되는 교호적이어야 설득력 있게 수용될 수 있음이다.

3. 부자자효(父慈子孝) 구성요소의 선행연구

앞에서 현대가정의 부모-자녀관계에 회복해야 할 효윤리로서 부자자효(父慈子孝)를 제시하였다. 회복해야 한다고 말한 것은 효의 본래 정신이 자효(子孝)만이 아니고 부자(父慈)가 함께 상호 작용되어야 하는 것으로 제시되었는데(禮記, 禮運篇) 그동안 자효(子孝)만 강조되었기에 본래의 효정신을 회복해야 한다는 것이다. 부자(父慈)에 대해서도 일부 소개가 되어 있긴 하지만 포괄적인 개념 정도로 제시되었을 뿐이다. 여러 선행연구자들이 면면히 부자자효(父慈子孝)에 대해 강조하였으나 과연 그 각각의 구성요소가 무엇인지에 대해서는 구체적으로 밝혀지지 않았다가 정옥분 등(1995)에 이르러 비로소 부자자효(父慈子孝) 각각 12덕목이 구체화되었을 뿐이다. 선행연구에서 제시된 부자(父慈)와 자효(子孝)의 구성요소와 그 내용들을 살펴보고자 한다.

1) 부자(父慈)의 구성요소

부자(父慈)의 내용에 대해 살펴보면 효경(孝經), 순자(荀子), 논어(論語), 맹자(孟子), 예기(禮記)에는 부자(父慈), 즉 부모의 '자애로움' 정도로만 소개되어 있을 뿐이다. 유점숙(1994: 95)은 부모의 사랑을 마치 물이 아래로 흐르듯이 자연스러운 현상에 비유하여 '자연법칙으로서의 자정(慈情)'으로 표현하였다. 안태원(1994)은 '내리사랑'이라 표현하였고 조기석(1998: 15)은 '원만한 사랑'이라 하였다. 손인수(1995: 32-33)는 '어버이 됨', '자(慈)의 덕'으로 말하였고 이재승(1998: 115)은 부자(父慈)의 핵심역할로 '봉사와 헌신'을 제시하였다. 엄주정(2000: 45)은 '부드러운 태도와 낯빛, 인자한 교훈과 가르침'으로 말하였고 최기섭(2000: 15)은 '하나님 공경과 순명의 수직적 역할'로 부모의 역할을 규명하였다.

한편 박철호(2000: 69)는 권위와 위계를 강조하는 페이터(pater)적인 역할과 인격적인 애정을 강조하는 제니터(genitor)적 역할을 고루 갖춘 것이 부자(父慈)의 역할이라고 말하였다. 여기서 페이터적 역할이란 부모-자녀관계를 수직적 관계로 보아 위계질서를 강조하는 것이고 제니터적 역할이란 수평적인 부모-자녀관계로서 친밀함과 애정을 강조하는 개념이다. 이한분(2000: 60-63)은 부자(父慈)의 역할로서 '모델역할로서의 솔선수범, 예의범절과 가족윤리의 가르침, 조부모 봉양과 제례' 등으로 제시하였다. 이효범(2001: 20-21)은 '부모 다움, 모범과 사랑으로 민주적 양육을 하는 것'으로 규정하였고 토착문화 심리학적인 관점에서 부모-자녀관계를 해석한 이장주(2002: 57-65)는 일체감과 헌신성을 부자(父慈)의 두 요소로 보았는데 일체감은 '자녀를 자랑스러워하고 존중하며 믿어줌'을, 헌신성은 '아껴주고 보살펴 주며 희생하고 양보함'을 하위 구성요소로 보았다.

정옥분 등(1997: 4-6)은 부자(父慈)의 12덕목으로 수신(修身), 모범(模範), 책임(責任), 정성(精誠), 희생(犧牲), 인내(忍耐), 엄친(嚴親), 존중(尊重), 관심(關心), 가르침, 관대(寬大), 믿음을 제시하였다. 정옥분 등이 제시한 부자(父慈) 12덕목의 각각의 요소에 대해 자세히 알아보면 다음과 같다.

우선 자식을 올바르게 가르치고자 하는 부의부자(父義父慈)의 실천에서 수신(修身)을 으뜸가는 덕목으로 고려하였다. 한국 전통가정에서 부모들의 자식 가르침은 자기 자신을 닦는 일로부터 시작되기 때문이다. 세상일을 처리하는 모든 절차가 수신으로부터 시작되는 것은 '수신제가치국평천하(修身齊家治國平天下)'를 보아도 쉽게 알 수 있음이다.

모범(模範)을 강조한 것은 스스로 행하지도 않으면서 자식을 가르친다는 것은 도리에 어끗날 뿐 아니라 영향력을 미치지 못하기 때문에 가르침의 중요한 방법적 원리로서 수범(垂範)의 원리를 제일로 한 것이다. 책임(責任)은 자식을 둔 부모는 아들이건 딸이건 자식을 가르쳐야 할 책임이 있는데 사소절(士小節)의 부의(婦儀)의 교습(敎習)에 이른 다음과 같은 말을 인용하여 가르침의 책임을 다할 것을 강조하였다. "아들을 가르치지 않으면 우리 집을 망치고, 딸을 가르치지 않으면 남의 집을 망친다. 그러므로 가르치지 않는 것은 부모의 죄다"라고.

다음으로 정성(精誠)은 우리 조상은 생명이 잉태된 시점부터 지극한 정성으로 태교(胎敎)를 하였으며 자식이 잘되고 못되는 것이 부모의 정성에 달려 있다고 하였다.

희생(犧牲)은 자식을 위해서라면 부모의 부귀영화는 물론 건강과 생명까지도 바치려는 무의식적인 준비가 되어 있는 것이 한국의 부모들의 전통적 심성이기에 희생은 부모들의 기본적 태도라는 것이다.

다음으로 인내(忍耐)는 자식을 기르고 가르치는 데 있어서 급히 서둘러 효과를 기대하거나 충격적이고 일시적인 처방보다는 부모로서 할 수 있는 정성을 다하고 하늘의 은덕을 기다리는 입장을 중시하였던 것이다. 즉 진인사대천명(盡人事待天命)의 자세를 가졌던 것이다.

엄친(嚴親)은 엄부자모(嚴父慈母)야말로 우리의 전통가정에서 부모－자녀관계의 정형화된 역할로서 아버지의 엄한 가르침과 어머니의 자애로움이 조화를 이루어 가정교육의 한 방법으로 여겼던 것이다. 다시 말하면 맹목적이고 무절제한 사랑을 가려내어 엄격함과 자애로움이 조화를 이룬 것을 최선의 부모－자녀관계로 보았던 것이다.

존중(尊重)은 귀하게 키운 자식이 귀하게 된다는 속담처럼 자녀에 대한 존중심이 우리 조상들의 보편적인 자녀관이었음을 말한다.

관심(關心)은 부모가 자녀에게 관심을 두고 각별히 보살피는 일을 당연히 여겼으며 이것은 정성, 인내, 존중의 덕목과 맥을 같이하고 있다. 가르침은 동몽선습(童蒙先習)에 있는 말을 인용하여 "부모는 자식을 올바른 도리로 가르쳐서 그릇된 길로 빠지지 않도록 해야 하며……"와 사소절(士小節)의 "갓 난 망아지는 착실하고 엄격하게 길들여 좋은 기술을 익히게 하지 않으면 좋은 천리마를 만들지 못한다"는 교훈을 받아들여 자식에게 올바른 도리를 안내하는 것을 말한다.

관대(寬大)는 부모가 자녀를 대하는 데 있어서 기본적으로 너그럽고 인자한 자세로 대해야 한다는 것이다. 끝으로 믿음은 인간관계의 기본으로서 부모라 할지라도 인간에 대한 믿음, 즉 자녀의 발달과 인격에 대해 인본주의적 관점에서 인간존중 사상을 담고 있음을 알 수 있다.

이상으로 부자(父慈) 구성요소(Constructs)와 각각의 개념들을 살펴보았는데 여러 덕목들을 비교해 보면 그 개념의 포함관계에 따라 상·하위 차원의 배열과 조정이 필요함을 생각하게 된다.

2) 자효(子孝)의 구성요소

자효(子孝)에 대해서는 옛 경전에 자세히 제시되어 있었다. 이미 효경(孝經)에 보신(保身), 공경(恭敬), 간언(諫言) 또는 간쟁(諫諍), 양친(養親), 봉사(奉祀), 형제우애(兄弟友愛), 추모(追慕), 반필면(反必面), 절제(節制), 생명존중(生命尊重), 예의(禮義), 감사(感謝) 등이 있고, 예기(禮記)에는 존친(尊親), 불욕(不辱), 봉양(奉養)이 소개되어 있다. 다른 연구자들이 제시한 내용도 용어와 표현에 있어서 다소 차이가 있을 뿐 이미 제시한 내용이 모두 포함되는 것들이다.

예를 들면 신중선(1985)은 화순(和順), 양지(養志)와 양명(揚名)을 추가하였고 양희열(1993)은 순종(順從)과 양호(養護), 상례(喪禮)와 제례(祭禮)를 추가하였다. 유점숙(1994)은 노력하는 효성(孝誠)을 강조하여 문안과 시중 들어드리기, 은혜와 감사, 봉사와 헌신, 경애와 배려를 말하였다. 조기석(1998: 15-19)은 보은(報恩), 순종(順從), 공경(恭敬)을 강조하였고 손인수(1995: 33)는 공경과 섬김과 근심 끼치지 않기를 강조하였다. 그 외 여러 선행연구자(박철호, 2000; 엄주정 ,2000; 이재승, 1998; 이한분, 2000; 이효범, 2000)들이 제시한 내용들은 앞에서 제시한 내용을 포함하여 승지(承旨), 입신양명(立身揚名), 시봉(侍奉), 이해와 배려(配慮) 등을 추가하였다. 이를 요약하여 나타내면 다음 〈표 Ⅱ-1〉과 같다.

<표 Ⅱ-1> 부자자효(父慈子孝)가 제시된 선행연구

연구자 \ 구분		부자(父慈)	자효(子孝)	연도	문헌	비 고
경전	효경, 순자, 논어, 맹자	자애로움	보신, 공경, 간언(간쟁), 양친, 봉사,(형제) 우애, 추모, 遠有必方, 반필면, 절제, 생명존중, 예의, 감사,	先奏시대	효경, 순자, 논어, 맹자	互惠平等의 정신
	예기	부자(父慈)	자효(子孝) 존친, 불욕, 봉양	漢이후	예기	부자자효(父慈子孝)용어 최초 등장
논문 및 학술지, 단행본	신중선	없음	봉양(奉養)과 화순(和順), 사랑과 공경(恭敬), 양지(養志)와 양명(揚名)	1985	석사논문	부자(父慈)요소 제시 안 됨
	양희열	없음	보신(保身), 순종(順從), 봉양(奉養), 공경(恭敬), 간언(諫言), 양지(養志), 양호(養護), 상례(喪禮)와 제례(祭禮)	1993	석사논문	부자(父慈)요소 제시 안 됨
	유점숙	자연법칙으로서의 慈情 모범 및 모델제시	노력의 孝誠문안과 시중, 은혜와 감사, 봉사와 헌신, 경애와 배려	1994	단행본	동몽선습의 효교육 내용소개
	안태원	내리 사랑	위로 사랑	1994	석사논문	쌍방향적, 부모-자녀 간 기능적 통합규범
	조기석	원만한 인격	보은, 순종, 공경	1995	석사논문	조선 후기에 강조된 덕목
	김미령	없음	보신(保身), 불욕(弗辱), 봉양(奉養), 화순(和順), 사랑, 공경(恭敬), 양지(養志), 양명(揚名), 간언(諫言)	1999	석사논문	
	엄주정	부드러운 태도, 낯빛, 인자한 교훈과 가르침	봉양, 순종, 시봉, 간언, 감사, 겸손, 신중, 공손	2000	학회논문	정신과 물질의 조화
	최기섭	하나님공경과 순명의 수직적 측면	모든 인류와의 관계 속사랑의 수평적 측면	2000	학술지 논문	상호 쌍무적 관계윤리, 전통과 현대가치의 조화필요
	박철호	페이터(pater)적(권위적, 위계적) 제니터(genitor)적-인격적인 애정(친애)	공경, 복종, 순종, 양지, 입신양명, 존속	2000	효교육길라잡이자료집	대리, 친애, 순종, 존속의 효윤리체계

연구자 \ 구분		부자(父慈)	자효(子孝)	연도	문헌	비 고
논문 및 학술지, 단행본	이한분	모델역할(솔선수범), 가르침(예의범절과 가족윤리), 조부모 봉양, 제례	신체보존, 시봉, 봉사, 공경, 양지, 간언, 순종, 봉양, 정신적 효도, 입신행도	2000	석사논문	가정에서 효실천 방안을 제시
	이효범	부모다움-모범, 사랑, 민주적 양육	순종, 존재의식, 감사, 존경, 이해와 배려, 승지, 입신	2001	학회지 논문	교육과 양육역할
	이장주	일체감(자랑스러워함, 존중함, 믿어줌) 헌신성(아껴줌, 보살펴줌, 희생, 양보)	연구과제로 제시	2002	박사논문	父子有親性情 척도 부모－자녀관계의 밀착성 측정도구

〈표 Ⅱ-1〉에서 보듯이 부자(父慈)의 구체적 요소는 포괄적으로 제시된 반면 자효(子孝)는 상당히 구체적으로 제시된 것을 볼 수 있다. 그러던 것이 정옥분 등(1997)에 이르러 부자(父慈)와 자효(子孝) 각각 12덕목으로 구체화된 것을 알 수 있다.

이상에서 선행연구에 드러난 부자(父慈)와 자효(子孝) 각각의 구성요소들을 살펴보았다. 그렇다면 부자자효(父慈子孝)를 주제로 한 프로그램을 개발하기 위한 선행 작업으로 각각의 구인(constructs)을 확정하고 타당화하는 과정이 필요하다. 이 과정은 다음 장(章)의 연구를 통해 부자자효(父慈子孝) 구인선정과 타당화 과정을 밟고자 한다.

4. 효교육프로그램 선행연구

기존의 프로그램 개발관련 연구 중 부자자효(父慈子孝)에 입각한 쌍방향적인 교육프로그램이나 이와 유사한 선행연구는 전혀 없다. 다만 자효(子孝)만을 주제로 한 연구로는 위기가정을 돕기 위해 효교육프로그램을 구성한 연구(마영래, 2000), 초등학생을 위한 효교육 방안에 관한 연구(한선봉, 2001), 부모교육을 통해 초등학생의 효교육 방안을 탐색한 연구(한영훈, 2001), 부모－자녀관계의 재정립을 위한 효교육의 방안에 관한 연구(이현규, 2002), 유아를 대상으로 유치원 교육기관에서 실시할 수 있는 효교육 모형을 개발하고 그에 준하여 프로그램을 개발한 연구(주영애 · 박상희 · 김선주, 2002)가 거의 전부다.

이 중에서 비교적 프로그램 개발의 과정과 절차를 따라 진행한 연구는 주영애 외(2002)의 연구다. 그는 가정교육 차원으로 여겨 소홀했던 효교육을 교육기관을 통해 체계적으로 교육하여 유아들로 하여금 효를 재미있고 이해하기 쉬우며 생활 가운데서 습관화되도록 하기 위해 전통사회의 효를 여덟 가지 영역으로 구분하여 각각의 내용을 구성하였다(주영애 외, 2002: 45-69). 그 여덟 가지 영역은 공경, 봉양, 시봉(侍奉), 순종, 형제친척 간의 돈목(敦睦), 보신(保身), 입신행도, 양지(養志)로서 기존 자효(子孝)의 내용을 달효(達孝)의 측면에서 보아 모두 아우르는 것이다.

특히, 이 프로그램에서 주목할 것은 유아들을 대상으로 예절노래를 도입한 것이다. 주영애(2002: 68)는 예절노래의 도입이 이 프로그램의 효과를 나타내는 데 유의미하였음을 밝히고 있다. 아울러 효교육은 그 성격상 아이들에게만 강조되어서는 안 되며 부모가 자녀 앞에서 올바른 모습으로 비쳐질 수 있도록 부모교육프로그램도 개발되어 함께 적용할 것에 대해 제안하였다. 그 외의 효에 관한 연구들은 일반 교육과정에 제시된 효의 상식적인 내용들을 나열한 것에 불과하여 프로그램 개발과 관련한 효의 연구가 필요하다. 효교육 방안에 관해서도 전통적인 효개념을 현대적으로 재해석하여 가정교육 원리로 되살리기 위해서는 부자자효(父慈子孝)해야 한다는 주장은 많이 했으나 그 구체적인 내용을 제시한 선행연구는 없다. 따라서 여기서는 선행연구의 범위를 확대하여 교육을 목적으로 개발된 프로그램 중에서 아동과 부모(어머니)를 대상으로 개발된 프로그램을 중심으로 하여 그 연구의 특성을 살펴봄으로써 본 연구에서 의도하는 교육프로그램 개발에서 고려해야 할 요소에 대해 살펴보고자 한다.

곽윤정(2004: 40)은 정서지능 이론에 입각하여 정서지능의 구성요소를 밝히고 정서지능의 향상을 목표로 하는 교육프로그램 모형을 개발한 후, 그 모형에 준하여 정서지능 교육프로그램을 개발하였다. 그는 연구과정을 통해 대부분의 정서지능 발달 프로그램이 이론적 구조 틀을 갖추지 못하고 타당성을 갖지 못하는 이유를 학자마다 정서지능을 다르게 정의하여 개념의 일치가 이루어지지 않은 데에 두었다. 이어서 그는 현재까지 개발 · 실시되고 있는 정서지능 교육프로그램들의 문제점을 다음과 같이 지적하였다. 첫째, 프로그램을 구성하기 위한 이론적 틀을 갖추고 있지 않으며, 둘째, 정서지능의 전이성 문제, 그리고 프로그램 평가나 효과 연구의 미비함 등에 대한 지적이었다. 넷째는 정서지능 교육프로그램으로 인정받기 위한 기존 프로그램의 개선점에 대해서 그는 교육프로그램 개발을 위한 철저한 이론적 고찰, 학습자의 발달수준과 맥락에 적합한 내용 선정, 견고한 실험 설계와 신뢰롭고 타당한 측정도구, 교육과정과의 조화 등을 들고 있다.

　이러한 제안은 본 연구에서도 수용해야 할 내용이어서 프로그램 개발의 각 과정마다 성실한 반영이 되도록 부자자효(父慈子孝)에 대한 이론적 고찰에 이어 학습자의 발달수준과 욕구가 고려된 프로그램 구성, 측정도구의 객관성과 타당성 확보를 위해 예비검사를 통한 측정도구의 신뢰성 확보, 현행 교육과정과의 조화를 염두에 두었다. 현행 교육과정에서는 도덕 교과의 가정생활 영역에 효성에 대한 덕목이 구성되어 있다. 이를 감안하여 부자자효(父慈子孝) 교육프로그램은 가정과의 연계성을 고려하고 지속적인 자녀의 효행변화를 관찰하여 체크하도록 구성하였다. 프로그램이 전체 교육과정의 일부로서 연계되지 않으면 학습자의 지속적인 변화를 기대하기가 어렵기 때문이다(재인용 Patti & Lantieri, 1999).

　김정원(1999)은 부모교육프로그램의 개발과정에 관한 연구에서 교육과정의 체계적 모형에 근거하여 교육목표를 설정하고 교육 내용을 선정 및 조직하며 프로그램을 실시하고 프로그램 평가의 과정을 거치는 부모교육프로그램 개발과정을 제안하였다. 그는 Tyler(1949)를 비롯하여 체계적 모형을 제시한 학자들의 모형을 반영하여 다음과 같은 단계를 거쳐 프로그램을 구성하였다.

　교육목표 설정과정에서는 학습자의 흥미나 필요, 사회적 요구, 교과전문가의 견해로부터 잠정적인 목표를 추출한 다음 교육철학과 학습심리의 준거에 비추어 목표를 선정하였다. 다음 학습경험 선정 단계에서는 사고능력 개발, 정보획득, 사회적 태도 함양, 흥미개발에 도움을 줄 수 있는 학습경험을 선정하였다. 세 번째로 학습경험 조직으로는 계속성, 계열성, 통합성의 원리에 따라 교육과정을 조직하였고, 마지막으로 학습경험 평가단계에서는 제공된 학습경험이 목표 달성에 효과적이었는가를 측정하였다. 이 단계에선 교육과정을 통한 태도 및 행동의 변화 정도가 나타나야 하기 때문이다. 그는 이러한 과정을 통해 총체적 부모교육프로그램을 개발하고 개발의 각 단계마다 대상자의 욕구가 충분히 반영되도록 해야 하는 당위성과 방법을 제안하였다.

　송정애(2001)는 학동기 자녀를 둔 저소득 모자가정을 위한 가족생활 교육프로그램 개발 모형으로 6단계 모형을 제안하였는데 먼저 이론적 개념 틀 확립단계, 두 번째 단계는 국가와 사회적 요구분석단계, 세 번째 단계는 학습자의 요구분석단계, 네 번째는 교육프로그램 구성단계, 다섯째는 프로그램 실시단계, 마지막으로는 프로그램 평가단계였다. 다른 교육프로그램과 구별되는 것은 개발과정에서 국가·사회의 요구분석을 추가한 것이다. 저소득 편모는 정부로부터 공적 지원과 보호가 필요한 대상임으로 Tyler(1949), Goodlad(1996)의 모형에서 제시한 국가와 사회의 요구분석 단계를 추가한 것이다.

최근 초등학생을 위한 효교육 방안에 관심을 가진 연구들이(안희옥, 2000; 한선봉, 2001; 한영훈, 2001) 점차 늘어가고 있는 것은 전통 효개념을 현대사회에 재조명하여 부모－자녀 관계의 천륜을 회복하고자 하는 노력으로서 매우 다행한 일이다. 그러나 방안제시로 그칠 뿐 구체적인 접근과 효과검증과정이 없어서 더욱 발전된 연구가 필요한 시점이다. 일반적으로 프로그램 개발과정은 국가나 사회의 요구, 이론적 고찰과 구성요소의 확정과정, 학습자(프로그램 수혜 대상자)의 요구와 흥미를 고려하여 목표와 학습내용을 선정하고 프로그램을 구성하여 효과를 검증하는 단계를 거치고 있다.

이상에서 교육프로그램 개발과 관련한 기존의 연구를 살펴보았다. 일반적으로 교육프로그램 개발의 경우 두 가지 패턴을 보이고 있다. 하나는 교육프로그램 모형을 개발하거나 기존의 모형을 그대로 사용하고 그에 준하여 프로그램을 개발한 후 효과검증으로 타당화 작업을 거치는 패턴이다(곽윤정, 2004; 송말희, 1998; 이정혜, 2004). 다른 하나는 개발 모형 없이 곧바로 프로그램 구성요소를 추출한 후 프로그램을 개발하여 효과검증을 하는 패턴이다(김만지, 2000; 김정미, 2000; 송정애, 2001; 양숙미, 1999; 이상희, 2002). 본 연구에서는 첫 번째 패턴을 따라 부자자효(父慈子孝) 교육프로그램 모형을 먼저 개발하고, 그 모형에 의해 프로그램을 개발한 후 효과검증 과정을 거쳤다.

5. 본 연구의 모형

이상과 같은 이론적 배경을 바탕으로 부자자효(父慈子孝) 교육프로그램을 개발하여 효과를 검증하기 위한 본 연구의 모형은 〈그림 Ⅱ-1〉와 같다.

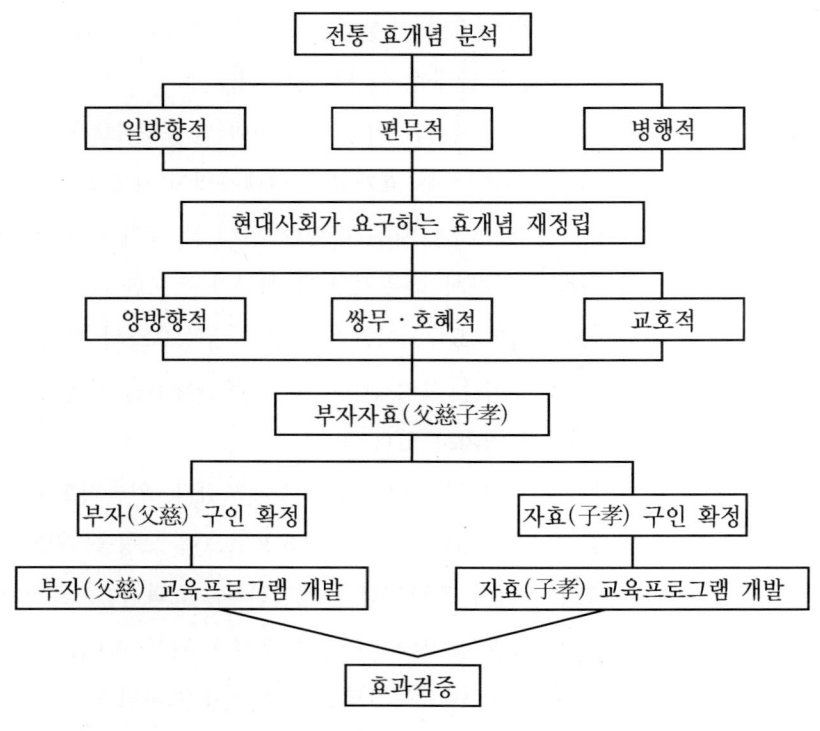

〈그림 Ⅱ-1〉 본 연구의 모형

〈그림 Ⅱ-1〉의 연구모형에서 보는 바와 같이 전통 효개념을 분석한 결과 애초에 경전에서 제시되었던 부모－자녀관계의 효원리와는 다른 개념으로 인식되어 온 것을 알 수 있었다. 전통사회의 효원리는 일 방향적이고 편무적이며 병행적임이 드러난 것이다. 한국적인 부모－자녀관계를 유지하고 특징지우면서도 세계를 향하여 진출할 수 있는 효원리는 본래 경전에 소개되었던 부모－자녀관계의 핵심원리를 현대적으로 재해석하여 제시하여야 한다. 그것은 바로 부자자효(父慈子孝)의 원리이다.

부자자효(父慈子孝)라 함은 부모는 자애로운 역할을 자녀에게 행하고 자녀는 부모를 공경하며 효를 행하는 것을 말한다. 이것이 양 방향적으로 동시에 이루어져야 하고 쌍무·호혜적이어야 하며 교호적이어야 한다(성규탁, 1995; 손인수, 1998; 엄주정, 2000; 정옥분 외, 1995). 쌍무적(being bilateral)이라 함은 부모와 자녀가 함께 의무를 지는 것을 말하며 호혜적(reciprocity)이라 함은 서로 도와 가며 은혜를 끼치는 것을 말한다. 또한 교호적(alternative)이라 함은 부모와 자녀가 원인과 결과제공에 있어 서로 상호 작용하는 관계임을 말한다. 본 연구에서 '부모'는 '어머니'로 제한함을 밝혀둔다.

Ⅲ. 부자자효(父慈子孝)의 프로그램 구성요소 선정

1. 부자자효(父慈子孝) 구성요소의 시안(試案)

프로그램 개발의 초기단계에서 해야 할 가장 중요한 일은 프로그램을 구성할 부자자효 (父慈子孝)의 구성요소(constructs)를 선정하는 일이다. 선행연구를 검토한 결과 부자자효 (父慈子孝)의 구성요소로서 제시된 내용은 자효(子孝)에만 초점을 맞춘 연구물이 대부분이었다(서병숙·윤혜경, 1992: 239-241). 그러다가 1990년대 이후 가정문제가 사회문제로 확산되면서 현대가정에서 회복해야 할 효윤리로서 부자자효(父慈子孝)를 제시하기 시작한 연구들이 등장하기 시작했다(표 Ⅱ-1 참고).

한편, 현대가정에서 회복해야 할 효윤리로서 부자자효(父慈子孝)를 제언하는 연구자는 많은 데 비해 부자(父慈), 즉 자애로운 역할의 구성요소를 제시하고 있는 연구는 극히 드물었다. 정옥분 등(1997: 4-6)이 제시한 부자(父慈)의 12덕목이 과학적 절차에 의해 최초로 제시된 연구로서 오직 한편 있을 뿐 단지 부자자효(父慈子孝)하는 부모-자녀관계가 현대가정에서 회복되어야 한다는 당위성만을 주장하고 그 구체적 방안에 관해서는 후속 연구자들에게 과제로서 남긴다는 내용의 제시뿐이었다.

성규탁(1995: 22-23)은 10여 년에 걸친 광범위한 사회조사를 통해 효에 관한 체계적인 연구를 실시함으로써 사람들이 일상생활에서 행하는 효행의 이유가 무엇인지에 대해 설명하였다. 이것은 그동안 연구되던 효의 추상적이고 개념 중심의 연구로부터 현실사회에서 행할 수 있는 구체적인 효를 설명한 것으로서 효연구에 있어 큰 획을 그은 것이라 생각된다. 그는 일반인들이 행하는 효행 이유와 효행상 수상자들이 행하는 효행 이유의 순위가 서로 다름을 발견하였는데 가장 큰 차이는 책임과 애정 부분이었다. 일반인들은 부모에 대한 사랑이 책임보다 앞선 데 비해 효행 수상자들은 애정보다는 책임이 앞섰던 것이다. 그는 조사대상자들의 응답을 통해 효행이유로 드러난 변인들을 유목화하는 작업을 시도하였는바 그 제시된 이유가 효행의 내용으로 전환될 수 있는지는 의문이다. 다만 요인분석을 통해 행동지향적 효, 정서지향적 효, 가족지향적 효로 분류한 점은 효를 실증적으로 연구한 최초의 시도였다는 점에서 의의가 크다고 본다. 행동지향적 효는 희생, 책임성, 보은(報恩)이, 정서지향적 효는 가족조화, 사랑, 존경이, 가족지향적 효엔 가족영속, 체면유지, 재산상속이 하위 차원으로 묶였는데 그러한 연구과정을 통해 가족은 부모-자녀 상호 간에 교호적 의무를 띠고 부자자효(父慈子孝)해야 함을 역시 강조하였다.

유점숙(1995: 2-3)은 부모-자녀관계를 효성(孝誠)과 자정(慈情)이라는 두 측면으로 설명하였다. 그중 효성(孝誠)을 기르기 위한 효행교육의 내용으로는 조선시대 동몽선습에서 가르쳤던 내용을 셋으로 구분하여 설명하고 있는데(유점숙, 1994: 101-106) '문안인사', '시중들기', '품행과 태도'를 대표적인 주제로 소개하였다. 이것들은 일상생활에서 부모에 대한 은혜와 감사, 봉사와 헌신, 경애와 배려를 행동으로 표현하도록 가르친 것으로서 전통사회에서 아동교육의 구체적 내용으로 강조된 것이었다. 뿐만 아니라 그는 효행교육이 현대적으로 적용되기 위해선 자녀교육과 병행하여 부모교육도 이루어져야 될 것을 권면하였다. 이것은 효(孝)라는 덕목으로 부권(父權)을 강조하기 위함이 아니고 온화한 가정 분위기를 유지함으로써 나아가 평화로운 사회를 건설하기 위한 토대를 마련하기 위함임을 강조하였다(유점숙, 1994: 97).

서병숙과 윤혜경(1992: 239-240)은 청소년기에 실천할 수 있는 효행(孝行)으로 입신행도, 양지, 공경, 순종 이 네 가지를 말하였다. 그들은 연구결론으로 시대적 변화에 적응하는 효(孝)는 결국 개방적 커뮤니케이션을 통해 자녀와의 갈등을 풀어가도록 할 수 있음으로 사랑과 존경, 봉사와 헌신 등 부모-자녀 간의 부자자효(父慈子孝)하는 상호적인 관계로서의 효를 강조하였다. 커뮤니케이션이 가정의 효행과 밀접한 상관이 있음을 제시한 연구로서 부모-자녀 간의 의사소통의 중요성을 다시 한번 실증한 셈이다.

그 외에 일부 효의 내용과 요소들을 제시했던 연구들(김익수 1979; 엄주정, 2000; 이승원, 1983; 이한분, 2000; 이효범, 2001)에서 다음과 같이 부자(父慈)와 자효(子孝)의 공통요소들을 정리할 수 있는데 그것은 공경, 순종, 봉양, 생육, 시봉, 양지, 간언, 겸손, 신중, 공손, 보신, 입신 등이다. 따라서 부자자효(父慈子孝) 교육프로그램을 개발하기 위한 초기 작업으로 기존에 소개된 효의 구성요소들을 정리하여 프로그램 실시 대상자에게 적합한 구인을 추출하는 작업이 선행되어야 한다. 본 연구자는 이를 위해 다음과 같은 과정을 거쳐 구인을 정하였다.

1) 부자(父慈)의 구성요소

부자(父慈)의 내용과 요소를 정리하기 위해 선행연구를 살펴보아 기존에 제시된 모든 요소들을 나열하여 초등학생 자녀를 둔 부모들과 함께 여러 차례의 토론과정을 가졌다. 각각의 역할에 대해 예를 들어 의미를 설명하고 유사한 개념이나 중복되는 내용들을 함께 묶거나 정리하는 과정을 거쳤다. 이러한 과정에 참여한 인원은 총 7회기의 부모교육에 참여했던 학부모 72명이었다. 프로그램이 구성된 후 프로그램 수혜자가 될 대상은 초등학생과 그 학부모이기 때문에 그 대상층의 의견을 반영하는 것은 실천지향적인 학문에서 이론의 현장적 용성을 고려해야 하는 관점으로 볼 때 적합한 과정이라 생각된다.

선행연구에서 제시된 부자(父慈)의 여러 요소와 현장의 의견을 반영하여 추출한 부자(父慈) 구인은 책임(責任), 훈육(訓育), 수신(修身), 존중(尊重), 인내(忍耐)의 다섯 덕목이다. 이 다섯 구인을 상위구인의 시안으로 정하고 각각의 구인에 적합한 하위요소를 조정하였다. 상위 다섯 구인의 조작적 정의는 〈표 Ⅲ-1〉에 제시된 바와 같다.

자녀의 보호자로서 자녀가 독립할 때까지 정서적·물질적 지원을 아끼지 않는 것이 부모의 책임역할이라고 본다면 자녀의 필요와 욕구가 무엇인지 '관심'을 가져야 하고 부모로서의 온 '정성'을 다해 '헌신'해야 하며 매사에 자녀를 '아끼는 마음'이 갖추어져야 된다고 보아 책임의 하위요소로는 '관심', '정성', '헌신', '아껴줌'을 선정하였다. 훈육의 역할은 '부모로서의 권위를 유지하며 엄격함과 자애로움을 바탕으로 옳고 그름을 잘 안내하는 것'으로 정의하고 '권위'와 '엄친'을 하위요소로 정하였다. 자애로운 부모역할을 하는 데 있어 부모 스스로가 자신을 돌아보는 일은 본보기로서 매우 중요하다. 그러므로 수신(修身)역할은 '부모 자신이 몸가짐을 바르게 하여 덕을 쌓기를 부지런히 함'으로 정의하고 '모범'과 '보신'을 하위요소로 정하였다.

부모역할 중 자녀를 존중하는 일은 전통가정에서도 귀하게 여겼다. 물론 가문과 뿌리를 중요하게 여겨 대(代)를 잇는다는 관점에서 자녀를 존중했다고도 생각해 볼 수 있겠으나 생명의 잉태 순간부터 태교를 중시하였던 사실은 인간존중사상의 배경에서 가능한 일이었다고 본다. 따라서 존중을 '아동의 인격을 귀하게 생각하여 이해와 배려로 존재의식을 느끼도록 해 줌'으로 정의하고 '믿음', '이해', '격려', '지지'를 하위요소로 정하였다. 마지막으로 자녀를 양육하다 보면 자녀에 대한 지나친 기대와 부모 본인의 성격유형에 따른 부조화로 인해 인내해야 할 상황이 자주 발생한다. 자녀가 독립하여 홀로 설 때까지 부모 자신의 성격적인 특성에 의한 부정적이고 즉흥적인 표현을 자제하고 인내하며 기다려야 하는 역할은 자녀를 인격적으로 존중해 준다는 의미에서도 매우 중요하다. 따라서 인내는 '자녀에게 기대하는 발달적·심리적·학업적 결과에 대해 소망과 안정감을 가지고 기다림'으로 정의하고 '관대'와 '희생'을 하위요소로 정하게 되었다. 이를 요약하면 다음 〈표 Ⅲ-1〉과 같다.

〈표 Ⅲ-1〉 부자(父慈)의 구인과 조작적 정의의 시안

구인		하위 요소	조작적 정의
조작적 정의			
자 애 로 운 부 모	**책임** 자녀의 보호자로서 독립 시까지 정서적, 물질적 지원을 아끼지 않기 위해 노력함.	정성	자녀의 발달을 위해 어려움이나 방해요소가 없도록 정성을 다한다.
		헌신	어떤 일보다도 부모역할을 하는 데 최우선 순위를 둔다.
		관심	·자녀의 욕구와 흥미, 관심꺼리, 친구관계에 대해 관심을 갖는다. ·자녀와 친밀한 관계를 형성하기 위해 시간을 투자하며 터놓고 이야기할 수 있는 시간을 가진다.
		아껴줌	자식을 한 사람의 인격체로서 충분히 존중하고 아껴준다.
	훈육 부모로서의 권위를 유지하며 엄격함과 자애로움을 바탕으로 옳고 그름을 안내함.	권위	논리적인 설명을 통해 훈육하며 행동으로 본을 보여준다.
		엄친	자녀에게 도덕적인 분별력과 판단력을 길러주기 위해서 엄격함과 자애로움이 조화를 이룬다.
	수신 부모 자신이 몸가짐을 바르게 하여 덕을 쌓기를 부지런히 함.	모범	자녀의 본보기가 됨을 인식하여 언행을 바르고 덕스럽게 한다.
		보신	자신의 몸과 마음의 건강을 돌보고 잘 관리함으로 건강생활의 본을 보인다.
	존중 아동의 인격을 귀하게 생각하여 이해와 배려로 존재의식을 느끼도록 해 줌.	믿음 (신뢰)	자녀의 심신발달과 인격성장에 대해 미래지향적인 믿음을 갖는다.
		이해	자녀의 심리적인 상태와 발달특성을 이해한다.
		격려	자녀가 힘들어 할 때 말과 행동으로 용기와 의욕을 북돋우어 줌으로 성장에 대한 힘을 얻도록 한다.
		지지	자녀의 잠재력과 장점을 찾아 찬성해 주고 발전되도록 정서적으로 원조해 준다.
	인내 자녀에게 기대하는 발달적·심리적·학업적 결과에 대해 소망과 안정감을 가지고 기다림.	관대	자녀가 같은 실수나 잘못을 여러 번 반복해도 그걸 탓하기보다는 아이의 욕구와 상황을 더 먼저 고려하여 배려한다.
		희생	자녀의 행복과 성장, 발달을 최우선 순위에 둔다.

2) 자효(子孝)의 구성요소

자효(子孝)에 대해서도 부자(父慈)의 구인 선정과정과 동일한 과정을 거쳤다. 선행연구를

살펴보아 기존에 제시된 모든 요소들을 나열하고 초등학생 고학년과 함께 여러 차례의 토론과정을 가졌다. 각각의 역할에 대해 예를 들어 의미를 설명하고 유사한 개념이나 중복되는 내용들을 함께 묶거나 정리하는 과정을 거쳤다. 이러한 과정에 참여한 인원은 초등학교 고학년 아동 220명이었다. 프로그램을 구성하여 실시할 대상은 초등학생이기 때문에 그 대상층의 의견을 반영하는 것은 실천지향적인 학문에서 부자(父慈) 구인 추출과정과 마찬가지로 적합한 과정이다. 수차례 의견수렴과정을 통해 일차적으로 본 연구자가 조정한 자효(子孝)의 구성요소는 다음 〈표 Ⅲ-2〉와 같다. 그 과정을 상술하면 다음과 같다.

선행연구에서 제시된 여러 요소를 나열하고 조작적 정의를 살펴보아 상·하위 차원을 정하였다. 그리하여 순종, 공경, 감사, 승지, 봉양의 다섯 덕목을 상위구인으로 선정하고 나머지 요소들을 상위구인의 조작적 정의와 개념의 포함관계를 살펴보아 유사하거나 합치되는 개념들을 배열 조정하여 각각 하위요소로 정하였다. 상위 다섯 구인의 조작적 정의는 〈표 Ⅲ-2〉에 제시된 바와 같다.

그 내용을 살펴보면 먼저, 자녀로서 '부모님의 생각과 뜻과 권면을 기쁘게 받아들이고 그대로 따름'을 '순종'의 조작적 정의로 하고 하위요소로는 '청종', '형제우애', '절제'를 선정하였다. '형제우애'는 순종과 다소 개념상에 차이가 있는 것으로 생각되나 부모의 의견수렴 과정에서 형제간에 우애 있게 지내도록 자녀들에게 강조하는 평상시의 당부를 자녀가 순종하게 된다면 마음이 든든하며 기쁘다는 의견이 보편적이었음으로 이를 반영하는 것이 무리가 없겠다는 판단하에 순종의 하위요소로 정하였다. '절제'는 자신의 욕구를 조절하지 않으면 부모님 뜻에 순종하기 힘들므로 순종을 위해 그대로 따른다는 의미에서 '순종'의 하위요소로 정하였다.

'공경'은 부모님에 대한 경외심을 바탕으로 몸가짐을 공손히 하여 존경의 마음을 표현함으로 조작적 정의를 내리고 하위요소로 '예의', '존경', '충간'을 선정하였다. 충간은 초등학생들의 자효(子孝) 항목으로 적합하지 않다는 의견도 있었으나 충간의 본래 의도는 단지 부모님께 바른 말을 하는 자체가 아니라 부모님에 대한 배려와 존경의 마음이 우선해야 된다는 선행연구(목영해, 2002: 50)에 근거하여 공경의 하위요소로 정하게 되었다. 즉 부모님의 생각이 비합리적이라고 생각될 때 마음속으로 비난하거나 불평하는 것보다는 차라리 공손하게 자신의 바른 생각을 아뢰되 부모님이 받아들이지 않으실 때는 그대로 따르도록 하는 것이 낫다는 현실적인 의견을 수용하였다.

감사는 '낳으시고 기르신 은혜를 생각하며 보은하고자 하는 마음을 갖고 표현하려고 노력함'을 조작적 정의로 하여 '보은'과 '경애'를 하위요소로 정하게 되었다.

승지(承旨)는 '가문의 기대와 뜻을 헤아리고 자신의 위치와 역할을 파악하여 가족과 세상을 유익하게 함'을 조작적 정의로 하여 '보신(保身)', '존속(尊屬)', '입신(立身)'을 하위요소로 정하였다.

마지막으로 봉양(奉養)은 '부모님의 심신을 편안하고 즐겁게 해드리며 섬기는 마음으로 필요를 채워드림'을 조작적 정의로 하여 '안락', '섬김', '불욕(不辱)'을 하위요소로 정하였다. 다음 〈표 Ⅲ-2〉는 위의 내용을 정리한 것이다.

〈표 Ⅲ-2〉 자효(子孝)의 구인과 조작적정의 시안

구 인 조작적 정의		하위 요소	조작적 정의
효도하는 자녀	**순종** 부모님의 생각과 뜻과 권면을 기쁘게 받아들이고 그대로 따름	청종	부모님 말씀을 거역하지 않고 마음에 깊이 새기고 따른다.
		형제우애	형제간에 서로 관심을 가지고 돌보며 우애 있게 지낸다.
		절제	부모님의 권면을 받아들여 물건을 아껴 쓰고 저축하는 습관을 기른다.
	공경 부모님에 대한 경외심을 바탕으로 생각과 행동을 공손하게 나타냄	예의	부모님을 존경하는 마음을 바탕으로 때와 장소에 알맞은 예절바른 생각과 행동을 공손하게 표현한다.
		존경	부모님께서 이루어 오신 올바른 삶을 존경한다.
		충간	부모님의 뜻과 생각이 비합리적이라고 판단될 때 간곡하게 자신의 생각을 말씀드린다.
	감사 낳으시고 기르신 은혜를 생각하며 항상 감사하는 마음을 가짐	보은	낳아주신 은혜와 길러주신 은혜를 생각하며 보답하고자 노력한다.
		경애	부모님을 존경하고 사랑하는 마음을 담아 늘 감사하는 마음을 갖는다.
	승지 가문의 기대와 뜻을 헤아리고 자신의 위치와 역할을 파악하여 가족과 세상을 유익하게 함	보신	부모님께서 물려주신 심신을 건강하게 관리한다.
		입신	적성과 소질에 맞게 몸과 마음을 닦아 뜻을 이루어 부모로부터 독립하여 자신과 사회에 유익한 일을 한다.
		존속	뿌리의식을 갖고 가문에서의 자신의 위치와 역할을 깨달아 가문을 발전시키고자 노력한다.
	봉양 부모님의 심신을 편안하고 즐겁게 해드리며 존경하는 마음을 담아 필요를 채워드림	안락	부모님의 필요를 채워드리며 몸과 마음을 편안하고 즐겁게 해드린다.
		추모	돌아가신 조상의 업적을 기리고 살아계실 때의 뜻을 이어받으려고 노력한다.
		불욕	나로 인해 부모님이 부끄러운 일을 당하시지 않도록 행동한다.

이상으로 부자(父慈) 다섯 구인 13요소, 자효(子孝) 다섯 구인 14요소를 초등학생과 그 부모를 대상으로 하는 프로그램구성의 시안(試案)으로 정하였다.

2. 부자자효(父慈子孝) 구성요소의 전문가 내용타당도 검증

1) 부자(父慈) 구성요소의 내용 타당도 검증

시안의 내용을 전문가 그룹에게 설문을 의뢰하여 적합성이 떨어지는 요소, 조작적 정의의 수정이 필요한 요소, 상위구인과 하위요소 간의 일치도 조정 등의 의견을 들었다. 척도개발 전문가를 비롯하여 효(孝)교육 및 프로그램 개발에 관심이 있는 전문가 그룹을 선정하여 설문을 배부하였다. 설문의 내용은 〈부록 1〉에 제시하였으며, 설문 응답 대상은 교수 4인, 박사졸업자 3인, 박사과정생 4인, 현장교사 중 교감 1인, 프로그램 실시 경험 현장교사 1인, 총 13인 이었다. 그들의 전공은 교육학, 아동복지학, 상담학이었고 구인의 적절성 여부를 묻는 설문에 성실히 회신한 응답 자료를 바탕으로 초기에 선정한 구인을 재조정하였다. 회신된 의견 현황은 다음 〈표 Ⅲ-3〉에 제시하였다.

〈표 Ⅲ-3〉 부자(父慈) 구인 전문가 설문 응답 결과

상위구인		하위요소	조작적 정의	적합	부적합	수정 요함
	조작적 정의					
자애로운 부모	**책임** 자녀의 보호자로서 독립 시까지 정서적, 물질적 지원을 아끼지 않기 위해 노력함	정성	자녀의 발달을 위해 어려움이나 방해요소가 없도록 정성을 다한다.	13	.	1
		헌신	어떤 일보다도 부모역할을 하는 데 최우선 순위를 둔다.	13	.	2
		관심	·자녀의 욕구와 흥미, 관심꺼리, 친구관계에 대해 관심을 갖는다. ·자녀와 친밀한 관계를 형성하기 위해 시간을 투자하며 터놓고 이야기할 수 있는 시간을 가진다.	13	.	.
		아껴줌	자식을 한 사람의 인격체로서 충분히 존중하고 아껴준다.	10	3	4

상위구인 조작적 정의		하위 요소	조작적 정의	적합	부적합	수정 요함
훈육 부모로서의 권위를 유지하며 엄격함과 자애로움을 바탕으로 옳고 그름을 안내함		권위	논리적인 설명을 통해 훈육하며 행동으로 본을 보여준다.	13	.	2
		엄친	자녀에게 도덕적인 분별력과 판단력을 길러 주기 위해서 엄격함과 자애로움이 조화를 이룬다.	13	.	.
		모범	자녀의 본보기가 됨을 인식하여 언행을 바르고 덕스럽게 한다.	13	.	.
수신 부모 자신이 몸가짐을 바르게 하여 덕을 쌓기를 부지런히 함		보신	자신의 몸과 마음의 건강을 돌보고 잘 관리함으로 건강생활의 본을 보인다.	13	.	모범과의 순서교체
존중 아동의 인격을 귀하게 생각하여 이해와 배려로 존재의식을 느끼도록 해 줌		믿음 (신뢰)	자녀의 심신발달과 인격성장에 대해 미래지향적인 믿음을 갖는다.	13	.	1
		이해	자녀의 심리적인 상태와 발달특성을 이해한다.	10	3	2
		격려	자녀가 힘들어 할 때 말과 행동으로 용기와 의욕을 북돋우어 줌으로 성장에 대한 힘을 얻도록 한다.	12	1	1
		지지	자녀의 잠재력과 장점을 찾아 찬성해 주고 발전되도록 정서적으로 원조해 준다.	13	.	1
인내 자녀에게 기대하는 발달적·심리적·학업적 결과에 대해 소망과 안정감을 가지고 기다림		관대	자녀가 같은 실수나 잘못을 여러 번 반복해도 그걸 탓하기보다는 아이의 욕구와 상황을 더 먼저 고려하여 배려한다.	13	.	2
		희생	자녀의 행복과 성장, 발달을 최우선 순위에 둔다.	9	4	1

※ 좌측 첫 열 전체에는 세로로 "자애로운 부모"로 표기됨

    초기에 구성된 부자(父慈)의 구인은 책임, 훈육, 수신, 존중, 인내의 다섯 가지이며 각각의 하위요소는 책임 영역에 정성, 헌신, 관심, 아껴줌을, 훈육 영역에는 권위와 엄친을, 수신 영역엔 모범과 보신을, 존중 영역엔 믿음(신뢰), 이해, 격려, 지지를, 마지막으로 인내 영역엔 관대와 희생을 포함하였다. 부자(父慈)의 상위 다섯 구인에 각각의 하위요소 총합은 13요소였다.
    전문가 설문응답 내용 중 상위구인과 하위요소 간의 관련에 이의를 제기한 부분은 '책임' 영역의 '아껴줌'과 '존중' 영역의 '이해', 그리고 '인내' 영역의 '희생'이었다. '아껴줌'의 조작적 정의인 '자녀를 독립된 인격체로서 인정하여 귀하고 소중하게 여긴다'에서 '독립된 인격체'

란 용어는 자녀를 독립적인 존재로서 존중하는 내용에 더 가깝다는 의견을 수용하여 '존중' 영역으로 이동하였다. '훈육' 영역은 하위요소인 '권위'와 '엄친'의 조작적 정의만 수정하였다. '수신' 영역은 하위요소의 배열순서를 조정하여 '보신'을 먼저 제시하고 다음으로 '모범'을 제시하였다. '수신'의 조작적 정의가 '부모 자신이 스스로를 돌아보며~'로 '보신(保身)'의 내용이 앞에 제시되는 것과 일치시키기 위함에서다. '존중' 영역의 '이해'는 인내의 조작적 정의와 내용이 근접하므로 인내 영역으로, '인내' 영역의 하위요소인 '희생'은 현대사회의 부모 역할에는 적합하지 않다는 의견을 수용하여 삭제하였다.

이와 같은 과정을 거쳐 '책임' 영역엔 '정성', '헌신', '관심'을, '훈육' 영역엔 '권위'와 '엄친'을, '수신' 영역엔 '보신'과 '모범'을, '존중' 영역엔 '아껴줌', '격려', '지지'를, 그리고 '인내' 영역엔 '관대', '믿음', '이해'로 조정하였다. 전문가 의견 중 '배려'를 제시한 내용도 있었는데 배려의 사전적 의미인 '관심가지고 보살펴 주며 여러모로 자상하게 마음을 씀'에는 존중의 하위요소인 '아껴줌', '격려', '지지'의 조작적 정의에 그 내용이 포함되어 있음을 감안하여 따로 하위요소로 설정하지 않았다. 그리하여 최종적으로 확정한 부자(父慈)의 구인은 '책임' 영역에 '정성', '헌신', '관심'을, '훈육' 영역에 '권위'와 '엄친'을, '수신' 영역에 '보신(保身)'과 '모범'을, '존중' 영역엔 '아껴줌', '격려', '지지'를, 그리고 '인내' 영역엔 '관대', '믿음', '이해'로 확정하였다. 그 내용은 다음 〈표 Ⅲ-4〉에 정리한 바와 같다.

〈표 Ⅲ-4 〉 최종 선정된 부자(父慈) 구인과 하위요소 및 조작적 정의

상위구인 조작적 정의	하위 요소	조작적 정의
책임 자녀가 독립할 때까지 필요한 물질적·정신적 지원을 다함	정성	자녀의 개별특성이 고려된 균형 잡힌 성장·발달을 위해 물질적·정신적으로 온갖 성의를 다한다.
	헌신	자녀의 성장과 발달을 위해 부모 자신의 몸과 마음을 다해 자녀를 돌본다.
	관심	자녀에게 애정을 표현하고, 친밀한 관계를 유지하기 위해 노력한다.
훈육 부모의 권위를 유지하며 엄격함과 자애로움을 바탕으로 사람의 바른 도리를 안내해 줌	권위	자녀지도에 있어 확고하고 일관적이며 합리적인 설명을 통해 훈육한다.
	엄친	자녀에게 도덕적인 분별력과 판단력을 길러주기 위해서 엄격함과 자애로움이 조화를 이룬다.

상위구인 조작적 정의		하위 요소	조작적 정의
자 애 로 운 부 모	**수신** 부모 자신이 스스로를 돌아보며 몸가짐을 바르게 하고 덕을 쌓아 자녀의 본보기가 됨	보신	자신의 몸과 마음의 건강을 돌보고 잘 관리함으로 건강을 유지한다.
		모범	자녀의 본보기로서 언행을 바르고 덕스럽게 하려고 애쓴다.
	존중 자녀를 독립된 인격체로서 인정, 격려, 지지함	아껴줌	자녀를 독립된 인격체로서 인정하여 귀하고 소중하게 여긴다.
		격려	자녀가 힘들어 할 때 말과 행동으로 용기와 의욕을 북돋워주어 성장에 대한 힘을 얻도록 한다.
		지지	자녀의 잠재력과 장점을 찾아 인정해 주고 발전되도록 정서적으로 지원해 준다.
	인내 자녀에게 나타나는 발달적·심리적·학업적인 현재의 결과에 대해 소망과 믿음을 가지고 참고 기다림	관대	자녀가 실수나 잘못을 반복해도 상황과 욕구를 고려하여 너그러운 마음으로 수용한다.
		믿음	자녀의 학업·심신발달과 인격성장에 대해 미래지향적인 소망과 기대를 갖는다.
		이해	자녀의 발달특성과 심리적 상태를 앎으로 자녀지도에 여유를 가진다.

2) 자효(子孝) 구성요소의 내용 타당도 검증

마찬가지로 시안으로 구성한 자효(子孝) 다섯 구인 14요소를 역시 같은 그룹의 전문가에게 내용타당도를 검증받기 위해 설문조사를 실시하였다. 설문응답에 참여한 전문가그룹은 총 13인으로 전공과 경험유무는 앞에서 제시한 바와 같다. 설문응답결과는 〈표 Ⅲ-5〉에 제시한 바와 같다.

〈표 Ⅲ-5〉 자효(子孝) 구인 전문가설문응답결과

상위구인		하위요소	조작적 정의	적합	부적합	수정요함
	정의					
효도하는 자녀	**순종** 부모님의 생각과 뜻과 권면을 기쁘게 받아들이고 그대로 따름	청종	부모님 말씀을 거역하지 않고 마음에 깊이 새기고 따른다.	13	.	.
		형제우애	형제간에 서로 관심을 가지고 돌보며 우애 있게 지낸다.	13	.	2
		절제	부모님의 권면을 받아들여 자신의 욕구를 조절하고 부모님의 뜻을 따른다.	11	2	1
	공경 부모님에 대한 경외심을 바탕으로 생각과 행동을 공손하게 나타냄	예의	부모님을 존경하는 마음을 바탕으로 때와 장소에 알맞은 예절바른 생각과 행동을 공손하게 표현한다.	13	.	.
		존경	부모님께서 이루어 오신 올바른 삶을 존중한다.	10	3	2
		충간	부모님의 뜻과 생각이 비합리적이라고 판단될 때 간곡하게 자신의 생각을 말씀드린다.	11	1	1
	감사 낳으시고 기르신 은혜를 생각하며 항상 감사하는 마음을 가짐	보은	낳아주신 은혜와 길러주신 은혜를 생각하며 보답하고자 노력한다.	13	.	.
		경애	부모님을 존경하고 사랑하는 마음을 담아 늘 감사하는 마음을 갖는다.	12	1	.
	승지 가문의 기대와 뜻을 헤아리고 자신의 위치와 역할을 파악하여 가족과 세상을 유익하게 함	보신	부모님께서 물려주신 심신을 건강하게 관리한다.	13	.	1
		입신	적성과 소질에 맞게 몸과 마음을 닦아 뜻을 이루어 부모로부터 독립하여 자신과 사회에 유익한 일을 한다.	13	.	1
		존속	뿌리의식을 갖고 가문에서의 자신의 위치와 역할을 깨달아 가문을 발전시키고자 노력한다.	13	1	1
	봉양 부모님의 심신을 편안하고 즐겁게 해드리며 존경하는 마음을 담아 필요를 채워드림	안락	부모님의 필요를 채워드리며 몸과 마음을 편안하고 즐겁게 해드린다.	13	.	.
		추모	돌아가신 조상의 업적을 기리고 살아계실 때의 뜻을 이어받으려고 노력한다.	8	4	1
		불욕	나로 인해 부모님이 부끄러운 일을 당하시지 않도록 행동한다.	13	.	1

전문가 응답결과를 중심으로 구인이 조정된 내용은 다음과 같다. 우선, 초기에 제시된 구성요소 중 '봉양'의 '추모'는 현대적 효행의 내용과는 거리가 있으며 더욱이 초등학생의 경우 '추모'의 효행은 현실적으로 경험의 기회와 실천력이 약하다는 지적을 합당하게 생각하여 제거하였다. '순종' 영역의 하위요소인 '절제'는 심리적 요소가 강하긴 하나 초등학생의

경우 특히 물건을 아껴 쓰라는 부모님의 의견과 물건을 다 쓰기도 전에 새로운 제품을 구매하고자 하는 자녀의 습관에 대한 부모-자녀 간의 현실적인 갈등을 감안하여 부모 측의 요구를 반영하여 그대로 두기로 하였다. 다만 조작적 정의에서 '부모님의 권면을 받아들여'와 '충동적인 자신의 감정을 조절한다'는 내용을 추가하여 부모님 말씀에 순종함과 '충동적인 욕구조절' 의미에서의 '절제'로 제한하였다. 절제에 심리적 요소를 추가하는 것이 적합한지를 알아보기 위해 문헌을 추가로 연구한 결과 '절제'에는 '소유물에 대한 애정 어린 관리' 차원뿐만 아니라 '심리적인 자기조절'도 포함이 된다는 이론적 근거를 찾아 '충동적인 자신의 감정을 조절하려고 노력함'을 포함시켰다.

아동기의 발달과업 중 자기조절(self-regulation)은 유능감 형성에 영향을 미치는 중요한 심리적 변인이므로(Grolnick & Ryan, 1989; Ryan & Conne, 1989) 자신의 욕구를 환경에 적합하게 조절해 나가는 능력은 어려서부터 부모와의 관계에서 형성되어야 한다. Baumrind(1971)와 Lamborn(1996)의 연구에서도 자기조절과 능력의 성장 사이에는 부모의 자율지지가 중요함을 밝히고 있다. 이것은 나라마다 양육에 있어 문화적 차이가 있음에도 불구하고 공통적으로 나타나는 현상이다. 예를 들면 중국의 경우도 자녀에게 자기조절 능력을 길러주기 위해서는 부모가 자율지지적인 양육을 해야 한다는 보고가 있고(Chen, Dong, & Zhou, 1997) 러시아도 자기조절능력을 촉진시키기 위한 양육을 한다는 보고가 있다(Chirkov & Ryan, 2000). 우리나라의 경우 정영숙(1994)이 어머니에 대한 배려가 높은 자녀일수록 자기통제도 잘한다는 연구결과를 보고한 적이 있어 자효(子孝) 교육을 통해 형성된 효성과 효행이 청소년의 자율적인 태도형성에 긍정적인 영향을 미칠 수 있음을 예견할 수 있다.

또한 '형제우애'는 외둥이가 증가하는 오늘날 추세를 반영하여 '~친척 형제간에~'로 확대하였다. '봉양'의 '섬김'은 그 사전적 정의가 '특별한 대상으로 삼아 높이 받들어 모시다'(연세대 언어정보 개발연구원, 2004)인데 '받들어 모심'과 동의(同意)인 공경의 '존경'과 개념적 경계가 모호하다는 의견도 있었으나 공경에 비해 봉양은 더 현실적이고 실제적인 행동지향적인 특성이 있음을 감안하여 그대로 두었다. 기타 조작적 정의에서 사전적 의미의 반영과 일부 부모역할 교육에서의 개념정의를 원용하여 수정하였다. 특히 '승지' 영역의 하위요소인 '존속'이 초등학생이 이해하기에는 난해하다는 지적이 있었으나 현장의견을 들어본 결과 용어에 대한 개념 정의만 분명히 해 주면 이해하는 데는 무리가 없다는 의견이 반영되어 그대로 두기로 하였다. 다만 하위요소 제시 순서가 조정되었는데 '승지'에 대한 개념정의의 내용전개 순서에 따라 '보신(保身)'이 먼저이고 다음이 '존속', 그리고 '입신'을 마지막으로 배열하였다. 또한 '봉양' 영역의 '불욕'은 '승지' 영역으로 하위요소 조정을 하는 것이 어떻겠냐는 의견이 있었으나 '나로 인해 부모님이 부끄러움을 당하시게 됨'의 경우라면 부모님의 마음이 심히 불편하실 것이며 그것은 '봉양'의 조작적 정의인 '부모님의 심신을 편안하고 즐겁게 해드림'과 관련이 있으므로 전문가의 의견을 수용하여 그대로 두기로 하였다.

이 모든 과정은 설문에 응답한 전문가 의견을 종합하여 척도개발 전문가의 도움을 받아 함께 정리하였으며 최종적으로 확정한 자효(子孝)의 구인은 〈표 Ⅲ-6〉에 제시하였다.

〈표 Ⅲ-6〉 최종 선정된 자효(子孝) 구인과 하위요소 및 조작적 정의

상위구인 조작적 정의		하위 요소	조작적 정의
효도하는자녀	**순종** 부모님의 생각과 뜻과 권면을 거역하지 않고 그대로 따름	청종	부모님 말씀을 거역하지 않고 따르려고 노력한다.
		형제 우애	형제나 친척 형제간에 서로 관심을 가지고 돌보며 우애 있게 지낸다.
		절제	부모님의 권면을 받아들여 물건을 아껴 쓰고 저축하며 충동적인 감정을 조절하려고 노력한다.
	공경 부모님에 대한 경외심을 바탕으로 몸가짐을 공손히 하여 존경의 마음을 표현함	예의	부모에게 공손한 태도로 언행을 바르게 하고, 자식으로서 마땅히 지켜야 할 도리를 알고 실천한다.
		존경	(사회적 지위나 여건과 상관없이) 부모를 높이고 받들어 드린다.
		충간	부모님의 뜻과 생각이 비합리적이라고 판단될 때 간곡하게 자신의 생각을 말씀드린다.
	감사 낳으시고 기르신 은혜를 생각하며 항상 감사하는 마음을 행동으로 표현함	보은	낳아주신 은혜와 길러주신 은혜를 생각하며 보답하고자 노력한다.
		경애	부모님에 대한 감사와 사랑을 표현하려고 노력한다.
	승지 가문의 기대와 뜻을 헤아리고 자신의 위치와 역할을 파악하여 가족과 세상을 유익하게 함	보신	부모님께서 물려주신 심신을 함부로 다루지 아니하고 잘 돌보고 관리함으로서 건강한 심신을 유지한다.
		존속	가족구성원으로서 뿌리의식과 자부심을 갖고, 부모님의 뜻을 이어받아 발전시켜야 하는 자신의 위치와 역할을 깨닫는다.
		입신	자신의 성공뿐만 아니라 사회에 유익을 남기기 위해 뜻을 세우고 꾸준히 노력한다.
	봉양 부모님의 심신을 편안하고 즐겁게 해드리며 섬기는 마음으로 필요를 채워드림	안락	부모님의 필요가 무엇인지를 살펴 몸과 마음을 편안하고 즐겁게 해드리고자 애쓴다.
		섬김	부모님의 필요가 무엇인지 살피고 채워드리고자 애를 쓴다.
		불욕	나로 인해 부모님이 부끄러운 일을 당하시지 않도록 행동한다.

3. 부자자효(父慈子孝) 프로그램 구성요소 선정

전문가 의견을 수렴하여 구인을 조정하는 과정을 통해 최종적으로 선정한 부자자효(父慈子孝)의 구성요소는 〈표 Ⅲ-4〉, 〈표 Ⅲ-6〉과 같다.

1) 부자(父慈)의 구성요소

초기 시안과 달라진 내용은 '책임'의 '아껴줌'이 '존중'으로, '존중'의 '믿음'과 '이해'가 '인내'로 조정이 되었다. '인내'의 '희생'은 현대의 자애로운 부모역할로는 적합하지 않다는 다수의 의견을 수용하여 삭제하고 대신 '믿음'과 '이해'를 추가하였다. 여기서 '믿음'은 '신뢰'한다는 의미를 포함한다. 따라서 자애로운 부모역할의 구체적 내용은 자녀가 독립할 때까지 책임을 다하는 부모, 가정에서 부모가 도덕적 분별력이 전제된 권위를 가지고 잘 훈육하되 엄할 때와 유할 때를 잘 구별하여 실천하는 부모, 자기 자신의 몸과 마음을 잘 돌보며 가꾸고 덕을 쌓는 부모, 자녀를 독립된 인격체로 존중하는 부모, 자녀의 현재 상태에 만족하지 않고 미래지향적인 기대와 소망으로 인내하면서 현재에 충실한 부모 이 다섯 내용을 상위 구인으로 정하였다.

2) 자효(子孝)의 구성요소

자효(子孝)의 구성요소는 초기 시안과 크게 달라진 것은 없다. 전문가 응답자료를 중심으로 조작적 정의만 일부 수정하였다. '봉양' 영역에서는 '추모' 대신 '섬김'으로 수정하고 '승지' 영역의 세 요소는 순위만 조정하였다. 이렇게 해서 '순종', '공경', '감사', '승지', '봉양'이 자효(子孝) 다섯 구인이 되었다.

각각의 영역을 살펴보면, '순종'엔 '청종', '형제우애', '절제'가 '공경'엔 '예의', '존경', '충간'이, '감사'는 '보은'과 '경애'가, '승지'는 '보신'과 '입신'이, '봉양'은 '안락', '섬김', '불욕'이 각각 하위요소로 조정되었다.

이러한 과정을 거쳐 최종적으로 확정된 부자(父慈) 다섯 구인 13요소, 자효(子孝) 다섯 구인 14요소는 본 연구에서의 부자자효(父慈子孝) 각 프로그램 구성의 회기별 주제로 반영되도록 하였다. 각 구인의 개념정의에서 보듯이 책임, 훈육, 수신, 존중, 인내는 한국의 부모－자녀관계에서 독특하게 발견되는 부모역할의 내용임을 알 수 있다.

현미숙(2004: 23-24)은 부모특성은 문화를 초월한 일반적인 특성일지라도 그 양태는 문화별로 다름을 보고하였다. 예를 들면 일본의 어머니는 관대함을 통한 상호 의존성을 증진시키는 것이 특징이고 미국의 어머니는 독립성을 격려하며 자녀가 어머니에게 권위를 두어 복종하게 하는 것이 특징이라는 것이다. 그렇다면 본 연구에서 부자자효(父慈子孝)의 핵심 원리인 자애로운 부모역할과 효도하는 자녀역할의 특성은 일본이나 미국과는 다른 문화적 특성을 보여줄 것이 기대된다. 예를 들어 미국의 어머니는 자녀가 복종하기를 바라는 데 비해 한국의 어머니는 순종하기를 바란다. 복종은 타율적인 데 비해 순종은 자율적인 면이 강함을 생각할 때 한국의 전통적인 가정교육은 일찌감치 자율성을 존중하고 있었음을 유추할 수 있다. 이장주(2002)는 한국의 부모－자녀관계를 토착문화 심리학적인 관점에서 바라보아 일체감과 헌신성의 두 요인을 축으로 하는 부모역할을 규명하였고 이를 '부자유친성정'이라 명명하였다. 부모와 자녀의 밀착성 정도를 말한 것인데 이 또한 서양의 부모－자녀관계에서는 찾아보기 힘든 특성인 것이다. 한국의 초등학생 자녀를 둔 부모역할의 가장 상위개념인 자애로운 부모역할의 다섯 구인 13요소는 본 연구에서 개발한 프로그램의 각 회기에 반영될 것이다. 마찬가지로 자효(子孝) 다섯 구인 14요소 또한 각 회기에 반영되었다.

이상에서 추출한 부자(父慈)와 자효(子孝)의 구성요소와 프로그램과의 관련을 정리하면 다음 〈그림 Ⅲ-1〉과 같다.

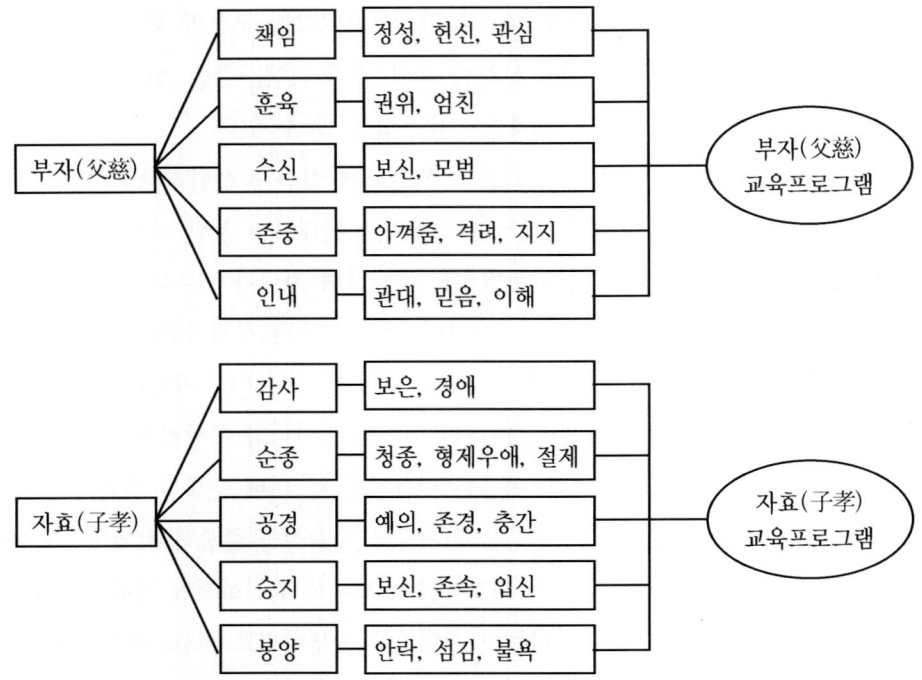

<그림 Ⅲ-1> 부자자효(父慈子孝) 교육프로그램 구성을 위한 최종 구성요소

Ⅳ. 부자자효(父慈子孝) 교육프로그램의 개발

1. 프로그램 요구도 조사

교육프로그램은 상담이나 치료가 아닌 교육적 목적하에 예방적 차원에서 실시하는 프로그램으로서 특정 주제를 중심으로 하여 구성되며 프로그램 처치 후 사고와 감정과 행동의 변화를 목표로 하는 프로그램을 말한다. 이러한 목적을 가진 경우 그 대상은 모든 학생들이며 지도와 예방을 우선으로 하여 스스로 생각하고 판단하고 행동을 선택하고 결정하도록 자율성을 존중한다(이병진, 1990). 부자자효(父慈子孝) 교육프로그램은 기존의 프로그램과는 달리 어머니와 자녀가 동시에 교육을 받도록 계획된다. 따라서 아동뿐 아니라 그 어머니도 프로그램 참여 후 사고와 감정, 행동에 변화가 나타나야 한다.

프로그램이 효과를 거두기 위해서는 사전에 프로그램 수혜 대상자들의 욕구에 대한 사정이 이루어져야 한다. 대상자의 욕구에 부합되는 정도가 프로그램의 완전성과 효과성을 측정하는 지표가 되기 때문이다(Kettner · Moroney · Martin, 1999: 45). 우리나라 전통 효사상에 근거한 부자자효(父慈子孝) 교육프로그램은 이러한 절차를 따라 구성되어야 할 필요가 있다. 이에 본 연구자는 프로그램 수혜 대상자의 욕구수준이 어떠한지를 알아보기 위해 먼저 설문을 실시하였다.

1) 설문제작 및 조사

설문제작을 위해 선행 연구를 살펴보아 설문의 내용에 포함할 영역들을 조사하였다. 성규탁(1995: 203-210)은 효행과 효교육에 대한 일반인들의 인식은 아직도 한국인에게 뿌리깊이 내재화되어 있으며 현재 한국인들은 효이념을 기반으로 가족관계를 유지하고 있음을 대학생 및 30세 이상의 남녀 1400여 명의 조사대상자들의 응답을 통해 발견하였다. 설문결과 한국인의 가족주의적 성향은 거주지, 교육 정도, 동거자수, 생활수준 정도, 출생순위 등에 따라 유의미한 차이가 없었고 성별과 연령에 따라서는 다소 차이가 있는 것으로 나타났다.

성별은 남자가 여자보다, 연령은 높아질수록 가족주의적 성향이 강한 것으로 나타났다. 이는 아직도 우리 세대에 남아선호사상과 전통적 가치의 잔존을 엿볼 수 있는 현상이라 생각된다. 그가 사용했던 가족주의 척도의 내용이 부모순종, 부모부양, 병간호, 효도, 행위조심 등이었음을 볼 때 일반적인 효행의 내용이 두루 포함되어 있음을 알 수 있다.

본 연구자는 부자자효(父慈子孝) 교육프로그램을 개발하기에 앞서 프로그램 수혜자가 될 대상층의 요구를 먼저 알아보기로 하였다. 초등학교 고학년 학생과 그들의 어머니를 대상으로 가정에서 효도에 대한 훈화는 어느 정도 하는지, 자녀가 효훈화 들을 때의 반응은 어떠한지, 프로그램을 구성할 때 반영되기를 바라는 내용은 무엇인지 등 일반적인 현황을 알아보기 위해 구조화된 문항과 자유기술 문항으로 질문지를 구성하였다. 설문에 응답한 대상은 어머니 99명, 자녀 160명 총 259명이었다.

설문은 2003년 9월 10일에서 2003년 10월 7일 사이에 실시하였으며 자녀와 어머니 집단은 서울 강북구에 있는 S초등학교에서 표집하였다. 표집에 있어서 지역적으로 편파된 감이 있으나 성규탁(1995: 202-205)이 가족과 효에 관한 생각을 알아보는 연구에서 지역변인에 따른 차이가 없었음이 확인되어 광범위한 표집을 고려하지 않았다.

본 설문에 응답한 대상의 사회·인구학적 특성은 다음 〈표 Ⅳ-1〉과 같다.

<표 Ⅳ-1> 설문응답자의 사회·인구학적 특성

	자녀(N=160)		백분율		어머니(N=99)		백분율
성별	남	90	56.3	**성별**	남	21	21.2
	여	70	43.7		여	78	78.8
	계	160	100.0		계	99	100.0
학년	3	45	28.1	**연령대**	30대	62	62.6
	4	41	25.6		40대	35	35.4
	5	74	46.3		50대	1	1.0
	계	160	100.0		계	99(결1)	100.0
종교	기독교	71	44.4	**종교**	기독교	34	34.3
	천주교	11	6.9		천주교	15	15.2
	불교	41	25.6		불교	28	28.3
	기타	37	23.1		기타	22	22.2
	계	160	100.0		계	99	100.0
가족형태및 부모유무	확대가족	34	21.3	**가족형태 및 부모유무**	확대가족	28	28.3
	핵가족	112	70.0		핵가족	62	62.6
	한부모가족	14	8.7		한부모가족	9	9.1
	계	160	100.0		계	99	100.0
출생 순위	첫째(외둥이 포함)	65	40.6	**자녀 수**	1명	13	13.1
	둘째	71	44.4		2명	70	70.7
	셋째	14	8.8		3명	13	13.1
	넷째	10	6.3		4명	3	3.0
	계	160	100.0		계	99	100.0

2) 설문분석결과

설문에 응답한 자녀와 어머니 총 259부를 대상으로 백분율, 평균(M)과 표준편차(SD) 및 응답내용에 대한 빈도를 제시하면 다음 <표 Ⅳ-2>와 같다.

<표 Ⅳ-2-ⓐ> 설문 응답 내용 분석

문항내용	최대치	평균(M)	표준편차 (SD)	설문대상 모(N=99) 자녀(N=160)	순위	응답내용	빈도(백분율)
가정에서 효훈화 빈도	3	1.70	.52	모	1	자주 한다	32(32.3)
					2	가끔 한다	64(64.6)
					3	거의 안 한다	3(3.1)
					계	99(100)	
		1.94	.56	자녀	1	자주 하신다	30(18.8)
					2	가끔 하신다	109(68.1)
					3	거의 안 하신다	21(13.1)
					계	160(100)	
효훈화 들을 때 반응	4	2.34	1.32	모	1	귀담아 잘 듣는다	43(43.4)
					2	듣기 싫어한다	10(10.1)
					3	잔소리로 생각한다	15(15.2)
					4	듣는 척한다	31(31.3)
					계	99(100)	
		1.49	.91	자녀	1	옳은 소리라 생각됨	116(72.5)
					2	별로 듣기 싫다	22(13.8)
					3	잔소리라 생각됨	10(6.3)
					4	160(100)	
프로그램 진행방식	4	2.87	1.25	모	1	강의설명식	15(15.2)
					2	비디오시청	22(22.2)
					3	역할극	40(40.4)
					4	사례 및 예화 중심	22(22.2)
					계	99(100)	
		2.88	1.21	자녀	1	강의설명식	17(10.6)
					2	비디오시청	49(30.6)
					3	역할극	58(36.3)
					4	사례 및 예화 중심	36(22.5)
					계	160(100)	
프로그램 참여희망	2	1.30	.46	모	1	예	67(67.7)
					2	아니오	30(30.3)
					3	결측	2(2.0)
					계	99(100)	
		1.33	.48	자녀	1	예	108(67.5)
					2	아니오	51(31.9)
					3	결측	1(0.6)
					계	160(100)	

문항내용	최대치	평균(M)	표준편차(SD)	설문대상 모(N=99) 자녀(N=160)	순위	응답내용	빈도(백분율)
어머니-자녀 함께 참여	3	1.39	.65	모	1	좋다	66(66.7)
					2	좋긴 하나 쑥스럽다	29(29.3)
					3	싫다	4(4.0)
					계	99(100)	
		1.56	.72	자녀	1	좋다	92(57.5)
					2	좋긴 하나 쑥스럽다	48(30.0)
					3	싫다	20(12.5)
					4	160(100)	
자신의 효행 정도 (본인이 느끼는 어머니의 효행 정도)	3	1.71	.57	모	1	잘하고 있다	34(34.3)
					2	별로 못하고 있다	61(61.6)
					3	결측	4(4.1)
					계	99(100)	
		1.29	.52	자녀	1	효도 잘 하신다	119(74.4)
					2	별로 안 하신다	36(22.5)
					3	전혀 안 하신다	5(3.1)
					계	160(100)	

〈표 Ⅳ-2-ⓑ〉 자유기술내용

모(자녀)에게 원하는 효의 방법	자유 기술	모	건강관리, 성실한 삶의 자세, 바른 언어생활, 형제우애, 공부 잘하기, 스스로 하기, 바른 인성(정직, 약속, 진실), 순종하기, 제방 정리, 예절바른 생활, 인사 잘하기, 어른 공경하기, 물건 아껴 쓰기 등
		자녀	안마해 드리기, 심부름하기, 설거지하기, 부모말씀 순종, 바쁠 때 도와드리기, 존댓말 사용, 자기 방 정리, 공부 잘하기, 형제우애 등
		기타	프로그램 총 회기에 대한 의견은 자녀는 4-8회가 많았고, 모(母)는 3회-5회가 많았음

설문응답결과에 의한 사회인구학적 배경 변인별 효인식에 대한 차이는 따로 분석하지 않았다. 왜냐 하면 이미 효에 관해 가장 광범위하게 연구한 성규탁(1995)의 연구결과에서 성별과 연령을 제외하고는 대부분의 변인에서 효인식에 관한 차이가 거의 없었으므로 프로그램 구성에서 반영되기를 바라는 내용을 중심으로 하여서만 살펴보기로 한 것이다.

〈표 Ⅳ-2〉에서 보듯이 평범한 일반 가정에서 효에 대한 교육은 어머니집단과 자녀집단에서 '가끔'으로 인식하고 있는 경우가 가장 많았고, 효훈화를 들을 때의 반응은 '옳다고 생각하며 귀담아 듣는다'고 응답한 어머니 그룹이나 '옳은 소리라고 생각한다'고 자기 보고한 자녀그룹이 가장 많은 것을 보아 일상생활교육을 통해 효행증진효과를 기대할 수 있다고 보았다. 프로그램의 진행방식에서는 어머니는 '역할극', '비디오시청', '사례 및 예화 중심', '강의 설명식'의 진행방식을 순서대로 원했고 자녀는 '역할극', '비디오시청', '사례 및 예화 중심', '강의 설명식'의 순서를 원했다. 어머니나 자녀 모두 '역할극'을 가장 선호하였고 다음은 '비디오 시청'과 '사례 및 예화 중심'을, 강의설명식 진행은 어머니나 자녀 모두 가장 원치 않는 진행방식임이 드러났다. 응답대상자 중 30대 어머니가 가장 많았던 것을 볼 때 역시 초등학생 자녀를 둔 어머니도 활동 중심을 원하고 있음을 알게 되었다. 프로그램이 실시될 경우 참여를 희망하겠는가 하는 질문에는 어머니나 자녀 모두 '예'로 응답한 자가 가장 많았으나 '아니오'라고 응답한 수도 적지 않았다(어머니 30.3%, 자녀 31.9%). 프로그램이 실시될 경우 어머니와 자녀가 함께 참여하는 것에 대한 의견에서는 함께 참여하는 것이 '좋다'는 의견이 어머니나 자녀 모두 가장 많았고 '좋긴 하나 쑥스럽다'고 응답한 경우는 어머니 29.3%, 자녀 30%로 이것도 역시 비슷한 의견을 보이고 있었다. 마지막으로 자신의 효행 정도에 대한 스스로의 진단을 묻는 질문에 어머니 자신은 '별로 못하고 있다'라고 응답한 경우가 가장 많았는데(61.6%) 자녀는 자신의 어머니가 '효도를 잘 하신다'라고 응답한 경우가 가장 많았다. 이것은 어머니 자신은 연로하신 부모님에 대해 딸이나 며느리의 도리를 다하지 못하고 있음을 늘 죄송하게 생각하고 있음을 짐작하게 해 준다. 반면, 자녀는 어머니가 효도를 잘하신다고 생각하고 있으며 이것은 본보기의 측면에서 볼 때는 다행스런 일이라고 생각한다.

그 외에 가정에서 어머니에게 또는 자녀에게 원하는 효행의 내용들을 묻는 질문에 대한 답변은 〈표 Ⅳ-2-ⓑ〉에 기술한 바와 같다. 본 설문에서 활용하고자 하는 정보는 대상이 보편집단(universal group)이므로 교육프로그램을 구성할 때에 반영하고자 하는 진행방식이나 프로그램 실시시의 참여 여부 및 적절한 회기구성에 관한 것 등이었다. 그에 관한 응답반응을 중심으로 프로그램 구성에 필요한 욕구와 사전정보를 확인하여 활동 중심의 부자자효(父慈子孝) 프로그램을 개발하기로 하였다.

2. 부자(父慈) 교육프로그램의 개발과정과 모형

1) 부자자효(父慈子孝) 교육프로그램 개발의 사회·철학적 배경

일반적으로 예방을 위한 프로그램은 그동안 의료기관에서 주로 실시하여 왔으나 요즈음은 교육 현장이나 복지기관에서도 보편집단(universal group)을 대상으로 하여 점차적으로 실시하고 있다. 초등교육 현장에서는 약물중독이나 인터넷 중독예방 또는 비만예방이나 척추측만예방을 위한 프로그램이 각 학교의 보건실을 중심으로 연간계획을 세워 운영되고 있다. 2004년 서울시 교육청의 경우 학습, 진로, 성, 친구사귀기 그리고 학교폭력예방 차원에서의 집단따돌림예방을 위한 프로그램을 개발하여 운영하고 있는데 이 모든 활동들은 예방교육 차원에서 실시되고 있는 것이다(2004, 서울시교육청 집단상담 발간자료 '이렇게 상담해 볼까요?' 참고).

이소희(2003: 45)도 아동복지의 질적 수준은 아동의 기본적 욕구의 충족과 함께 아동의 요구를 반영한 사전의 예방적 실천으로 증진시켜 줄 수 있다고 하였다. 이를 위해서는 아동을 둘러싼 미시체계의 보호요인(protect factor)을 증진시키기 위한 예방목적의 실천적 프로그램 개발이 시급하게 요구되는 것이다. 특히, 대상의 특성을 반영하여 최적의 여건을 조성해 줌으로써 개인의 잠재능력을 최대한 발휘함을 목표로 하는 아동복지 분야에서는 비용편익 측면을 고려하여 치료나 상담보다는 예방교육프로그램의 효과성을 강조하고 있다. 치료나 상담을 통한 서비스 효과보다 교육을 통한 예방개입이 더 효과적이었음이 검증되고 있기 때문이다. 실제로 효과적인 프로그램의 경우 1 : 8의 비율로 예산절감을 할 수 있다는 보고도 있다(Patricia J. Mrazek & Robert J. Haggerty Editors, 1994).

교육프로그램이야말로 예방개입적이다. 교육을 통해서 사고와 감정, 행동을 변화시킬 수 있다면 심리적·신체적 건강을 유지하여 잠재된 병인(病因) 또는 위험요인(risk factor)을 미리 제거할 수 있기 때문이다. 예방개입의 원칙은 변화가능하고(malleable), 수정가능하며(modifiable), 문제발생에 대한 전조징후(precursor symptom)를 찾아내어 장애 발생률을 감소시키거나 최소한 발병을 지연시키기 위한 것이어야 한다(한영진, 2003a: 160).

청소년의 비행과 관련된 많은 사회문제들을 분석하면 결국 자녀에게 안정적인 가정환경을 제공해 주지 못한 문제가정과 부적절한 양육환경을 제공한 문제부모로 인한 원인이 대부분이다(김혜영, 2002: 102). 초기 청소년에 해당하는 초등학교 고학년 학생들은 사춘기가 시작되는 시기로서 급격한 신체변화와 심리적 변화에 따르는 갈등이 증가하는 시기다. 심리 사회발달단계로 볼 때 근면한 생활습관을 형성하여 유능감을 경험하고 자기조절(self-regulation)력을 길러야 되는 이 시기에 가족관계를 바탕으로 한 존재의식과 역할에 대한 책임 및 신뢰감을 심어주는 일은 매우 중요하다.

아동을 둘러싼 생태체계 중 가정은 아동에게 직접적인 영향을 미치는 미시체계이다. 그 체계 내의 위험요인(risk factor)을 감소시키고 보호요인(protective factor)을 증진시키기 위한 프로그램의 하나로서도 부자자효(父慈子孝) 교육프로그램은 의의가 크다. 아동의 복지를 증진시킬 수 있는 예방개입이기 때문이다. 부모역할에 대한 지식이 없거나 알고 있어도 의지와 결단이 약해서 자녀에게 위험요인이 되고 있는 부모의 폭력적·거부적 양육방식, 권위주의적인 문제해결, 아동을 독립적으로 인정하지 않고 소유물로 생각하는 아동관, 정서적으로 냉랭한 분위기 등이 교육을 통해 감소될 수 있음이다. 또한 화목한 가정 분위기, 민주적인 의사소통, 독립된 개체로서의 아동인격 존중, 갈등해결의 민주적 방법 등이 반영된 보호요인 증진은 결국 자애로운 부모역할을 확인하는 효과를 기대할 수 있기 때문이다. 이러한 요소들은 각 프로그램 회기에 모두 반영되도록 구성될 것이다.

2) 부자자효(父慈子孝) 교육프로그램 개발과정

사회복지 서비스 분야에서 프로그램이란 용어는 오래전부터 사용되어 온 용어라서 자연스러운 개념으로 인식되고 있다(Kettner·Moroney·Martin, 1999: 23). 본 연구에서는 프로그램의 정의를 '특별한 대상을 상대로 특별한 목적을 가지고 일정 기간 교육하여 효과를 창출하기 위하여 계획된 일련의 활동내용'이라고 조작적 정의를 하고자 한다.

프로그램 개발 모델은 학문의 분야나 학자에 따라 다르게 제시한다. 본 교육프로그램은 궁극적으로 예방을 목적으로 아동과 가족복지를 증진시키는 의도가 있으나 사회복지 프로그램 개발과는 다른 과정을 거친다. 부모와 자녀를 교육하여 사고와 감정과 행동의 변화를 가져오는 것이 목적이므로 교육프로그램 개발과정을 거친다. 교육프로그램은 교육대상을 선정하여 일정 기간 실시하는 하나의 교육과정(curriculum)에 해당하므로 교육과정 개발 모형을 중심으로 살펴보고자 한다.

이귀윤(1996: 187-284)에 의하면 교육과정 개발에 있어서 우선 생각해야 할 일은 '무엇'

에 해당하는 개발의 실체와 '어떻게'에 해당하는 개발의 기술이다. 하나의 교육과정이 개발될 때 고려해야 될 요소들은 교육철학, 사회적 요구, 대상이 될 학생의 요구(때에 따라서는 성인도 포함) 등이 교육과정 개발의 틀 속으로 들어온다. 또한, 교육과정을 개발하는 자의 최대 관심은 효율성이고 그 효율성은 구체적이며 실제적인 것에서 출발한다. 효율성을 극대화하기 위한 개발 모형을 찾기 위해 학자들의 노력은 꾸준히 진행되어 왔다. 본 연구에서 '무엇'은 부자자효(父慈子孝) 각각의 구인에 해당되며 프로그램의 내용이 된다. 또한 '어떻게'는 바로 요구조사에서 나타난 대로 어머니와 자녀의 의견을 반영하여 구성할 활동 중심의 프로그램이 된다.

프로그램 개발 모형은 김창대의 4단계 모형(2002b), 박인우의 6단계 모형(1996), 변창진의 9단계 모형(1994) 등이 있는데 그 순서는 일반적으로 프로그램에 대한 요구 및 이론적 검토, 계획과 목표 수립, 프로그램 내용 선정 및 구성, 프로그램 실시를 통한 효과 검증 및 보완 등의 단계를 밟고 있다.

교육과정 개발 모형은 체계적 모형과 비체계적 모형으로 구분한다. 두 모형의 차이는 전통적이고 합리성을 존중하여 체계적인 계획으로 개발과정의 기본 틀을 준수하느냐와 학습자의 흥미와 욕구에 일차적 관심을 두어 융통성을 발휘하는 개발과정을 거치느냐에 달려 있다. 객관성과 일반성에 기초를 두는 체계적 접근모형을 제시한 학자로는 Tyler(1949), Waker(1971), Taba(1962), Goodlad(1979), Schwab(1983) 등이 있고, 주관성과 심미성에 기초를 두는 비체계적 접근모형을 제시한 학자로는 Kelly(1989), Lewy(1991), Rogers(1979), Freire(1985), Kohl(1969) 등이 있다.

체계적 모형은 학습목표, 내용, 조직, 수업계획, 평가 등에 대한 체계적인 계획, 설계, 시행에 중심을 두는 합리성으로 인해 비록 많은 비판이 있음에도 불구하고 오늘날 학교 교육의 현장에서 교육과정 개발의 중심 모형으로 자리잡아 왔다. 그러나 1990년대 이후, 구성주의적 교육철학이 교육 현장에 점차 강하게 반영되어 학습자의 요구와 수준을 고려하는 학습자 중심의 교육과정 운영이 현실적으로 요구되고 있다. 이에, 비체계적인 모형의 장점을 점차 수용하는 경향이 있으며 실제로 6차 교육과정부터 지역수준을 고려한 학교 중심 교육과정을 개발하고 활용할 것을 교육부는 권장하여 왔다(교육부, 1993: 51).

체계적 모형이나 비체계적 모형 모두 완전한 모형은 없다. 본 연구에서는 타일러(Tyler) 등의 체계적 모형을 근거로 하여 비체계적 모형의 장점을 살려 절충적인 모형을 프로그램 개발의 기본 틀로 삼고자 한다. 따라서 프로그램 수혜자가 될 대상인 어머니와 아동의 요구,

국가·사회적인 요구, 이론적 배경과 선행연구를 통한 부자자효(父慈子孝)의 구성요소 등을 중심으로 교육내용을 선정·조직하였다 .

이상에서 제시한 부자자효(父慈子孝) 교육프로그램 개발과정의 흐름을 교육과정 개발의 체계적 모형과 비체계적 모형을 절충하여 나타내면 다음의 〈그림 Ⅳ-1〉과 같다.

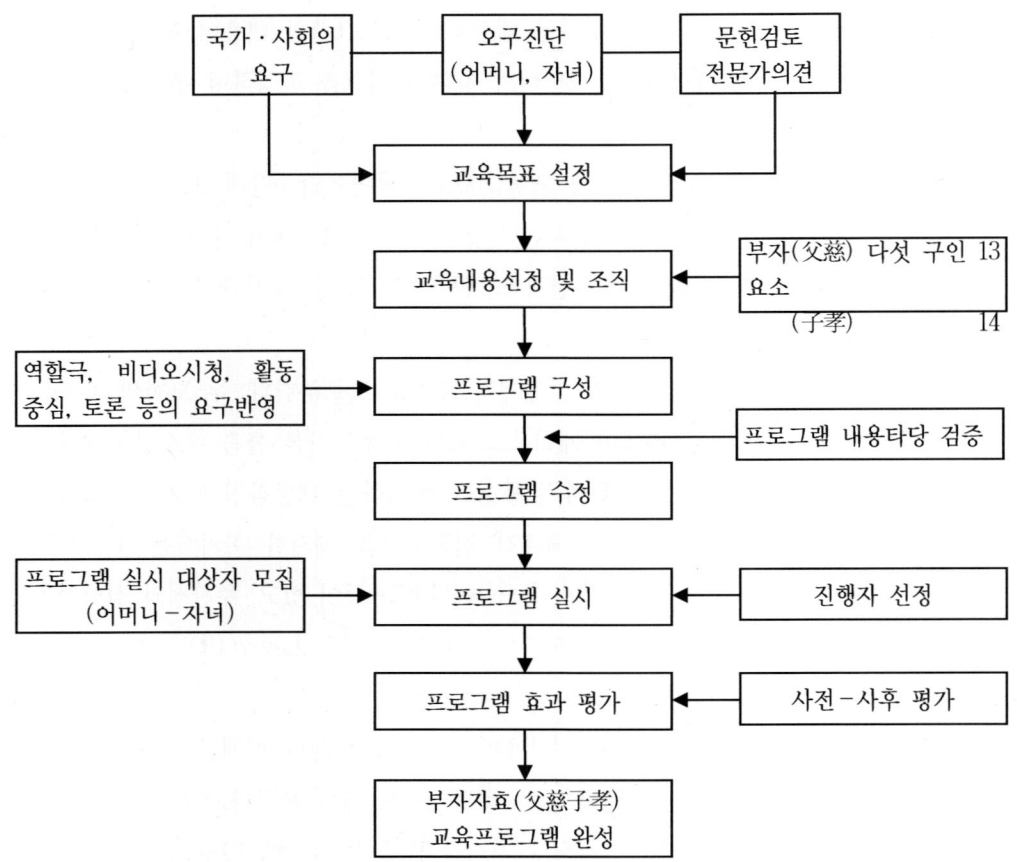

〈그림 Ⅳ-1〉 부자자효(父慈子孝) 교육프로그램 개발과정

앞 절에서 살펴본 바와 같이 어머니와 자녀를 대상으로 하여 효(孝)를 주제로 한 교육프로그램 구성에 반영할 내용은 설문조사를 통한 대상집단의 요구내용, 국가·사회적으로 건강가정 기본법,18) 효행법 제정에 관한 움직임, 그리고 선행연구나 문헌을 통한 부자자효(父

---

18) 2004년 2월 9일에 제정되고 2005년 1월 1일부터 시행될 이 법은 건강한 가정생활의 영위와 가족의 유지 및 발전을 위한 국민의 권리·의무와 국가 및 지방자치단체 등의 책임을 명백히 하고, 가정문

慈子孝)의 상호 교호적이고 쌍무적인 부모－자녀관계의 회복에 대한 제언 등이 시의 적절하게 반영되어 교육목표를 설정하게 되었다. 바로 어머니는 자애로운 역할이 증진되고 자녀를 효행이 증진되어 부자자효(父慈子孝)하는 가정이 되는 것이다.

다음으로 교육내용은 앞에서 확정된 부자(父慈) 다섯 구인 13요소, 자효(子孝) 다섯 구인 14요소가 선정되어 프로그램 회기별로 반영이 되었다. 자효(子孝) 프로그램은 아동의 발달단계를 고려하여 활동 중심으로 구성이 되었으며 전문가에게 프로그램 내용타당을 검증받은 후에 지적 사항을 중심으로 수정·보완하여 '부자자효(父慈子孝) 교육프로그램'을 완성하였다. 이러한 과정을 거쳐 완성된 프로그램은 부자(父慈) 프로그램 6회기, 자효(子孝) 프로그램 10회기로 다음 절에 제시되었다.

이상에서 교육프로그램 개발 모형을 제시하였다. 일반적으로 교육프로그램 개발과 연구의 경우 두 가지 패턴을 보이고 있다. 하나는 교육프로그램 모형을 우선 개발하고 그에 준하여 프로그램을 개발하여 효과검증을 통해 타당화 과정을 거치는 패턴이다. 또 하나는 개발 모형 없이 곧바로 프로그램 구성요소를 추출한 후 프로그램을 개발하여 효과검증을 하는 패턴이다. 본 연구에서는 첫 번째 패턴을 따라 부자자효(父慈子孝) 교육프로그램 모형을 먼저 개발하고, 그 모형에 의해 프로그램을 개발한 후 효과검증 과정을 거치고자 한다.

3) 부자자효(父慈子孝) 교육프로그램의 모형

본 부자자효(父慈子孝) 교육프로그램은 한국적 부모－자녀관계를 특징지우는 부자자효(父慈子孝)를 기본 원리로 삼았다. 이 기본 원리를 바탕으로 부자(父慈)의 구성요소를 이론적 검토와 전문가 내용타당 검증과정을 거쳐 다섯 구인 13요소, 자효(子孝)의 구성요소를 다섯 구인 14요소를 선정하였다. 이 덕목을 프로그램 각각의 회기에 반영할 교육내용으로 선정하되 교육을 통해 변화될 영역을 세 차원으로 정하여 인지 차원, 정의 차원, 행동 차원으로 정하였다.

다음 교수활동 방법은 프로그램 실시요구도 설문분석 결과 역할극, 비디오감상, 조상들의 사례 및 예화듣기 등의 순서로 원하는 내용을 반영하여 활동 중심의 수업진행을 하기로 하였다. 이와 같은 과정을 모형으로 제시하면 〈그림 Ⅳ-2〉와 같다.

제의 적절한 해결방안을 강구하며 가족구성원의 복지증진에 이바지할 수 있는 지원정책을 강화함으로써 건강가정 구현에 기여하는 것을 목적으로 한다.

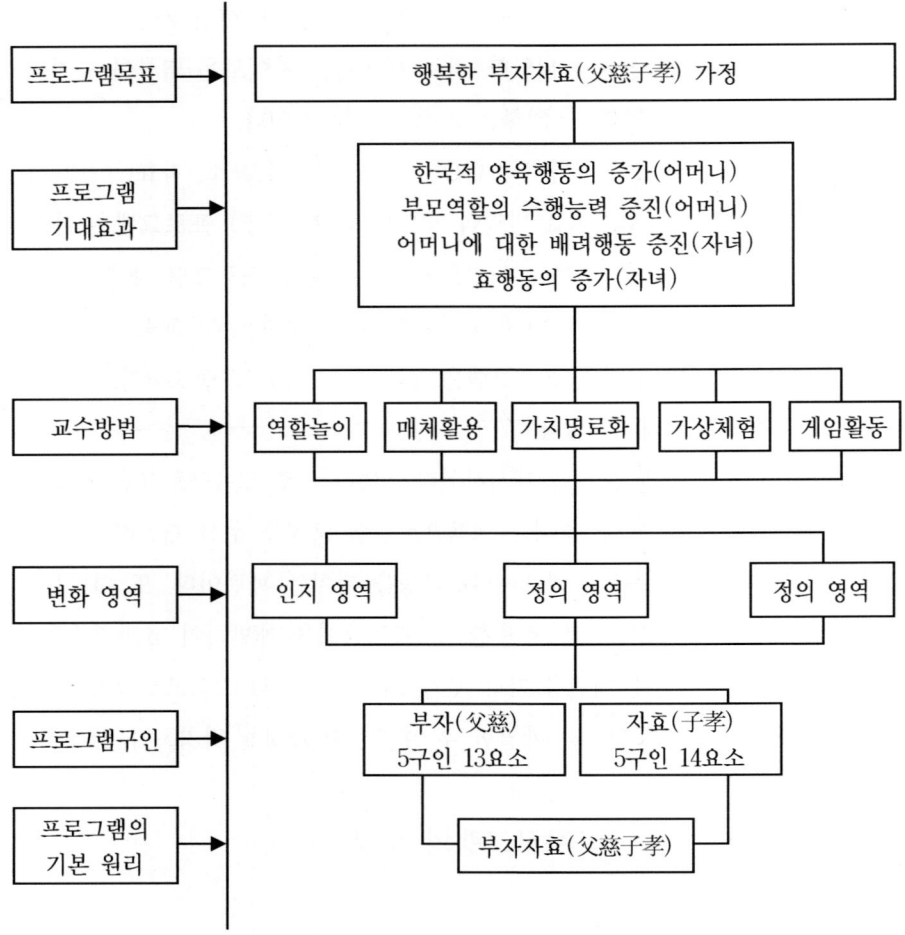

〈그림 Ⅳ-2〉 부자자효(父慈子孝) 교육프로그램 모형

3. 부자자효(父慈子孝) 교육프로그램의 내용

부자(父慈) 교육프로그램은 6회기, 자효(子孝) 교육프로그램은 10회기로 구성되어 있다. 이는 요구도 조사결과 부모는 참석 가능한 횟수에 3-5회기가 가장 많았으며 5회기 이상이 진행되면 부담스러워서 지속적으로 참석하기 힘들다는 내용의 수혜자 요구를 반영한 것이다. 실제로 주 1회 진행 총 5회기로 진행된 학교기반 부모교육(school-based parent education)을 실시한 한 실험연구 결과 연령과 학력에 따라 효과에 차이를 낸 경우가 있었다. 즉 30대 고졸 어머니에게서 부모효능감이 실험처치의 효과가 있었던 것이다(한영진, 2003a: 172). 또한 아동은 4-8회기를 희망한 인원이 가장 많았으나 기존 프로그램을 검색한 결과 8-12주 진행이 많았고 주제의 성격상 10주 진행이 적합하다는 판단하에 주 1회 진행 10회기로 구성하였다.

본 프로그램 개발은 연구자 외 아동복지 전공 박사과정생 2인의 의견을 들어가며 함께 구성하였으며 구성된 예비프로그램을 2003년 12월-2004년 1월에 걸쳐 초등학생 4-5학년 17명을 대상으로 예비 실시를 하였다. 예비프로그램은 본 연구자가 직접 진행하였으며 박사과정생 1인이 참관자로 참여하였다. 예비프로그램을 실시함으로써 아동의 발달단계에 적합한지, 아동의 흥미를 지속적으로 유지할 수 있는지, 활동내용의 순서가 적합한지, 준비된 자료가 적합한지 등을 확인할 수 있었다. 그 결과 보완할 사항과 수정할 사항을 반영하여 최종 프로그램을 완성하였다. 예비 프로그램 실시 후 완성된 부자자효(父慈子孝) 프로그램의 내용은 다음과 같다.

1) 부자(父慈) 교육프로그램의 내용

부자(父慈) 교육프로그램은 총 여섯 마당으로 진행되며 첫 회기인 여는 마당은 실험집단의 구성원들의 처음 모임이므로 서먹서먹한 분위기를 부드럽고 친숙하게 하기 위한 활동을 진행하였다. 진행자는 이러한 활동이 끝난 후 프로그램의 목표와 개요를 소개하고 프로그램의 목표와 참여자 자신의 목표를 일치시킨다.

둘째 마당의 주제는 부자(父慈)역할 중 '책임'이며 '정성'과 '헌신'이 하위요소다. 부모(어머니)의 자녀에 대한 '책임'의 한계가 어디까지인가를 중심으로 책임을 다하기 위해 필요한 아동발달에 대한 지식과 양육방법을 알아보고 정성과 헌신에 대해 생활사례를 중심으로 이해하고 실천의지를 다진다.

셋째 마당의 주제는 '훈육'과 '수신'이고 '권위', '엄친', '보신', '모범'이 하위요소다. '훈육'의 역할과 '수신'의 역할을 바로 알고 '권위'를 가진 부모(어머니)로서 엄격해야 할 때와 자애로워야 할 때를 구별하여 자신의 덕을 쌓도록 한다. 또한 자녀에게 영향을 미치고 존경받는 어머니가 되기 위해서는 '모범'을 보여야 됨을 깨닫도록 한다. 이 마당에서는 어머니 자신의 생활설계표(life plan)를 작성하여 현재부터 본인이 살고 싶은 나이까지의 미래 시간표에 자신과 자녀와 가족의 행사를 계획하여 적도록 하고 그에 준하여 가정생활을 영위해 나가는 역할을 다하는 것도 수신이 되고 자녀에게는 모범이 됨을 깨닫도록 한다.

넷째 마당의 주제는 '존중'이며 하위요소는 '아껴줌'과 '관심', '격려', '지지'이다. 자녀의 인격을 존중하는 구체적 방법을 알고 존중하는 대화 연습을 통해 언어표현 방식을 바꾸도록 한다. 어머니와 자녀가 역할을 바꾸어 언어표현을 연습하면서 자녀가 힘든 상황일 때 격려와 지지적인 표현으로서의 적절한 언어가 무엇인지를 경험하도록 한다. 이를 통해 자녀는 진정으로 존중받는다는 느낌이 어떠한 것인지를 간접경험을 통해 체득한다.

다섯째 마당의 주제는 '인내'이다. '관대', '믿음', '이해'가 하위요소이고 자녀의 실수를 너그럽게 받아들이고 자녀의 미래에 대한 낙관적인 소망으로 신뢰를 보여주며 자녀의 발달특성과 심리적인 특성에 대한 이해에 대해서 배운다.

여섯째 닫는 마당은 자녀와 함께 참여한다. 자녀와 함께 게임을 하면서 어머니와 자녀 간의 친밀감을 확인하고 그동안 배웠던 부자(父慈)와 자효(子孝)의 각각의 구인과 요소에 대해 자녀는 어머니에게, 어머니는 자녀에게 퀴즈를 통해 개념을 확인한다. 어머니와 자녀가 한 마음이 되어 서로 알아맞히기를 바라는 마음이 되길 기대한다. 각 마당은 도입, 전개, 정리, 과제 제시의 순서로 진행된다. 이 내용의 요약은 다음 〈표 Ⅳ-3〉과 같다.

〈표 Ⅳ-3〉 부자(父慈) 교육프로그램의 내용

마당	핵심주제	구성요소	목표	활동 내용	준비물	수업형태
여는 마당	친해지기	목표확인 규칙정하기	구성원들과 친밀감을 형성하고 프로그램의 목표와 자신의 목표를 일치시킨다.	· 자기소개 및 게임 · 프로그램 목표 및 본인기대 소개 · 규칙정하기 · 각자 애칭 익히기	이름표 필기도구	좌담 및 강의
둘째 마당	책임	정성 헌신	책임의 정의와 내용이 무엇인지를 알고 책임역할을 다하기 위해 구체적인 지침과 방법을 찾고 실천의지를 다진다.	· 책임의 개념 · 책임의 영역 · 발달단계에 적합한 양육방법탐색-초등 고학년 · 정성의 의미와 생활사례 찾기 · 헌신의 의미와 생활사례 찾기	활동지 저널쓰기양식 소감문	강의 및 토의

마당	핵심 주제	구성 요소	목 표	활동 내용	준비물	수업 형태
셋째 마당	훈육, 수신	권위 엄친 보신 모범	훈육의 역할과 수신의 역할을 바로 알고 권위를 가진 부모로서 엄친, 보신, 모범의 영역에서 실천방법을 탐색한다.	·훈육의 내용-도덕적 분별력 ·권위적인 부모-권위주의와 구분 ·자신의 덕을 키우기(본보기) ·부모역할을 잘 하기 위해 건강한 심신을 기르기 ·비디오감상-'네 시어머니 모시는 며느리'(봉양의 모습을 본보기로 보임)	활동지-생애설계표 운동실천계획표 비디오테잎	강의 및 토의
넷째 마당	존중	아껴줌 관심 격려 지지	자녀의 인격을 존중하는 구체적 방법을 알고 존중하는 대화 연습을 한다.	·독립된 인격체로 존중하기 ·관심영역-욕구와 흥미, 대인관계 ·격려-용기와 의욕을 북돋우는 말 실습 ·지지-자녀의 잠재력을 일깨우는 말과 정서적 지원의 말 실습 ·존중받은 자녀-자신감, 다른 이 존중	'사랑하는 방법을 바꿔라.' 청소년상담원엮음	강의 실습
다섯 째 마당	인내	관대 믿음 이해	믿음으로 관대함을 보이며 인내하는 부모가 되길 다짐한다.	·인내의 의미 탐색하기-인내관련 속담 찾기 ·수용하기-너그러운 역할(관대함) ·믿음 보이기-자녀의 미래에 대한 낙관적 소망 ·이해-부모중심->자녀의 특성 -자녀의 발달특성, 심리적 이해	'생활 속의 아이들' 시 암송	강의 토의
닫는 마당	자녀와 함께 마무리 모임	개념 복습 게임 소감문 작성	효의 개념을 복습하고 효행가족으로서의 자부심을 갖고 새로운 출발을 다짐한다.	·부자(父慈) 자효(子孝)의 각 요소 개념복습 ·자녀와 함께 게임 ·프로그램 만족도 평가 및 사후검사 ·효행가족 다짐 및 사명서 작성	게임준비물-눈가리개, 손수건 비디오카메라	퀴즈 게임활동 중심

2) 자효(子孝) 교육프로그램의 내용

자효(子孝) 프로그램은 총 10회기로 구성되어 있으며 첫 회기 여는 마당은 친밀감을 형성하고 프로그램의 목표를 확인하며 참여자 자신의 목표를 프로그램의 목표와 일치시키는 시간이다. 또한 프로그램이 진행되는 동안 전체의 분위기 유지를 위해 지켜야 규칙을 정한다.

둘째 마당의 주제는 '감사'이고 구성요소는 '보은'으로서 '출산의 고통'이란 비디오 시청을 통해 어머니가 자신을 잉태하여 태중에서 열 달 동안 보호와 양육 후 고통스러운 출산의 과정을 견뎌내는 내용을 보고 소감문을 쓰는 활동을 한다. 간접경험 활동으로는 만삭된 몸을 이끌고 힘든 일상생활을 견뎌내는 어머니의 모습을 재현한다. 이 과정을 통해 자신을 위해 어머니가 얼마나 수고를 하셨는지, 그에 대해 우리 자녀는 어떻게 감사해야 되는지를 내면화한다. 셋째 마당의 주제도 '감사'이고 구성요소는 '경애'이다. 이 마당엔 '감사합니다'란 말을 생활화하기 위한 연습을 하고 부모님을 칭찬해드리는 방법에 대해 배운 후 가정에서 실천하여 칭찬카드를 작성하는 것을 과제로 제시한다.

넷째 마당의 주제는 '순종'이고 구성요소는 '청종'과 '절제'이며 부모님의 말씀을 거역하지 않고 따르는 것이 부모님을 기쁘게 해드리는 것이라는 내용을 청개구리 예화를 통해 이해시킨다. 또한 학습상황을 중심으로 하여 물건구입에 대해 절약과 절제에 대해 배우고 자신의 소비습관을 돌아보게 한다.

다섯째 마당의 주제는 '순종'이고 구성요소는 '형제우애'이다. 각자 자신의 형제서열관계에서 겪는 갈등을 소개하고 '금덩이를 버린 형제'이야기를 통해 형제우애를 유지하기 위해 양보해야 할 것들을 탐색한다. 이어서 역할극을 통해 부모의 마음을 간접경험하고 형제간에 우애 있게 지내는 것은 부모님께 기쁨을 드리는 동시에 효도하는 것임을 알고 자신의 형제와 우애 있게 지내기 위해 자기가 해야 할 구체적인 일을 찾아보고 실천하기로 다짐한다.

여섯째 마당의 주제는 '공경'이며 구성요소는 '예의', '존경', '충간'이다. 가장 존경할 만한 대상으로서의 부모(어머니)에 대한 예의를 상황 중심으로 제시하고 충간이란 용어의 개념 설명과 충간의 효를 행할 상황을 제시한다. 단 주의할 일은 충간의 방법이 공손하고 예의바르며 부드럽게 표현하고 혹시 부모(어머니)님께서 충간의 내용을 받아들이지 않으실 때는 공손하게 물러나오는 태도를 강조한다. 이 과정도 역할극으로 진행하여 실제로 공손한 표현을 연습하고 가정에 돌아가서 그대로 실천하도록 다짐하고 약속하도록 한다.

일곱째 마당의 주제는 '승지'이고 '보신'과 '입신'이 구성요소다. 승지의 개념은 아동에게 낯선 개념이다. 부모님이 물려주신 몸과 마음을 귀하게 여기고 자신의 꿈을 이루기 위해 시간을 아껴 쓰며 최선을 다하는 생활이 보신과 입신의 효이고 이것을 실천하는 구체적인 방법에 대해 토의한다. 옛말의 수신제가치국평천하(修身齊家治國平天下)와 연결 지어 설명한다.

여덟째 마당의 주제는 '승지'로서 구성요소는 존속이다. 자신을 비롯하여 가족의 형성과정을 알기 위해 가계도를 그려보고 가계도 상에 나타난 자신의 위치와 역할에 대해 확인한다. 또한 가까운 친척에게 문안인사를 정기적으로 드릴 계획도 세우고 이러한 역할에 대해 실습을 한다.

아홉째 마당의 주제는 '봉양'이고 '안락', '섬김', '불욕'이 구성요소다. 부모(어머니)의 필요가 무엇인지를 살펴 몸과 마음을 편안하게 해드릴 일을 찾도록 한다. 봉양의 개념이 전통적이어서 현대의 부모-자녀 간에는 자주 사용하지 않는 용어다. 그러나 그 의미가 부모(어머니)의 마음을 편안하게 해드리는 것임을 생각할 때 물질적인 효도보다는 어린시절부터 부모(어머니)의 마음을 헤아릴 줄 알고 몸과 마음을 편안하게 해드리고자 하는 의지가 필요하다. 프로그램 개발을 위한 요구조사에서도 부모(어머니)가 기대하는 효도의 내용 중에는 몸과 마음을 편안하게 해 주기를 바라는 내용이 포함되어 있었고, 자녀 또한 그러한 내용이 많았다(표 Ⅴ-2 참고).

마지막 마당은 어머니와 자녀가 함께 참여하여 게임을 통해 서로 간의 친밀감을 확인하고 그동안 배운 부자자효(父慈子孝)의 개념에 대해 복습을 한다. 자녀는 어머니에게, 어머니는 자녀에게 각각의 구인과 요소에 대해 설명하고 용어를 알아맞히는 게임을 통해 배운 내용을 최종 정리한다. 그리고 어머니와 자녀가 함께 앉아 '우리 가족의 부자자효(父慈子孝) 사명서'를 작성한 후 소감문을 쓰고 수료증을 받는다. 이 내용의 요약은 〈표 Ⅳ-4〉와 같고 부자(父慈)와 자효(子孝) 프로그램의 세부진행내용은 〈부록 4〉와 〈부록 5〉에 제시되었다.

〈표 Ⅳ-4〉 자효(子孝) 교육프로그램의 내용

마당	활동주제	구성요소	목 표	활동내용	준비물	수업진행형태
여는마당	친해지기	자기소개 친밀감형성 목표확인규칙정하기	구성원들과 친밀감을 형성하고 프로그램의 목표와 자신의 목표를 일치시킨다.	·각자 이름 및 프로그램에 참여하게 된 동기 소개 ·간단한 게임 ·부자자효(父慈子孝)에 대한 소개 ·규칙정하기	명찰 출석부	강의 게임
둘째마당	감사	보은	낳아주신 은혜와 길러주신 은혜를 생각하며 부모님의 수고와 고생에 감사하는 마음을 갖는다.	·감사표현 경험이야기 ·부모님께 감사한 내용이야기 ·비디오시청-출산의 고통 ·소감나누기 ·간접경험(만삭의 불편함 경험)	무거운 가방, 비디오	매체활용, 역할극
셋째마당	감사	경애	부모님을 존경하고 사랑하는 마음을 말과 행동으로 표현하기를 습관화한다.	·하루 생활 중 '감사합니다'란 말을 해야 할 상황 찾기 ·부모님을 칭찬해드리기 실습 ·감사하는 마음을 표현할 구체적 말과 행동정하기	실천 기록 카드 칭찬 카드	역할극

마당	활동 주제	구성요소	목 표	활동내용	준비물	수업진행 형태
넷째 마당	순종	청종 절제	부모님의 말씀을 거역하지 않고 따르는 것이 순종임을 알고 충동적인 욕구를 조절하며 절약하는 습관을 기른다.	·청개구리 이야기 듣고 느낀 점 나누기 ·부모님 말씀을 거역했던 경험 나누기 -그때의 부모님 심정 헤아리기 ·필요한 물건을 살 때의 나의 태도 돌아보기 ·충동구매를 줄이고 가진 물건을 끝까지 알뜰하게 이용하기	예화 용돈기 입장	
다섯 째 마당	순종	형제 우애	형제가 우애 있게 지내는 것을 부모님이 기뻐하심을 알고 친형제나 친척 형제에게 관심을 보이고 우애 있게 지내기를 다짐한다.	·자신의 형제서열 소개 ·자신의 형제관계에서 느낀 좋은 점과 불만 소개 ·예화 듣고 토의하기 -금덩이를 버린 형제이야기 ·역할극 -형제싸움->부모마음->화해의 과정	예화 역할극 소품	강의 역할극
여섯 째 마당	공경	예의 존경 충간	부모님에 대한 경외심을 바탕으로 생각과 행동을 공손하게 표현하기로 다짐한다.	·자신의 존경하는 인물 소개 ·진실로 존경해야 할 대상 -나의 부모임을 알기 ·존경하는 대상을 향한 예의 -언어(존댓말), 행동표현연습 ·충간에 대한 소개와 가상상황 실습 ·개운죽 물화병 만들기	물화병 조약돌 개운죽 녹음기	강의 역할극 만들기 활동
일곱 째 마당	승지	보신 입신	건강한 몸과 마음으로 자신의 뜻을 이루기 위해 시간을 낭비하지 않는다.	·몸이 아팠을 때의 경험 -가족돌봄 경험 ·부모님의 나에 대한 소원 알기 ·규칙적인 운동계획세우기 ·입신의 효와 자신의 꿈 소개 ·수신제가치국평천하 소개	나의 생애도 표 활동지	강의활동
여덟 째 마당	승지	존속	가문에서의 자신의 역할과 위치를 깨닫고 가훈을 지킴으로써 뿌리의식을 갖는다.	·각 가정의 가훈에 담긴 의미소개 ·우리 가족의 형성과정 알기 -가계도 그리기 ·가계도상에 나타난 나의 위치와 나에게 부여된 역할알기 ·가까운 친척에게 문안인사 드릴 계획 세우기	우리 집 가훈 가계도 그릴 활동지	강의 활동

회기	활동 주제	구성 요소	목표	활동내용	준비물	수업진행 형태
아홉 째 마당	봉양	안락 섬김 봉욕	부모님의 필요가 무엇인 지를 살펴 몸과 마음을 편안하게 해드릴 방법을 찾는다.	·부모님의 하루 일과 알아보기 ·부모님의 피곤한 몸과 마음에 힘 이 되는 방법 탐색하기 ·'행복한 지게' 비디오 시청 ·부모님 봉양의 구체적 방법 ·실천방법 탐색	비디오	강의 활동
닫는 마당	부모와 함께 마무리	총정리 개념복습 소감문 작성	배운 내용을 복습하고 게 임을 통해 부모-자녀친밀 감을 확인하고 효행가족으 로서의 자부심을 갖는다.	·부자자효(父慈子孝) 개념과 요소 복습-퀴즈 ·부모-자녀 함께 게임하기 ·우리 가족의 다짐과 사명서 작성 ·소감문 작성 ·사후검사 ·효행가족 다짐 및 사명서 작성 ·수료증 수여	게임준 비물 검사지 비디오 및 카메라	게임 강의

4. 부자자효(父慈子孝) 교육프로그램의 내용 타당도 확인

완성된 부자(父慈) 6회기, 자효(子孝) 10회기의 프로그램을 프로그램 개발경험이 있는 전문가 4인(교수 2인, 박사 2인)과 교육학 박사과정생 1인, 아동복지 박사과정생 2인, 아동지도 경험에 풍부한 현장 교사 2인에게 검토를 받았다. 전문가 검토는 프로그램 개발의 과정, 회기 운영, 프로그램 평가도구, 프로그램 구인과 각 회기 목표 간의 일치 여부, 준비된 자료 등에 대한 적합성 여부를 전체적으로 평가하였는데 그 내용은 다음과 같다.

첫째, 자효(子孝) 프로그램은 초기에 주 2회 실시하기로 하였는데 행동변화를 기대하는 프로그램의 경우 프로그램 처치간격이 지나치게 짧으면 변화행동 유지를 확인하기가 쉽지 않다는 지적이 있었다.

둘째, 부자(父慈) 교육프로그램이 6회기로 구성된 것이 과연 효과를 기대할 수 있을지에 대한 의문을 제기한 의견이 있었다.

셋째, 실험연구의 경우 프로그램의 효과 평가를 양적인 결과만 반영할 것이 아니라 질적인 자료도 반영하는 것이 바람직하다는 의견이 있었다.

넷째, 부자자효(父慈子孝) 각각의 구인과 프로그램 목표와 활동내용 간의 일치도를 면밀히 검토할 필요가 있다는 지적이 있었다.

다섯째, 개발된 프로그램을 '부자자효(父慈子孝) 교육프로그램'으로 부르는 것보다는 어머니와 자녀에게 보다 친숙한 이미지가 풍기는 이름을 붙이면 좋겠다는 의견이 있었다.

이와 같은 프로그램 검토 결과를 반영하여 최종적으로 수정한 내용은 다음과 같다.

첫째, 자효(子孝) 프로그램을 주 2회 실시에서 주 1회 실시키로 하여 프로그램 전체 처치 기간을 2개월 반으로 계획하였다.

둘째, 부자(父慈) 6회기 프로그램은 요구도 조사결과 5회기 이상이 되면 참석하기가 힘들다는 현장 부모의 의견을 반영한 것이기에 프로그램 수혜자의 의견을 존중하기로 하였다. 또 5회기로 운영되었던 '학교기반 부모교육(school-based parent education)' 실험연구 결과 어머니의 연령과 학력별로 프로그램 효과에 차이를 보였던 선행연구(한영진, 2003a: 172)도 있었음으로 그대로 진행하기로 하였다.

셋째, 프로그램 효과평가에 있어 척도를 활용한 양적평가 외에 질적 자료들을 효과평가에 반영하기로 하였다. 부자(父慈) 교육프로그램의 경우는 프로그램 처치와 처치 사이에 '일상 생활기록문'(Journal)을 쓰도록 하였고 사후와 추후에 '자기보고서'(Self-report)를 작성하기로 하였다. 자효(子孝) 교육프로그램의 경우도 소감문과 활동과정에 대한 프로그램 진행자 및 참관자의 관찰자료들을 반영하기로 하였다.

넷째, 프로그램 구인과 회기목표 간의 일치 여부 및 활동내용을 살펴보고 부자(父慈) 다섯 구인 13요소, 자효(子孝) 다섯 구인 14요소가 회기마다 녹아있는지 확인하였다. 구인의 조작적 정의가 목표와 연결되는지 여부를 살펴보았고 용어정의가 다소 일치되지 않는 부분들을 보완하였다.

다섯째, 프로그램의 이름을 친숙한 이미지로 붙이자는 의견이 타당하다는 판단하에 그 의견을 수용하여 '베풀사랑 드릴효도'로 정하게 되었다. 본 실험을 위한 모집 안내 글에서부터 '베풀사랑 드릴효도' 교육프로그램으로 소개되었다.

이와 같은 과정을 거쳐 완성된 프로그램의 세부 활동안과 활동 보조자료는 부록에 제시하였다.

(이론편 끝)

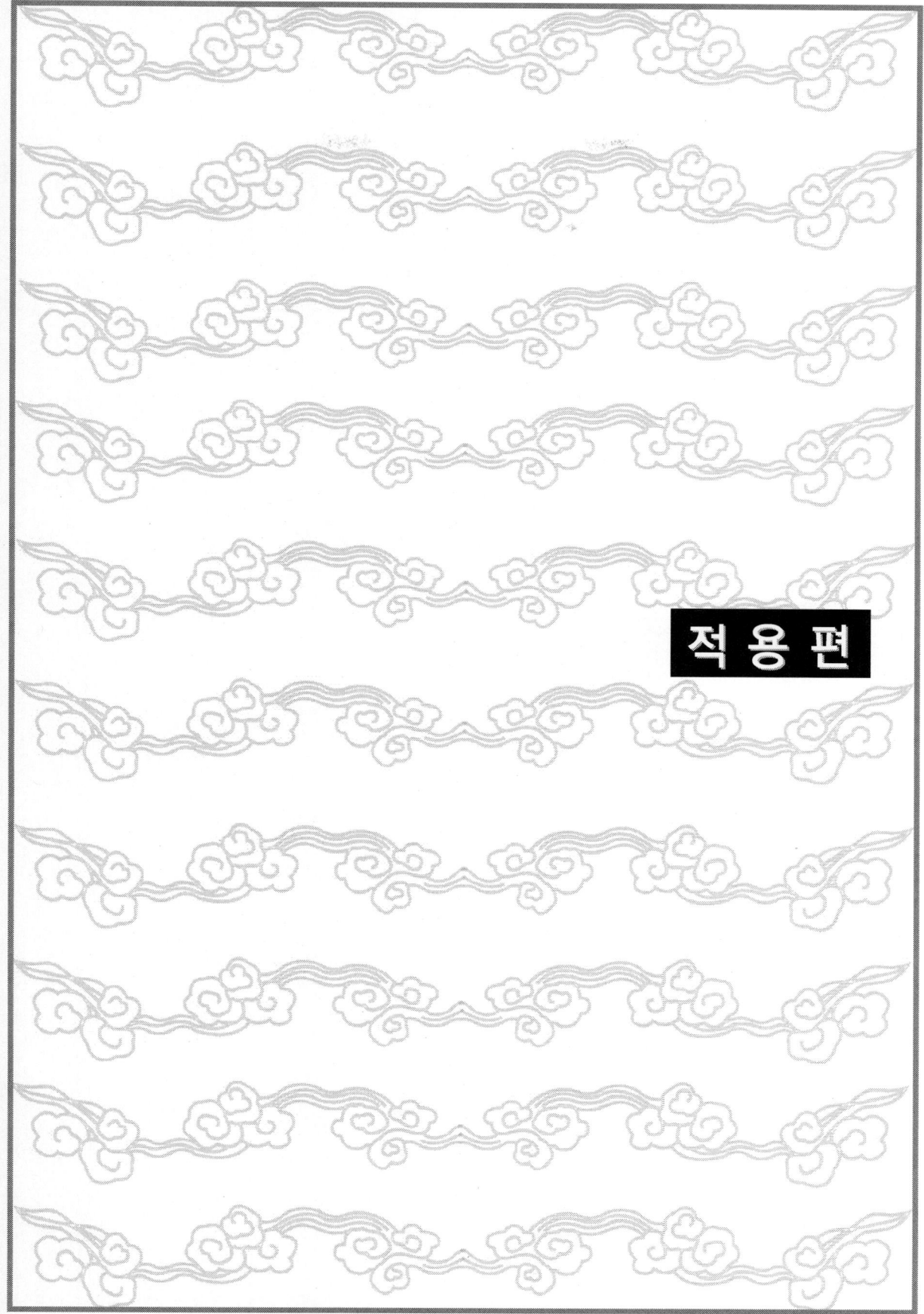

적용편

V. 부자자효(父慈子孝) 교육프로그램 실시 및 효과 분석

지금부터는 본 연구과정을 통해 개발된 부자자효(父慈子孝) 교육프로그램이 과연 효과가 있는지를 알아보기 위해 대상을 선정하여 실험한 과정과 그 결과에 대해 소개하고자 한다. 즉 부자(父慈)와 자효(子孝)의 어떤 요소가 각각 어떠한 효과가 있는지를 알아봄으로써 부자자효(父慈子孝) 교육프로그램의 타당성을 검증하는 것이다.

본 프로그램의 의도가 병리적 문제를 가진 사람들을 위함이 아니고 교육 차원에서 아동과 어머니를 위한 예방적 복지실천을 목적으로 하므로 프로그램에 참여한 어머니와 자녀가 프로그램을 다 마친 후 생각과 태도와 행동에 어떠한 변화를 가져왔는지를 알아보는 것을 목표로 하는 것이다. 이것은 바로 교육의 정의, 즉 바람직한 인간행동의 계획적이고 지속적인 변화를 기대하는 내용이다.

또한 교육프로그램은 심리학적 기능 면에서 보아 아동들의 관심과 흥미, 요구에 적절하게 대응할 수 있어야 한다. 본 프로그램의 주제와 내용은 아동들의 구체적인 삶의 상황과 밀접하게 관련이 있으므로 자발적 참여를 촉진시킬 수 있어야 한다. 특히, 초등학생의 발달단계를 고려하여 활동 중심의 프로그램이 구성되어야 한다. 학교에서도 이러한 내용이 교과활동, 특별활동, 재량활동을 통해 경험되도록 고려하고 있다(이병진, 1999: 83). 본 교육프로그램도 실시와 동시에 가정과의 연계를 고려하여 아동생활 전반을 염두에 두고 지도되어야 한다.

1. 연구방법

부자자효(父慈子孝) 교육프로그램의 효과를 검증하기 위한 연구방법은 연구대상선정의 절차와 실험집단의 특성, 실험 설계, 실험처지, 사전사후 검사도구로 활용된 측정도구, 그리고 효과검증을 위한 통계적 분석방법이 제시된다. 그 각각을 살펴보면 다음과 같다.

1) 연구대상

(1) 연구대상 모집과 선정

본 실험에 참가할 아동과 부모를 모집하는 안내문을 2004. 6. 14-2004. 6. 17 사이에 서울 강북구에 소재한 S초등학교 4-5학년을 대상으로 220부를 가정으로 배부하였다. 안내문의 내용은 〈부록 6〉에 제시하였다.

모집과정은 다음과 같다. 본 연구자는 우선 4학년과 5학년 학급담임에게 프로그램의 취지와 내용을 설명한 후 어머니와 자녀가 함께 참석이 가능한 가정을 대상으로 안내문을 배부하도록 하였다. 따라서 맞벌이 가정이나 한부모 가정은 모집대상에서 제외되었다.

이러한 절차에 의해 처음에 29가정이 희망신청서를 제출하였고 신청한 가정을 대상으로 프로그램의 내용에 대한 상세한 안내문을 별도로 보내어 최종 확인을 받았다. 동질집단 구성을 위해 어머니와 자녀가 각기 다른 날에 모여서 프로그램의 취지에 대한 안내를 받은 후 사전검사를 실시하였다. 사전검사 결과를 참고로 하고 집단별 분포를 고려하여 실험집단에 14가정, 비교집단에 15가정을 배치하였다. 그 무렵 상담실에 들렀던 한 어머니가 최초의 안내문은 받아보지 못하였으나 프로그램의 내용을 알고 교육에 참여하기를 원하여 한 가정이 추가로 영입되어 모두 15가정이 실험집단으로 배치되었다. 이렇게 하여 실험집단 15가정, 비교집단 15가정이 실험에 참가하게 되었다. 여기서 가정이란 어머니와 그의 자녀를 말한다.

실험집단과 비교집단의 어머니와 자녀의 일반적 특성은 다음 〈표 V-1〉와 같다.

〈표 V-1 〉 실험·비교집단의 일반적 특성 (N=30)

특 성		대상구분		Total	특 성		대상구분		Total
		실험집단	비교집단				실험집단	비교집단	
성별	남	9(60.0)	5(33.3)	14(46.7)	부연령	30대	4(26.7)	4(26.7)	8(26.7)
	여	6(40.0)	10(66.7)	16(53.3)		40대	11(73.3)	11(73.3)	22(73.3)
	계	15(100.0)	15(100.0)	30(100.0)		계	15(100.0)	15(100.0)	30(100.0)
학년	4	9(60.0)	0(0.0)	9(30.0)	모연령	30대	11(73.3)	9(60.0)	20(66.7)
	5	6(40.0)	15(100.0)	21(70.0)		40대	4(26.7)	6(40.0)	10(33.3)
	계	15(100.0)	15(100.0)	30(100.0)		계	15(100.0)	15(100.0)	30(100.0)
형제	둘	12(80.0)	14(93.3)	26(86.7)	아동종교	기독교	7(46.7)	7(50.0)	14(48.3)
	셋	3(20.0)	1(6.7)	4(13.3)		불교	0(0.0)	5(35.7)	5(17.2)
	계	15(100.0)	15(100.0)	30(100.0)		없음	7(46.7)	1(7.1)	8(27.6)
가족형태	확대	3(20.0)	3(20.0)	6(20.0)		기타	1(6.7)	1(7.1)	2(6.9)
						계	15(100.0)	14(100.0)	29(100.0)
	핵	12(80.0)	12(80.0)	24(80.0)	모의학력	중졸	0(0.0)	3(23.1)	3(10.7)
						고졸	11(73.3)	7(53.8)	18(64.3)
	계	15(100.0)	15(100.0)	30(100.0)		대졸	4(26.7)	3(23.1)	7(25.0)
						계	15(100.0)	13(100.0)	28(100.0)

* 아동종교와 모의 학력엔 결측치가 있음 단위: 명(%)

　〈표 V-1〉에서 보는 바와 같이 실험집단은 남학생이 9명, 여학생이 6명이고 학년은 4학년이 9명, 5학년이 6명이다. 형제관계는 외둥이는 없었으며 두 자녀가 12명, 세 자녀인 경우가 3명이다. 가족형태는 확대가족이 3명, 핵가족이 12명이고 부모의 연령을 살펴보면 아버지가 30대인 경우가 4명, 40대인 경우는 11명이었다. 어머니의 연령분포는 30대가 11명이고 40대가 4명이었다. 아동의 종교는 기독교가 7명, 무종교가 7명, 기타가 1명이었다. 프로그램에 참여한 어머니의 종교는 고졸자가 11명, 대졸자는 4명이었다.

　한편, 비교집단의 경우는 학년은 5학년이고 남학생이 5명, 여학생이 10명이다. 형제관계는 두 자녀인 경우가 14명이고 세 자녀인 경우는 1명이다. 가족형태는 확대가족이 3명, 핵가족이 12명이다. 부모의 연령을 살펴보면 아버지가 30대인 경우가 4명, 40대인 경우가 11명이다. 어머니의 연령은 30대가 9명, 40대가 6명이다. 아동의 종교는 기독교가 7명, 불교가 5명, 무종교가 1명, 기타가 1명이다. 어머니의 학력은 중졸자가 3명, 고졸자가 7명, 대졸자가 3명이다.

　사전검사 결과에 의해 실험집단과 비교집단은 동질집단임이 확인되었는데 사회인구학적인 배경변인은 학년과 어머니의 학력, 아동의 종교에서 부분적으로 양 집단에 균일하지 않은 면이 보인다. 본 연구에서 사회인구학적인 배경은 실험연구의 변인으로 설정하지 않았으며 어머니를 대상으로 한 교육프로그램 진행에서 학력의 차가 심하면 혹시 토론이나 기타 활동에 부정적 요인으로 작용할지 모른다는 판단하에 중졸자가 있던 두 학급의 희망자가 비교집단에 배치되었다.

2) 실험 설계

본 연구에서 개발된 교육프로그램의 효과를 검증하기 위한 실험 설계는 통제집단 사전/사후 검사 실험 설계(control group pre/post test designs)이다. 실험집단과 비교집단은 동일한 모집단에서 추출되었으며 사전검사를 통해 동질집단임을 확인되어 어머니-자녀 15쌍씩 각기 실험집단과 비교집단으로 배치되었다.

〈표 V-2〉 실험 설계 모형

G1:	O1	X	O2
G2:	O3		O4

G1은 실험집단, O1, O3는 사전검사, X는 부자자효(父慈子孝) 교육프로그램 처치, O2, O4는 사후검사, G2는 비교집단을 나타낸다.

3) 측정도구

본 실험연구에서 실시된 측정도구는 모두 네 가지이다. 부모용 측정도구는 두 가지로서 부모가 부모 자신을 평가하는 '부모역할수행척도', 부모가 자녀의 효행동 변화를 관찰하는 '자녀의 효행동 관찰척도'가 있다. 다음, 자녀용 측정도구도 역시 두 가지로서 자녀가 자기 자신을 평가하는 '어머니에 대한 태도척도'와 자녀가 부모를 평가하는 '자녀가 지각하는 어머니의 한국적 양육행동척도'가 있다. 각 측정도구에 대한 설명과 문항의 구인 일치도는 다음과 같다.

(1) 부모역할수행척도

Simon(1992)의 Support Parent Scale을 김영희(1996)가 번안하여 사용하였고 송정애 (2001)는 다시 이 문항을 수정하여 요인분석한 후 총 21문항을 사용하였다. 본 연구자는 송정애가 사용한 21문항 중 본 연구의 의도와 일치하지 않는 한 문항을 제거하여 20문항을 사용하였으며 본 연구를 위한 예비검사 시 신뢰도(Cronbach's α)는 .65였다. 5점 리커르트 척도로서 '전혀 그렇지 않다'는 1점, '그렇지 않다'는 2점, '보통이다'는 3점, '그렇다'는 4점, '정말 그렇다'는 5점으로 측정된다. 따라서 점수가 높을수록 부모역할수행을 잘하는 결과가 된다. 여기서 부모란 어머니를 지칭한다.

각각의 문항과 부자(父慈)의 구성요인과의 일치는 책임(2,4,5,6,13,21*), 훈육(3,7,8), 수신 (1,16*,17*,18*), 존중(9,10,11,14), 인내(12,15,20*)이다. 본 척도는 〈부록 7〉에 제시되어 있고 문항 옆의 *표시는 역문항이다.

(2) 한국적인 양육행동

임정하(2003)가 개발하여 타당화 과정을 거친 본 척도는 본래 청소년이 지각하는 부모의 한국적 양육행동을 측정하는 도구로서 아버지용과 어머니용이 따로 있다. 본 연구에서는 어머니만을 실험대상으로 하였으므로 어머니용 측정도구를 사용했다. 예비검사를 실시하기 전 문항별로 초등학교 고학년 생이 이해하기에 난해한 용어나 문장을 수정·보완하여 사용했으며 본 연구를 위한 예비검사 시 신뢰도(Cronbach's α)는 .81이었다. 5점 리커르트 척도로 구성되었으며 '전혀 그렇지 않다'는 1점, '별로 그렇지 않다'는 2점, '보통이다'는 3점, '조금 그렇다'는 4점, '매우 그렇다'는 5점으로 점수가 높을수록 어머니의 양육행동은 긍정적임을 나타낸다. 자녀가 지각하는 어머니의 양육행동을 측정하는 도구는 총 32문항으로 각각의 문항과 부자(父慈)의 구인별 일치도는 다음과 같다.

책임(19,24,25,27), 훈육(4,5,9,10,12,15,17*,20,28,31), 수신(22.23*,26,30), 존중(1*,2*,3,8*,21,29, 32), 인내(6,7*,11*,13*,14*,16*,18*)이다. 본 척도는 〈부록 8〉에 제시되어 있고 문항 옆의 *표시는 역문항이다.

(3) 어머니에 대한 태도척도

본 척도는 자녀가 자기 어머니에 대해 어느 정도 우호적인 태도를 지니고 있는가를 측정하기 위한 척도다. 정영숙(1994)은 초등학생 5학년을 대상으로 어머니에 대한 배려가 자기통제에 미치는 효과를 알아보기 위해 본 척도를 사용하였다. 본 척도는 총 34문항으로 세부분으로 구성되어 있다. 1번부터 11번까지 11문항은 3점 리커르트 척도이고, 12번부터 18번까지는 5지 선다형이다. 그리고 19번부터 34번까지는 5점 리커르트 척도로 구성되어 있다. 검사점수의 급간을 일치시키기 위해 3점 리커르트 문항은 배점을 조정하여 1번 '그렇다'는 5점, 2번 '아니다'는 1점, 3번 '모르겠다'는 3점으로 조정하였다. 5점 리커르트 척도인 19번부터 34번까지는 1번 '아주 많이 그렇다'를 5점, '많이 그렇다'는 4점, '조금 그렇다'는 3점, '아주 조금 그렇다'는 2점, '하나도 그렇지 않다'는 1점으로 역점수화하였다. 본 연구에서의 예비검사 결과 신뢰도(Cronbach's α)는 .82였다. 정영숙(1994)은 어머니에 대한 태도의 변화를 배려행동의 변화와 일치시켰으며 배려행동의 증진과 청소년의 자기통제 사이에 정적상관이 있음을 발견하였다.

각각의 문항과 자효(子孝) 구인과의 일치도는 다음과 같다.

공경(4*,8*,14,19,23,31,32,34), 순종(2,5*,6,20*,24*), 감사(10,11,12,15,17), 승지(3,7,9,21,22*,25,26,27,28*,29*,30), 봉양(1,13,16,18,33)이다. 본 척도는 〈부록 9〉에 제시되어 있고 문항 옆의 *표시는 역문항이다.

(4) 자녀 효행동 관찰척도

본 척도는 프로그램 실시 요구도를 알아보기 위해 초기 요구조사에 반영되었던 어머니의 의견과 프로그램 구인으로 사용된 자효(子孝)의 각각의 내용과 관련하여 구체적 변화기대 행동 중 관찰가능한 행동목록을 추출하여 본 연구자가 직접 제작하였다. 부모가 자녀의 효행동 변화를 관찰하여 체크하는 것으로서 4점 리커르트 척도로 구성되었다. 1번 '전혀 아니다'는 1점, 2번 '조금 아니다'는 2점, 3번 '조금 그렇다'는 3점, 4번 '매우 그렇다'는 4점으로 점수화한다. 점수가 높을수록 효행동이 증진되었거나 바람직함을 나타낸다. 총 21문항이며 예비검사시의 신뢰도(Cronbach's α)는 .70이었다. 각 문항과 자효(子孝) 구인과의 일치도는 다음과 같다.

공경(1,2,6,18,21), 순종(5,8,11,19), 감사(13,14), 승지(7,10,12,15,17,20), 봉양(3,4,9,16*)이다. 본 척도는 〈부록 10〉에 제시되어 있고 문항 옆의 *표시는 역문항이다.

본 척도를 알기 쉽게 표로 제시하면 〈표 V-3〉과 같다.

〈표 V-3〉 척도명과 신뢰도(Cronbach's a)

대 상	척도명	평가대상	신뢰도(Cronbach's α)	문항 수
부모용	부모역할수행	부모 자신	.65	20
	자녀효행관찰	부모가 자녀	.70	21
자녀용	어머니에 대한 태도	자녀 자신	.82	34
	한국적양육행동	자녀가 부모	.81	32

4) 분석방법

SPSS 11.0 통계 package를 활용하여 차이검증(t-test)을 하였다. 동질집단에서 출발하였으므로 양 집단의 사전-사후 평균점수의 차이검증을 통하여 실험처치의 효과를 측정하기 위함이다.

2. 연구결과 및 해석

연구결과는 프로그램을 실행하는 과정, 실험집단의 프로그램 처치 후 사전-사후 검사의 평균점수 변화를 중심으로 한 효과분석 및 프로그램 진행과정과 관련한 질적 자료의 분석이 포함된다.

1) 프로그램 실시

본 교육프로그램은 부자(父慈) 6회기, 자효(子孝) 10회기로 구성되었다. 부자(父慈) 프로그램의 실행은 프로그램 참여를 희망한 실험집단을 대상으로 주 1회 1시간 30분~2시간 정도 교육을 실시하였다. 프로그램 처치는 2004년 6월 24(목)일부터 격주로 총 6회기를 진행하였으며 마지막 회기인 6회기는 자녀와 함께 참석하였다.

자효(子孝) 프로그램의 실행은 역시 프로그램 참여를 희망한 아동을 대상으로 실험집단을 구성하여 주 1회 실시하였으며 2004년 6월 23일(수)부터 매주 수요일에 실시하여 2004년 8월 25일에 10회기를 마쳤다. 마지막 회기인 10회기는 어머니와 함께 참여하였으며 어머니와 자녀가 함께 모인 것은 마지막 회기에 처음이다.

프로그램의 진행은 본 연구자가 직접 하였으며 부자(父慈) 6회기, 자효(子孝) 10회기가 진행되는 동안 박사과정생 1인이 계속 참관자로 동석하였다. 또한, 2003년 12월~2004년 1월에 걸쳐 예비프로그램에 참석하였던 6학년 남학생 1인이 도우미로 활동하였다. 마지막 회기에는 본 연구자와 P, K 두 여교사가 함께 진행을 도왔다.

〈표 V-4〉에서 전체 진행일정을 제시하였는데 각 회기(마당)의 진행에 대해 자세히 기술하면 다음과 같다. 모든 회기(마당)의 진행은 부자(父慈)와 자효(子孝) 프로그램 모두 도입 부분과 전개 부분, 정리 부분 및 마무리와 과제 제시의 순서로 진행되는 점에서 전체 흐름이 같다.

우선, 부자(父慈) 교육프로그램에 대한 소개를 하면 다음과 같다.

도입 부분에서는 모인 어머니들이 서로 인사나누기에 이어 지난주에 배운 내용을 가정에서 어떻게 실천하였는지 구체적인 사례를 제시한다. 이 과정에서 자녀에게 자애로운 역할을 감당하는 데 있어 성공한 이야기와 실패한 이야기도 함께 나누고 실패한 경험을 통해 교훈으로 삼을 만한 내용을 찾으며, 다른 어머니의 성공사례 중 수용하여 적용할 내용 등을 자신의 일상생활기록장(Journal)에 기록한다.

전개 부분에서는 진행자로부터 그날의 주제가 되는 프로그램 요소의 핵심개념에 대한 설명을 듣고 개인별로 특별히 적용해야 할 부분들을 찾는다. 이 내용은 각자 자신의 노트에 기록해서 진행과정 중에 공개해도 좋다. 때로는 3인 학습으로 진행되기도 하는데 이것은 결석한 어머니에게 지난주에 배운 내용을 전해 주거나 배웠던 내용을 서로 확인하는 과정이다. 특히 부자(父慈)의 각 구인에 대해 상황 중심의 사례를 제시하여 자애로운 역할에 대한 토론을 한다. 특정상황에서 최선의 선택이 무엇인지를 어머니들의 토론과정을 통해 찾아가는 경험을 제공하여 자녀양육에서 어머니들의 지도력이 상대방의 조건이나 상태에 따라 유연성 있게 발휘되어야 함을 인식하도록 한다. 이 부분에서 많은 자료들이 투입되는 데 세인의 주목을 끌었던 부모-자녀 간의 사건 기록들, 힘든 상황을 슬기롭게 극복하고 좋은 결말을 보여주었던 지도적인 인물들의 실화, TV에 효행사례로 방영되었던 영상물, 대화기법과 실습, 인간의 기본욕구와 자녀

이해에 관한 자료, 조선시대 효행록에 수록된 효행이야기에 대한 소개, 문제해결을 위해 인내와 지혜가 필요함을 상징하는 활동게임 등이 제공된다. 이러한 과정을 통해 부자(父慈) 다섯 구인 13요소에 대해 가치관을 정립하고 내면화하며 행동과 습관의 변화를 기대한다.

마무리 부분은 그날의 주제를 중심으로 하여 배운 내용에 대한 정리와 가정으로 돌아가 구체적으로 실천할 내용과 방법들에 대해 스스로 다짐하는 내용들을 기록한다. 그리고 그 내용을 전체에게 공개하거나 이웃해서 앉은 다른 어머니들에게 상호 간에 소개한다. 이것은 본 프로그램이 진행되는 동안 참여자들이 선의의 구속감을 느낌으로써 실천에 대한 의지를 굳히기 위함이다.

마지막으로 과제 제시는 가정에서 자녀의 효행동이 어떻게 변하고 있는지 확인할 것과 다음 모임에 필요한 자료나 준비물들에 대한 안내를 한다. 그리고 자녀양육에 도움이 되는 서적들을 윤독하는 차례확인과 서적을 인계하고 인수하는 과정을 거친다.

다음은 자효(子孝) 교육프로그램의 진행과정에 대해 소개를 하고자 한다. 어머니를 대상으로 할 때와는 달리 처음 도입 부분은 아동의 심리적 특성을 고려하여 진행해야 한다. 아동의 관심과 주의가 집중되도록 함께 주제가를 부른 후 구호를 외친다. 주제가는 아동이 좋아하는 경쾌한 리듬을 사용하여 부모님의 깊은 사랑을 노래하는 내용을 담고 있는 '그림 그리고 싶은 날'이다. 또한 구호는 좌우 엄지손가락과 손뼉 치기를 이용하여 **'나는, 효행 어린이'**를 전체 아동이 동시에 외치는 것이다. 그리고 지난주에 실천하기로 다짐했던 내용을 확인하는 과정을 갖는다. 아동 각자 효행실천 기록표에 자신의 실천내용을 3단계로 평가하는 시간을 갖고 진행자는 칭찬과 격려의 강화물을 준다.

전개 부분에서는 그날의 주제에 대한 용어정의와 개념이해, 어머니－자녀관계에서 일상생활과 관련된 상황 중심의 사례를 들어 자신의 생각을 서로 나누거나 토의하는 과정을 가진다. 이 과정은 모임 중에서 이야기로 해도 되고 준비된 활동지에 기록한 후 발표를 하기도 한다. 또한 주제와 관련된 활동(activity)을 하거나 역할극(role play)하기, 비디오 시청 후 소감문쓰기 또는 예화듣기 등을 통해 주제를 내면화하는 과정을 돕는다. 특히, 역할극은 자신이나 타인이 생각하는 바를 역할놀이를 통하여 이해하도록 돕는 것이다. 자신과 타인의 역할을 알아보는 과정에서 아동들은 인간행동의 다양성과 유사성을 배울 수 있으며, 이를 실제상황에 재현시킴으로써 아동 스스로의 입장을 자연스럽게 표현할 수 있다는 이점이 있다. 또한 타인의 관점을 중요하게 여기며 문제를 처리하는 데 있어서 대안적 방식을 제안하고 탐색하게 된다. 역할극놀이 모형은 상황을 설정해 주고 상황에 맞는 분위기를 조성하여 참가자가 즉흥적으로 시연하고 나서 토론과 평가하는 과정을 거친다. 역할극은 사회적 상호 작용이나 도덕적 사태에 대한 갈등장면에서 타인의 입장을 이해하고 배려하기 위한 주제에 적합한데 이러한 과정을 통해 자효(子孝) 다섯 구인 14요소 각각의 덕목에 대한 가치관정 립과 내면화로 인지적 영역, 정의적 영역, 행동적 영역에 변화를 기대하며 진행한다. 이처럼 자효(子孝) 교육프로그램은 사전 요구조사에서 드러난 내용을 바탕으로 아동의 발달단계에 적합하게 구성되었기에 활동 중심의 진행을 한다.

정리(마무리) 단계에서는 그날에 다룬 덕목의 용어정의를 확인하고 가정으로 돌아가 실 천할 내용들을 다짐한다. 다짐한 내용은 효행기록장에 남긴다. 과제 제시는 가정으로 돌아 가서 꼭 실천할 내용을 안내하거나 다음 회기(마당)에 필요한 자료의 준비물을 알려주는 것이다. 여기서 '마당'과 '회기'는 같은 의미이나 전통적인 주제에 어울리는 용어로서 사용된 것임을 밝혀둔다.

⟨표 Ⅴ-4⟩ 프로그램 진행 일정

대상	마당	모인 날짜	주 제	참석자(명)	장소
어머니	여는 마당	2004.6.24(목)	친해지기, 다짐하기	15	상담실
	둘째 마당	7.1(목)	부자(父慈)역할-책임	13	상담실
	셋째 마당	7.15(목)	부자(父慈)역할-훈육, 수신	12	상담실
	넷째 마당	7.29(목)	부자(父慈)역할-존중	13	상담실
	다섯째 마당	8.12(목)	부자(父慈)역할-인내	12	상담실
	닫는 마당	8.25(수)	프로그램 마무리	25(12,13)	미술실
자녀	여는 마당	2004.6.23(수)	친해지기, 다짐하기	15	상담실
	둘째 마당	6. 30(수)	자효(子孝)역할-감사-보은	15	상담실
	셋째 마당	7. 7(수)	자효(子孝)역할-감사-경애	15	상담실
	넷째 마당	7. 14(수)	자효(子孝)역할-순종-청종, 절제	15	상담실
	다섯째 마당	7. 21(수)	자효(子孝)역할-순종-형제우애	15	상담실
	여섯째 마당	7. 28(수)	자효(子孝)역할-공경-예의, 존중. 충간	14	상담실
	일곱째 마당	8. 4(수)	자효(子孝)역할-승지-보신, 입신	13	상담실
	여덟째 마당	8. 11(수)	자효(子孝)역할-승지-존속	13	상담실
	아홉째 마당	8. 18(수)	자효(子孝)역할-봉양-안락, 섬김, 불욕	14	상담실
	닫는 마당	8. 25(수)	프로그램 마무리	25(12,13)	미술실
닫는 마당(8월 25일)은 부모-자녀가 함께 모였으며 자녀 2명, 어머니 3분이 결석함					

2) 실험집단 참여자 정보

실험집단에 참여한 어머니와 자녀의 일반적 특성은 〈표 V-5〉와 같다.
자녀는 C1~C15, 어머니는 P1~P15이다. 여기서 가정이란 어머니와 자녀로 대표된다.

〈표 V-5〉 실험집단의 일반적 특성

일련번호	자녀 아이디	학년	자녀 성별	아동의 종교	모의 아이디	모의 나이	모의 학력	형제서열	가족형태 및 부모유무
1	C1	5	남	기독교	P1	41	대졸	첫째	핵가족
2	C2	4	여	없음	P2	35	고졸	첫째	핵가족
3	C3	5	남	기타	P3	35	고졸	둘째	핵가족
4	C4	5	여	없음	P4	39	대졸	둘째	핵가족
5	C5	5	남	기독교	P5	40	고졸	둘째	확대가족
6	C6	4	남	기독교	P6	38	고졸	첫째	핵가족
7	C7	5	남	기독교	P7	35	고졸	첫째	핵가족
8	C8	4	여	없음	P8	34	고졸	첫째	핵가족
9	C9	5	여	없음	P9	40	고졸	첫째	핵가족
10	C10	4	여	없음	P10	34	고졸	첫째	핵가족
11	C11	4	남	기독교	P11	45	대졸	셋 중 막내	핵가족
12	C12	4	여	기독교	P12	39	고졸	첫째	핵가족
13	C13	4	남	기독교	P13	36	고졸	첫째	핵가족
14	C14	4	남	기독교	P14	37	고졸	둘째	확대가족
15	C15	4	남	기독교	P15	41	대졸	셋 중 둘째	핵가족

〈표 V-5〉에서 보듯이 실험집단이 된 15가정의 일반적 특성을 보면 학년별 구성에서 4학년이 9명, 5학년이 6명이다. 성별은 남학생이 9명이고 여학생이 6명이며, 아동의 종교는 기독교 9명, 종교가 없는 아동 5명, 나머지 1명은 기타로 응답하였다. 형제서열은 첫째가 9명, 둘째가 5명, 막내가 1명이었다. 15가정 중에 13가정은 두 자녀이고 나머지 2가정은 세 자녀를 두었다.

실험집단 어머니의 나이 분포는 30대가 10명이고 5명은 40대였다. 어머니의 학력은 대졸자가 4명이고 나머지는 고졸자였으며 가족형태는 두 가정 외에는 모두 핵가족이었다.

3) 효과검증 및 결과의 해석

실시한 프로그램의 효과를 검증하고 분석하는 과정은 본 연구의 연구문제 3에 해당된다. 각각의 프로그램을 처치하여 효과를 검증하고 검증결과를 분석하는 과정에 대해 기술하고자 한다. 또한 실시 과정과 추후설문에 응답한 질적 자료들을 중심으로 부자(父慈)역할과 자효(子孝)역할의 변화 주제들을 살펴보고자 한다.

(1) 실험효과 검증

(가) 실험집단과 비교집단의 동질성 검증

본 연구에서 개발된 부자자효(父慈子孝) 교육프로그램을 처치하기 전에 참여희망자를 대상으로 사전검사를 실시하여 동질집단으로 배치하였다. 양 집단이 같은 모집단에서 추출되어 동질집단을 가정할 수 있으나 통계적인 검증으로 보다 확실한 통제를 하기 위함에서다.

사전검사에서 사용한 척도는 어머니용으로는 '부모역할수행척도', '자녀의 효행동 관찰척도'이고 자녀용으로는 '어머니에 대한 태도척도'와 '자녀가 지각하는 어머니의 한국적 양육태도척도' 총 네 가지이다. '부모역할수행척도'는 어머니가 자신의 자애로운 역할을 평가하는 것이고 '자녀 효행동 관찰척도'는 어머니가 자녀의 효행변화를 관찰하여 평가하는 것이다. '어머니에 대한 태도척도'는 자녀가 자신의 어머니에 대한 태도 중 배려를 평가하는 것이고 '자녀가 지각하는 어머니의 한국적 양육행동척도'는 자녀가 자신의 어머니의 자애로운 역할에 대해 평가하는 것이다.

즉 어머니와 자녀가 각각 본인에 대한 스스로의 평가와 상대방에 대한 평가를 실시함으로 평가의 신뢰성을 확보하기 위한 것이다. 다음 〈표 V-6〉~〈표 V-9〉는 사전검사를 실시한 네 가지 척도에서 부자(父慈) 다섯 구인과 자효(子孝) 다섯 구인의 검사 총점에 대한 차이를 나타낸 것이다.

① 부모역할수행의 사전검사를 통한 동질성 검증

부모역할수행의 사전 검사를 통한 양 집단의 동질성 검증결과는 〈표 V-6〉과 같다.

〈표 V-6〉 집단별 사전 동질성 검사 결과(부모역할수행)

영 역	대상구분	사례(N)	평균(M)	표준편차(SD)	t
부모역할수행	실험집단	15	2.83	0.17	.994
	비교집단	15	2.76	0.22	

〈표 V-6〉에서 보는 바와 같이 어머니가 자신의 부모역할수행의 정도를 평가하는 척도에서 실험집단과 비교집단의 사전 점수의 평균의 차를 비교한 결과 두 집단은 동질집단임이 확인되었다.

② 자녀 효행동 관찰의 사전검사를 통한 동질성 검증

어머니가 평가하는 자녀 효행동 관찰의 사전 검사를 통한 양 집단의 동질성 검증결과는 〈표 V-7〉과 같다.

〈표 V-7〉 집단별 사전 동질성 검사 결과(자녀 효행동 관찰)

영 역	대상구분	사례(N)	평균(M)	표준편차(SD)	t
자녀 효행동	실험집단	15	2.82	.28	.953
	비교집단	15	2.91	.28	

〈표 V-7〉에서 보듯이 어머니가 자녀의 효행동을 관찰한 척도에서 사전 검사 결과 실험집단과 비교집단의 평균의 차이검증 결과 두 집단은 동질집단임이 확인되었다.

③ 어머니에 대한 태도의 사전검사를 통한 동질성 검증

자녀가 자신의 어머니에 대한 태도를 평가하는 사전 검사를 통한 양 집단의 동질성 검증 결과는 〈표 V-8〉과 같다.

〈표 Ⅴ-8〉 집단별 사전 동질성 검사 결과(어머니에 대한 태도)

영 역	대상구분	사례(N)	평균(M)	표준편차(SD)	t
어머니에 대한 태도	실험집단	15	3.46	.75	1.49
	비교집단	15	3.78	.35	

〈표 Ⅴ-8〉에서 보듯이 자녀가 자신의 어머니에 대한 태도를 평가하는 사전 점수의 실험
집단과 비교집단의 평균의 차이검증결과는 유의미하지 않다. 역시 두 집단은 동질집단임이
확인되었다.

④ 자녀가 지각하는 어머니의 한국적 양육행동의 사전검사를 통한 동질성 검증

자녀가 지각하는 어머니의 한국적 양육행동의 사전검사를 통한 양 집단의 동질성 검증결
과는 〈표 Ⅴ-9〉와 같다

〈표 Ⅴ-9〉 집단별 사전 동질성 검사 결과(한국적 양육행동)

영 역	대상구분	사례(N)	평균(M)	표준편차(SD)	t
한국적양육 행동	실험집단	15	3.47	.87	1.33
	비교집단	15	3.83	.57	

〈표 Ⅴ-9〉에서 보는 바와 같이 자녀가 지각하는 어머니의 한국적 양육행동의 사전 점수
의 실험집단과 비교집단의 평균의 차이검증 결과 두 집단은 동질집단임이 확인되었다.
이상에서 어머니의 자애로운 역할을 평가하는 부모역할수행척도와 한국적 양육행동척도
의 사전검사 결과 양 집단이 동질집단임이 확인되었고, 자녀의 효태도 및 효행변화를 평가
하는 자녀 효행동 관찰척도와 어머니에 대한 태도척도의 사전검사 결과 실험집단과 비교집
단은 동질집단임이 판명되었다.

(나) 부자자효(父慈子孝) 교육프로그램의 효과 검증

다음은 실험처치 후 실험집단의 사전-사후 결과의 비교를 통한 프로그램의 효과를 검증
하였다. 각 프로그램의 마지막 회기 이외엔 부자(父慈) 교육프로그램은 어머니만을 대상으

로 하여 처치하였고 자효(子孝) 교육프로그램은 자녀만을 대상으로 처치하였다. 따라서 본 실험처치의 결과는 부자(父慈), 자효(子孝) 각각의 프로그램별로 제시하였다.

① 부자(父慈) 교육프로그램의 효과

부자(父慈) 교육프로그램은 어머니만을 대상으로 실시하는 프로그램이다. 본 교육프로그램의 효과를 측정하기 위해 사전-사후에 어머니 자신이 자신의 부모역할수행 정도를 평가하는 부모역할수행척도를 활용하였다. 또한 자녀가 어머니의 변화된 행동을 평가하도록 자녀가 지각하는 어머니의 한국적 양육행동척도를 활용하였다. 따라서 부모의 자애로운 역할 변화에 대한 평가는 부모 자신의 자기평가와 자녀가 본 어머니평가를 동시에 반영한 것이다.

ⓐ 부모역할수행의 변화

〈표 V-10〉에서 보듯이 어머니 자신이 자신의 부모역할수행을 평가한 사전-사후 차이검증 결과 세부 영역에서는 수신(p<.01)과 인내(p<.01) 영역에서 실험처치 효과가 있었고 각 영역을 총합한 부모역할수행 전체에서도 실험처치 효과가 확인되었다(p<.05).

〈표 V-10〉 실험집단의 부모역할수행 영역별 차이 검증 결과

부자(父慈)역할	영역	시기	사례(N)	평균(M)	표준편차(SD)	t
부모역할 수행	책임	사전	15	3.08	.55	1.88
		사후	15	3.35	.43	
	훈육	사전	15	3.22	.41	.35
		사후	15	3.16	.59	
	수신	사전	15	2.72	.38	3.28**
		사후	15	3.18	.27	
	존중	사전	15	3.33	.49	.262
		사후	15	3.28	.54	
	인내	사전	15	3.25	.45	2.84**
		사후	15	3.48	.38	
	총합	사전	15	2.74	.20	2.24*
		사후	15	2.85	.27	

*p<.05, **p<.01

ⓑ 자녀가 지각하는 어머니의 한국적 양육행동의 변화

〈표 V-11〉 실험집단의 한국적 양육행동 영역별 차이 검증 결과

부자(父慈)역할	영역	시기	사례(N)	평균(M)	표준편차(SD)	t
한국적 양육 행동	책임	사전	15	3.48	1.19	3.00*
		사후	15	4.38	.79	
	훈육	사전	15	3.52	.84	2.62*
		사후	15	4.26	.58	
	수신	사전	15	3.18	.93	2.96*
		사후	15	4.05	.63	
	존중	사전	15	3.54	1.01	3.09**
		사후	15	4.26	.55	
	인내	사전	15	3.49	1.12	2.15*
		사후	15	4.03	.58	
	총합	**사전**	**15**	**3.47**	**.87**	**3.12****
		사후	**15**	**4.16**	**.47**	

*p<.05, **p<.01

〈표 V-11〉에서 보듯이 자녀가 지각하는 어머니의 한국적 양육행동의 사전-사후 검사의 차이 검증결과는 모든 세부 영역에서 효과가 나타났다. 책임(p<.05), 훈육(p<.05), 수신 (p<.05), 존중(p<.01), 인내(p<.05) 영역에서 유의미한 차이가 나타났으며 각 영역을 총합한 전체에서도 실험처치 효과가 확인되었다(p<.01).

〈표 V-10〉에서는 어머니의 변화에 대해 어머니 자신은 '수신'과 '인내' 영역에서만 실험 처치의 효과가 있었던 것으로 평가한 반면, 자녀는 부자(父慈)역할 모든 하위 영역에서 어 머니가 변화된 것으로 평가하고 있다.

② 자효(子孝) 교육프로그램의 효과

자효(子孝) 교육프로그램도 마지막 회기 이외엔 자녀만을 대상으로 실시하였다. 프로그램 의 효과를 측정하기 위해 사전-사후에 자녀 자신이 자신의 어머니에 대한 배려의 태도를 평가하는 '어머니에 대한 태도'척도를 활용하였다. 또한 어머니가 자녀의 변화된 효행동을 평가하는 어머니가 관찰한 '자녀의 효행동 관찰' 척도를 활용하였다. 따라서 자녀의 효성스 런 태도 및 행동에 대한 평가는 자녀 자신의 자기평가와 어머니가 관찰한 자녀의 효행동

변화 평가를 동시에 반영하였다.

ⓐ 어머니에 대한 태도의 변화

〈표 Ⅴ-12〉에서 보는 바와 같이 자녀의 어머니에 대한 태도의 변화는 공경($p<.05$), 승지 ($p<.05$), 봉양($p<.01$) 영역에서 유의미한 변화가 있었고 전체 총합에서도 유의미한 차이를 보이고 있다($p<.01$).

따라서 본 자효(子孝) 교육프로그램은 자녀의 어머니에 대한 배려의 태도를 변화시켰음이 확인되었다.

〈표 Ⅴ-12〉 실험집단의 '어머니에 대한 태도' 영역별 차이 검증 결과

자효(子孝)역할	영역	시기	사례(N)	평균(M)	표준편차(SD)	t
어머니에 대한 태도	공경	사전	15	3.61	1.05	2.93*
		사후	15	4.13	.57	
	순종	사전	15	3.32	.70	1.22
		사후	15	3.56	.45	
	감사	사전	15	3.79	1.15	1.65
		사후	15	4.27	.61	
	승지	사전	15	3.43	.80	2.46*
		사후	15	3.87	.54	
	봉양	사전	15	3.12	.74	3.40**
		사후	15	3.77	.43	
	총합	**사전**	**15**	**3.46**	**.75**	**3.09****
		사후	**15**	**3.92**	**.38**	

*$p<.05$, **$p<.01$

ⓑ 자녀의 효행동 변화

〈표 Ⅴ-13〉 실험집단의 '자녀 효행동' 영역별 차이 검증 결과

자효(子孝)역할	영역	시기	사례(N)	평균(M)	표준편차(SD)	t
자녀의 효행동 변화	공경	사전	15	2.84	.50	2.38*
		사후	15	3.17	.43	
	순종	사전	15	2.50	.44	1.43
		사후	15	2.67	.51	
	감사	사전	15	3.03	.81	.62
		사후	15	3.17	.84	
	승지	사전	15	2.73	.32	2.42*
		사후	15	3.03	.35	
	봉양	사전	15	3.12	.66	2.78*
		사후	15	3.53	.53	
	총합	사전	15	2.82	.28	3.58**
		사후	15	3.10	.34	

*p<.05, **p<.01

〈표 Ⅴ-13〉에서 보듯이 어머니가 관찰한 자녀의 효행동 변화에 대한 사전-사후 차이검증 결과는 자효(子孝) 교육프로그램이 효과가 있었음을 알게 해 준다. 즉 공경(p<.05), 승지 (p<.05), 봉양(p<.05) 영역에서 유의미한 효과가 나타났으며 전체 영역의 총합은 p<.01 수준에서 실험처치의 효과가 나타났다. 따라서 본 자효(子孝) 교육프로그램은 자녀의 효행동을 변화시키는 효과가 있음이 확인되었다.

이상에서 부자(父慈) 교육프로그램과 자효(子孝) 교육프로그램의 실험처치 효과를 알아보았다. 결과는 양 프로그램이 모두 유의미한 차이를 보임으로써 부자(父慈) 교육프로그램과 자효(子孝) 교육프로그램은 효과가 있었음을 알 수 있었다.

(다) 비교집단의 사전-사후 검증 결과

비교집단의 사전-사후 검사 결과를 알아보았다. 실험처치를 하지 않은 비교집단에서 나타난 변화를 알아보기 위함이다.

① 부모역할수행의 변화

〈표 Ⅴ-14〉 비교집단의 '부모역할수행' 영역별 차이 검증 결과

부자(父慈)역할	영역	시기	사례(N)	평균(M)	표준편차(SD)	t
부모역할수행	책임	사전	15	3.05	.42	1.00
		사후	15	3.00	.47	
	훈육	사전	15	3.24	.38	1.16
		사후	15	3.36	.49	
	수신	사전	15	2.40	.35	1.00
		사후	15	2.40	.35	
	존중	사전	15	3.27	.47	.92
		사후	15	3.35	.49	
	인내	사전	15	3.44	.29	.52
		사후	15	3.49	.33	
	총합	**사전**	**15**	**2.76**	**.22**	**.75**
		사후	**15**	**2.78**	**.27**	

〈표 Ⅴ-14〉에서 보는 바와 같이 비교집단의 어머니 자신이 평가한 자신의 부모역할수행의 사전-사후 검사결과 모든 영역에서 유의미한 차이가 없었다.

② 자녀가 지각하는 어머니의 한국적 양육행동의 변화

〈표 Ⅴ-15〉 비교집단의 '한국적 양육행동' 영역별 차이 검증 결과

부자(父慈)역할	영역	시기	사례(N)	평균(M)	표준편차(SD)	t
한국적 양육 행동	책임	사전	15	4.10	.75	1.28
		사후	15	4.22	.81	
	훈육	사전	15	4.09	.51	2.29*
		사후	15	4.24	.50	
	수신	사전	15	3.30	.82	.52
		사후	15	3.33	.71	
	존중	사전	15	3.85	.63	1.94
		사후	15	3.97	.73	
	인내	사전	15	3.20	.45	.60
		사후	15	3.30	.45	
	총합	**사전**	**15**	**3.82**	**.56**	**2.77***
		사후	**15**	**3.94**	**.57**	

*p<.05

〈표 V-15〉에서 보는 바와 같이 비교집단의 한국적 양육행동의 사전-사후 검사결과 훈육 영역에서 p<.05 수준의 유의미한 차이가 발견되었고 각 영역의 총합에서는 p<.05 수준에서 유의미한 차이가 나타났다.

③ 어머니에 대한 태도의 변화

〈표 V-16〉은 비교집단의 자녀의 어머니에 대한 태도를 알아보기 위한 사전-사후 검사의 차이검증이다. 검사 결과 전 영역에서 유의미한 차이가 없었다.

〈표 V-16〉 비교집단의 '어머니에 대한 태도' 영역별 차이 검증 결과

자효(子孝)역할	영역	시기	사례(N)	평균(M)	표준편차(SD)	t
어머니에 대한 태도	공경	사전	15	3.90	.69	1.51
		사후	15	4.05	.52	
	순종	사전	15	3.43	.66	.92
		사후	15	3.25	.82	
	감사	사전	15	4.24	.55	.00
		사후	15	4.24	.52	
	승지	사전	15	3.67	.49	2.00
		사후	15	3.81	.54	
	봉양	사전	15	3.75	.40	1.33
		사후	15	3.84	.43	
	총합	사전	15	3.78	.35	1.36
		사후	15	3.85	.37	

④ 자녀 효행동 변화

〈표 V-17〉은 비교집단의 자녀의 효행동 변화를 알아보기 위한 사전-사후 검사결과의 차이검증이다. 검사 결과 공경(p<.01), 승지(p<.05) 영역에서 유의미한 차이가 발견되었으나 전체 총합에서는 유의미한 차이가 발견되지 않았다.

<표 Ⅴ-17> 비교집단의 '자녀 효행동' 영역별 차이 검증 결과

자효(子孝)역할	영역	시기	사례(N)	평균(M)	표준편차(SD)	t
자녀 효행동	공경	사전	15	2.96	.42	3.28**
		사후	15	3.15	.47	
	순종	사전	15	2.62	.47	.15
		사후	15	2.63	.62	
	감사	사전	15	3.23	.65	.43
		사후	15	3.17	.67	
	승지	사전	15	2.86	.34	2.35*
		사후	15	3.02	.49	
	봉양	사전	15	3.08	.38	.97
		사후	15	3.18	.51	
	총합	**사전**	**15**	**2.91**	**.28**	**1.93**
		사후	**15**	**3.02**	**.39**	

*p<.05, **p<.01

이상으로 실험집단과 비교집단의 사전-사후 검사를 통한 실험처치의 효과 검증 결과를 제시하였다. 실험집단에서는 부자(父慈)역할을 측정하는 두 가지 척도, 즉 '부모역할수행척도'와 '자녀가 지각하는 어머니의 한국적 양육행동척도' 모두에서 유의미한 차이가 발견되었다. 반면 비교집단에서는 부자(父慈)역할 중 '자녀가 지각하는 어머니의 한국적 양육행동척도' 한 항목에서 유의미한 효과가 나타났다.

또한 자효(子孝)의 변화를 측정하는 '어머니에 대한 태도'척도와 '효행동 변화 관찰 척도'는 실험집단에서는 모두 유의미한 효과가 발견되었으나 비교집단에서는 두 척도 모두 유의미한 효과가 발견되지 않았다.

이 결과를 각 척도별 총합점수로 제시하면 다음과 <표 Ⅴ-18>와 같다.

<표 V-18> 실험, 비교집단의 척도별 사전-사후 검사 결과

구 분			실험집단			비교집단		
프로 그램명	척도명	시기	평균(M)	표준편차(SD)	t	평균(M)	표준편차(SD)	t
부자 (父慈)교육 프로그램	부모역할 수행	사전	2.74	.20	2.24*	2.76	.22	.75
		사후	2.85	.27		2.78	.27	
	한국적 양육행동	사전	3.47	.87	3.13**	3.82	.56	2.77*
		사후	4.16	.47		3.94	.57	
자효 (子孝)교육 프로그램	어머니에 대한 태도	사전	3.46	.75	3.09**	3.78	.35	1.32
		사후	3.93	.38		3.85	.38	
	효행동 변화	사전	2.81	.28	3.58**	2.91	.28	1.93
		사후	3.10	.33		3.02	.39	

*p<.05, **p<.01

<표 V-18>은 실험집단과 비교집단별 사전-사후 검사결과 척도별 총합을 요약 정리한 것이다. 부자(父慈) 교육프로그램은 두 가지 척도에서 모두 통계적으로 유의미한 결과를 나타냈다. 부모역할수행은 p<.05 수준에서, 한국적 양육행동은 p<.01 수준에서 유의미한 차이를 보임으로 프로그램의 효과를 입증하였다. 한편, 자효(子孝) 교육프로그램도 두 가지 척도 모두에서 통계적으로 유의미한 차이를 나타내었다. 어머니에 대한 태도는 p<.01 수준에서, 효행동 변화관찰척도도 p<.01 수준에서 역시 프로그램의 효과를 입증하였다.

이로써 본 연구에서 개발된 부자(父慈) 교육프로그램과 자효(子孝) 교육프로그램 모두 프로그램으로서의 타당성이 입증된 셈이다.

한편, 비교집단은 실험처치를 받지 않았는데 부자(父慈) 교육프로그램의 효과를 측정하는 한 가지 척도에서 유의미한 차이를 나타내었다. 바로 자녀가 지각하는 부모의 한국적 양육행동에서 p<.05 수준의 효과가 나타난 것이다. 이에 대해서는 논의 부분에서 다룰 것이다.

(라) 질적 자료 분석을 통한 부자(父慈)와 자효(子孝)의 변화 주제

질적 분석은 양적 분석을 통해 잃어버리기 쉬운 정보와 의미를 발견할 수 있다는 점에서 양적 분석으로는 설명되지 않는 개념을 얻을 수 있는 유용한 분석이다. 또한 질적 분석은 연구역사가 짧아 축적된 선행연구가 적은 연구 주제의 경우에 함축된 문화적 현상 등을 밝히는 데 매우 유용한 접근방법이다(김혜영, 2001: 99). 본 부자자효(父慈子孝) 교육프로그램은 효를 주제로 하여 어머니와 자녀를 대상으로 개발한 최초의 프로그램이라는 데 의의가 있다. 뿐만 아니라 개발한 프로그램으로 실험연구를 진행한 연구도 처음으로 시도된 것이라서 진행과정에서 드러난 현상에 대해 참여관찰자의 관점에서 그 의미를 살펴보고자 한다.

여기서는 교육프로그램을 처치하는 동안에 어머니들의 변화내용을 엿볼 수 있는 사항들을 참여자들의 기록을 주 자료로 삼아 정리해 보고자 한다. 조용환(1995: 14)은 질적 연구는 일상적 행동을 구체적 맥락과 함께 기록하고 그 행동의 의미를 당사자들의 주관적 세계 속에서 해석한다고 하였다. 따라서 일반화된 분석기준이 있는 것이 아니라 개별 사례들을 심층적으로 이해하기 위한 분석이 필요하다. 분석자료는 프로그램 진행과정에서 기록한 일상생활기록문(journal), 소감문, 자기보고서(self-report) 등이다.

분석의 틀은 부자(父慈) 교육프로그램 전체를 아우르는 주제와 각각의 프로그램에 참석하게 되었던 동기, 각각의 구인별로 특별하게 드러난 주제들을 살펴보고자 한다. 즉 프로그램에 참여했던 어머니와 자녀들의 기록이 개별 기술적(idiographic)인 접근에 의해 양적 분석에서 놓친 의미들을 보완하고자 한다.

① 부자(父慈) 교육프로그램

ⓐ 참석동기 1: '너 뭘 잘못했니?'

학교 상담실에서 가지고 온 교육프로그램 실시 안내문에 대한 어머니의 반응이었다. 어머니 모임 첫째 마당에서 이 모임에 참석하게 된 동기에 대해 서로 이야기를 나누는 시간에 여러 어머니들이 그런 생각을 가졌었다는 말을 했었다.

"아이가 담임선생님이 안내장을 나누어주셨다고 해서 읽어보니 좀 생소했어요. 그리고 이런 경험이 흔히 없잖아요. 그래서 아이에게 물었죠. '너 뭘 잘못했길래 이런 걸 받아왔니?' 그랬더니 아니라고 그냥 하고 싶다고 하는 거예요. 그래서 아이의 부탁을 들어주는 셈 치고 신청하게 되었어요." (P-3)

"저도 비슷해요. 우리 학교 다닐 때 그때는 초등학교에는 상담실이 없었잖아요. 고등학교 때는 담임 선생님이 상담실로 가자고 할 때는 내가 뭔가 문제가 있나 하고 별로 좋아하지 않았죠." (P-6)

"저는 네가 뭔가를 잘못해서 안내문을 받아왔다면 난 안 가겠다. 너 찍혔니? 엄마 챙피해서 어떻게 하느라고 말했지요. 아이는 그게 아니라고 우기는 거예요. 가만히 보니 받으면 좋을 거 같다는 생각에 이렇게 오게 되었어요." (P-13)

'상담실'에 대한 이미지는 '문제(trouble)나 갈등(conflict)'과 연결되고 있음을 알 수 있다. 더욱이 초등학교에는 아직까지 공식적으로 상담실 설치에 대한 규정이 없는 상황에서 어머니들의 인식 속에는 상담실에서 교육프로그램을 실시하는 것에 대해 혹시 담임한테 우리 아이가 예의바르지 않은 아이로 찍혔나 하는 의구심을 가지고 있었던 것이다.

이러한 내용을 통해 상담실에 대한 이미지가 긍정적이 되도록 교육 현장에서는 특별한 노력을 할 필요가 있음을 생각하게 해 준다. 예방 차원에서의 교육프로그램을 다양하게 준비하여 들르고 싶은 상담실이 되도록 할 필요가 있다.

ⓑ 참석동기 2: '마침 좋은 기회가 왔네!'
반면, 일부 어머니들은 전혀 다른 동기에 의해 참여하였다.

"작년까지도 고분고분하던 아이가 올해는 아주 힘이 들었어요. 내 아이가 아닌가 하는 생각도 들 정도였거든요. 저한테 막 대들기도 하고 짜증을 자주 부려요. 마침 이 프로그램이 훈도하는 내용이길래 다른 생각 없이 신청하게 되었어요. 이런 활동이 있다는 게 참 좋군요." (P-11)

"저도 요즘은 깜짝깜짝 놀랄 때가 많아요. 왜 그렇게 따지는 것이 많은지……전엔 안 그랬거든요. 여기 참석하면 아이가 좀 달라지지 않을까 하는 기대로 참석하게 되었어요." (P-2).

"사실, 저는 요즘 몹시 힘들어요. 애들 아빠가 작년부터 집에 안 들어와요. 아들만 둘인데 C-9는 좀 덕한데 동생(4학년 남동생)이 더 나를 힘들게 해요. 동생도 이 프로그램에 같이 참석시키면 안 될까요?" (P-9)
–이분은 정식 모임이 끝난 후 따로 상담을 신청해서 가정이야기를 꺼내셨다. 그런 힘든 상황에서도 이 교육프로그램을 신청한 용기를 칭찬하고 상담실을 지지환경을 삼도록 권면을 했다. 어머니의 제의를 받아들여서 C-9의 동생도 계속 참석토록 하였으나 통계숫자에는 반영하지 않았다.

참여자 모집 안내문을 4, 5학년을 대상으로 배부했었다. C-11(P-11의 자녀, 남)이나 C-2(P-2의 자녀, 여)는 모두 4학년이고 C-9는 5학년 남학생이다. 발달이 빨라지는 현상을 반영하듯 4학년에서 나타나는 자녀의 변화를 수용하기 힘들어 하는 내용의 이야기였다. 본 교육프로그램의 내용 중 이러한 부분과 관련지은 부자(父慈)역할 구인은 책임, 존중, 인내 영역으로서 발달 시기적으로 적합하다는 생각을 하게 하는 대목이다.

ⓒ 깨달음: '이제서야 알았네! 모든 것이 내 탓인 걸……'

이 부분은 부자(父慈)역할수행과정에서 겪는 갈등과 자녀가 현재 가지고 있는 문제에 대한 어머니의 생각을 요약한 주제이다. 여러 어머니와 자녀가 부자(父慈)역할과 자효(子孝) 역할을 수행하면서 겪는 과정이 일상생활을 기록한 내용 중에 드러나고 있었다. 그중에서 본 주제와 관련한 내용을 요약해 본다. 형식은 상황을 제시한 후 그 상황에 대한 어머니의 반응을 제시하고자 한다.

(상황 1) 수련회에 다녀온 아들이 며칠 동안 있었던 일을 이야기하느라 한 시간이 넘도록 쉬지 않고 애기하느라 바쁘다(자효-공경). 주로 힘들었다, 재미없었다, 지옥 같았다는 표현이다.
(반응 1) 머릿속에서는 마주 앉아 진지하게 애기해야 된다고 생각하지만 엄마인 나는 늘 분주하다. 처음에는 이야기를 열심히 들어주었지만 끝없는 얘기에 하는 수 없이 일손을 잡았다. 빨래를 개면서 이야기를 듣자니 조금은 건성으로 대답하는 것 같은 느낌이 C-15에게 드는 모양 이다. 재차 반복하고 확인하면서 말하는 C-15의 모습이 불안해져 갔다. (중략)
C-15가 없었던 며칠이 내게는 쉼이었다. 잘 있을까 염려하며 기도했지만 C-15가 없는 것이 내게 왜 편안함을 줄까? 딸(C-15의 누나)과의 관계도 C-15가 있을 때보다 훨씬 수월하다. 가끔 싱싱한 막내(C-15의 동생)가 형을 찾는 것을 제외하고는…….
(부자-존중, 인내의 역)

C-15가 수련회에 갔다 온 소감을 어머니에게 자세히 말하는 행위 자체는 부모님의 궁금 증을 풀어드리거나 밖에서 있었던 일을 소상히 아뢰는 자효(子孝)의 봉양 영역 중 안락에 해당한다. 부모님의 마음과 몸을 즐겁고 편안하게 해드리려는 의도가 있었다면 말이다. 그 런데 P-15는 그런 행위에 대해 수용하기보다 부담감을 안고 있음을 알 수 있다. 다음의 내 용을 보자.

(상황 2) 저녁식사 후, C-15와 ☆(C-15의 동생)이가 먹선 부엌일을 도왔다(자효-봉양).
(반응 2) 설거지를 해서라도 엄마의 시간을 빌어 이야기 하고픈 C-15, 그런데도 늘 분주한 엄마. 결 국 교육프로그램에서 실시했던 '경청하기'에 느꼈던 느낌을 뒤로하고 일손을 돌리며 이야기

을 계속했다. 다행히 내 맘은 안정되었고 긍정적인 대화로 풀어 나갔다. 쉽지 않은 낮이었다. (부자—인내)

아이의 계속되는 이야기를 경청해 주지 못하는 이유가 엄마에게 부여된 일 때문일까, 아니면 다른 심리적 이유일까, 일에 대한 책임이 우선일까? 아이의 이야기를 끝까지 들어주는 인내의 자애로움이 우선일까?

또한 C-15가 설거지를 도와준 행위는 자효(子孝)의 봉양에 해당하나 그 의도는 엄마와 이야기를 하고 싶어서였다. 엄마와의 친밀감을 확인토록 해 주는 것은 부자(父慈)의 '책임' 중 '관심'이다. 관심은 자녀에게 애정을 표현하고 친밀한 관계를 유지하기 위해 노력하는 것이다. 이 상황에선 부자(子孝)의 책임역할이 미약했었음을 알 수 있다.

(상황 3) C-15가 안경을 쓰게 된 날,
(반응 3) △(C-15의 누나)가 눈 관리를 안 했다는 죄목으로 매를 맞았다. 지금 생각해 보면 걱정스런 마음에 매를 댔지만 맞을 일은 아니었던 것 같다. C-15 역시 눈 관리를 안 했다는 죄목으로 '컴퓨터 금지령'을 내렸다.

이전에 C-15의 누나가 안경을 쓰게 되었을 때를 회상하는 것이다. 그때는 눈 관리 안한 책임을 아이에게 물어 매를 댔으나 지금은 눈 관리 안 한 책임을 아이에게 일부 돌리는 행위는 여전하나 매를 대지는 않고 행동수정적 접근을 사용하고 있는 것을 알 수 있다. 그러면서 이전에 누나에게 했던 부적절한 행동을 반추하고 있는 것이다. P-15가 자녀가 안경을 쓰게 된 것을 눈 관리 안 한 '죄목'으로 다루고 매를 들었던 과거의 일은 현미숙(2004; 125)이 개발한 부모역할지능척도의 양육역할요인에서 거부하는 역할인 부정적 평가 내지는 징계와 관련이 있다. 이 거부의 하위요소는 적대감과 공격성 및 스트레스로서 현미숙(2004: 158)은 부모가 부모역할에서 거부적 감정을 드러내거나 공감과 합리적 권위의 역할특성을 보여주지 못하는 것은 부모의 정신건강에 있어서 어려운 문제를 가지고 있음을 시사하는 것이라고 말하였다.

P-15는 일상생활기록(journal) 쓰기에 부자(父慈)역할에서 배운 내용을 아주 상세히 기술하고 있었다. 그러면서 끝부분에는 본 교육을 받기 전에는 자신이 상당히 부모역할을 잘한다고 자부하고 있었으나 교육에 참여하여 부자(父慈)의 역할을 자세히 배우고 나니 부끄러운 엄마였음을 고백한 내용이 있었다.

또한 C-15는 대화할 때 눈을 잘 맞추지 않고 여러 사람 앞에서는 자기표현도 어색해서 모임에 소극적으로 참여했었다. 이러한 모습은 프로그램이 다 끝나기 전까지도 지속되었다. 그러나 어머니가 자녀와의 상호 작용방식을 이전과 다르게 하면서부터 아이에게도 변화가 생겨 편한 모습으로 눈을 맞추고 학교에 가기 싫어하던 아이가 학교에 가는 것을 부담스러워하지 않게 되었다는 이야기를 추후 모임에서 들었다.

P-15의 일상생활기록(journal) 중 교육프로그램을 마친 날의 기록을 보자.

> 내가 쓴 저녁을 다시 읽어보니 내가 C-15를 사랑하는 것보다 C-15가 나를 사랑함이 더 크다는 것을 알았다. 늘 엄마를 사랑하고 위로하는 좋은 아들! 그러나 엄마는 자기중심적이고 늘 바빠 좋은 엄마가 못되는 것 같다. 누가 나에게 소원이 무엇이냐 묻는다면 존경받는 부모가 되어 나의 삶을 나누는 것이라 하겠다. 존경받는 부모란 늘 부단한 노력이 필요한데 말로만 좋은 엄마이고 싶을 뿐 사실은 그렇지 못한 것 같다. 아이들은 늘 불평이다. '엄마는 늘 엄마 맘대로야.', '엄마는 왜 안 웃어?', 이제부터 나도 좋은 엄마가 되도록 노력해야겠다. 자주 웃고, 힘껏 안아주는 그런 여유 있는 엄마가 되도록……

아이들은 민감하다. 부모가 부모노릇을 열심히 잘 한다고 해도 자녀가 지각하기에 좋은 부모라고 생각하지 않으면 영향력을 미치기 힘들다. P-15는 아이들에게 존경받는 부모가 되고 싶어 한다. P-15는 부자(父慈) 교육프로그램에 가장 많은 반응을 보인 사례다. 부자(父慈)교육을 통해 C-15도 무표정한 얼굴과 학교가기 싫어하던 태도가 바뀌어 점차 참여적이고 반응적이 되고 있는 것이다. C-15는 자효(子孝) 교육프로그램에 계속 소극적으로 참여했던 아이였다.

> (상황 4) 8월 자효(子孝) 프로그램 아홉째 마당인 '봉양'을 배우고 난 뒤, C-15네 가정이다.
>   큰 아이의 학습지를 재활용하기 위해 열심히 학습내용을 지웠더니 상(床)19) 위로 하나다. 나는 지쳐서 잠시 누웠는데 C-15가 태권도에서 돌아왔다. 누워있는 나를 보더니,
> (반응 4) '엄마, 괜찮아?' 하며 옆에 와 위로를 한다. 그리고는 널려있는 지우개가루를 보더니 '엄마, 힘들지? 엄마는 지우느라 힘들었으니 내가 치울게' 하며 빗자루를 갖다 깨끗이 쓸어 없앴다.
>   '태권도를 다녀왔으니 저도 덥고 힘들 텐데……어제 외출 후(귀가 후) 내 모습과 정말 대조되어 부끄럽다.'

---

19) 괄호 안의 한자는 연구자가 삽입함.

여기서 부모가 말한 '어제 외출 후' 사건이란 외출 후 돌아왔을 때 자녀가 매달리는 것을 떼어놓으려고 한 행동(상황 5)을 말하는 것이다. P-15는 C-15에 대해 뭔지 모를 불편함을 느낄 때가 있어서 가까이 오면 선뜻 안아주지 못하고 또 꼭 끌어안아 주지 못하고 스스로 거부감을 느낄 때가 있음을 고백한 적이 있다(개인 상담 시간).

(상황 5) 밖에서 볼일을 보고 왔는데 C-15가 '엄마!' 하고 매달린다. 덥고 힘들게 들어왔는데 매달리다 못해 발을 얹고 춤까지 추자나…….

(반응 5) 아이 더워! 그래 춤추자. 아이 더워! 하며 허리를 감싸듯하다 간지럼을 폈더니 '아이 간지러워' 하며 저만큼 떨어진다. 계속 간지럽힐 기세를 하니 더 이상 매달리지 않는다. 다행이다. C-15가 원하는 것은 못했지만 기분은 상하지 않았다(자녀의 욕구에 민감하기보다 우선 부모의 욕구를 우선시하는 부모의 모습이 엿보인—부자—존중 역)

이 상황에서 자녀의 욕구와 필요를 채워주기 위한다면 부모가 어떻게 하는 것이 자애로운 역할일까? 배운 대로라면 자녀의 욕구를 존중해서 부모가 자녀를 끌어안아 주든지 잠시 발을 얹고 춤을 추어주든지 하는 것이라 생각한다. 그런데 P-15는 자녀의 기분을 상하지 않고 어머니의 원하는 대로 하게 된 것에 대해 다행이란 듯이 기술했다. 그리고 그 후 자신의 행동(반응 5)을 자녀의 행동(반응 4)과 견주어 부끄러워하는 모습을 보였다. 이 부분은 자녀는 '봉양'의 효행을 실천했으나 부모는 오히려 '존중'의 자애로운 역할을 실천하지 못했고 거부하는 태도를 엿볼 수 있는 부분이다.

이상의 기술에서 어머니는 그동안 자애로운 역할을 나름대로 잘한다고 생각하고 있었으나 본 교육프로그램에 참여하면서 그것이 착각이었음을 알게 되었다고 고백하고 있었다. 또한 존경받고 싶은 부모로서 부끄러웠던 자신의 모습을 고백하는 모습을 볼 수 있었다. 그리하여 C-15가 부적응증세를 보이게 된 것이 자신의 탓이었음을 겸허히 인정하면서 자녀의 욕구에 민감하게 반응하고자 하는 의지를 기록 중에 보이고 있었다.

ⓓ 역할갈등 – 알긴 다 아는데!

(상황 1) 나는(P-12) 오늘 시어머니께 큰 소리를 쳤다. 치매는 그렇다는 것을 알면서도 너무나 많이 스트레스를 받다 보니 나도 모르는 사이에 폭언이 쏟아져 나왔다.

(반응 1) 우리 딸(C-12의 누나)이 엄마 혼자 화를 낸다고 그냥 신경 쓰지 말고 엄마 혼자서 펏대 올릴 것 없다고 하면서 혼자서만 안달복달한다고 한다.

상당히 조심스러운 내용이다. 시어머니에게 폭언을 쏟아내는 엄마를 이해하는 딸의 모습을 기술했으나 과연 본보기로서의 역할을 하지 못한 자신에 대해 생각해 보아야 할 대목이다. 물론 스트레스를 받다가 본인도 모르는 사이에 큰 소리를 친 것이라고 상황설명을 하긴 했지만 시어머니를 봉양하는 모습을 자녀에게 보여주는 것이 가장 큰 교육이라 생각된다. 수신의 모범 영역에 해당하며 부자(父慈) 교육프로그램 셋째 마당에서 비디오 '네 시어머니 모시는 며느리'를 보고 자녀에게 모델링이 될 것에 대해 함께 생각해 보았는데 막상 이러한 상황에서 대처하기는 힘든 모양이다. 스트레스에 대처법에 관한 내용을 부자(父慈) 교육프로그램에 삽입할 필요를 느낀다.

또 다른 역할갈등은 어머니가 남자 자녀의 발달적 변화에 대해 대비하고 있어야 되는 상황에서 미처 그렇지 못했을 때 벌어진 상황이다.

(상황 2) 동생이 목욕하며 갖고 놀던 인형을 치우라고 C-13이 소리 질렀다. 나중에 치우게 놔두라고 했는데도 자꾸 치우라고 소리치길래 심문을 열고 나도 소리를 질렀다. 그리고 왜 그걸 지금 치워야 하는지 이유를 물었다.

(반응 2) 옷을 다 벗겨 놓은 알몸이 된 마른 인형을 가리키며 아들이 하는 말, '인형을 보면 기분이 이상하고 고추가 커진다고' 순간 놀라운 반, 웃음 반. 우선 인형을 가지고 나왔다. 저녁에 남편에게 그 얘기를 했더니 남편도 웃는다. 남자가 아니기 때문에 나도 잘 모르는 일이었지만 아이가 크고 있다는 증거인데 왜 웃음이 날까?

자녀의 성장과 발달에 대해 기뻐할 내용인데 P-13은 놓쳤다. 이 기회에 자연스럽게 성교육을 했더라면 어머니로서의 권위를 보이며 훈육의 역할을 바로 했을 텐데 아쉽다. 그러나 욕실을 열고 소리치다가 '그걸 왜 지금 치워야 하는가?'고 아이에게 물어본 것은 바람직한 반응이었다. 관심을 가지고 다가간 것이고 그것은 자녀에 대한 책임과 관련이 있기 때문이다. 그로 인해 자녀는 자신의 성장과 발달에 대해 부모에게 중요한 정보를 준 셈이니까. 이렇게 자녀에게 발달적으로 성징(性徵)이 나타나는 경우 부부간에 미리 역할에 대한 의논이 되어 있었더라면 C-15와 대화가 잘 되어 적절하게 성교육도 할 수 있었던 기회다. 부모가 나름대로 알긴 다 알아도 자녀의 특성에 맞게 적절한 시기를 보아 역할을 감당하는 지혜가 필요함을 알 수 있는 대목이다.

이상에서 부자(父慈) 교육프로그램에 참여하면서 어머니들이 기록한 질적 자료를 분석한 내용을 정리해 보았다. 어머니들은 대체로 학교에서 무언가 참여하도록 안내하는 경우 두 가지 반응을 보이고 있음을 알 수 있다. '자녀가 잘해서 기회가 오게 된 것인지, 아니면 자녀가 무언가 부족하여 보충교육 차원으로 기회를 주는 것인지'가 그것이다. 즉 상벌의 개념이 강한 것이다. 왜 어머니들이 그러한 반응을 보이는 것일까? 가치중립적인 기회에 대해서로 상반된 반응을 보이는 것은 자녀에 대한 어머니의 관심은 늘 무언가를 '잘했느냐, 못했느냐'로 귀결이 되고 있는 것임을 짐작하게 한다. 이제 그런 차원을 떠나서 목표를 정하고 그 목표에 성실히 다가가도록 하는 과정 중심의 교육에 관심을 가지도록 할 필요가 있다는 생각을 하게 한다.

또한, 어머니는 자신의 부모역할에 대해 상당히 잘하고 있다는 자부심을 갖고 착각하고 있으며 자녀에게 일어난 문제(trouble)의 원인이 어머니 자신과 결부되어 있다는 것을 잊고 있는 경우가 있음이 드러났다. 이번 프로그램을 통해 P-15는 그러한 자신의 모습을 발견하고 자녀를 편안히 해 주려고 부단히 노력하는 모습을 볼 수 있었다.

자녀에겐 어머니이지만 자신의 (시)부모에게 딸(며느리)이기도 하여 역할을 수행하면서 갈등을 겪는 모습도 볼 수 있었으며 자녀가 성장함에 따라 나타나는 성징(性徵)에 대비하여 아들과 딸에게 설명해 줄 내용에 대해 역할분담을 준비하지 못하여 당황하는 모습을 확인하기도 하였다.

② 자효(子孝) 교육프로그램

부자(父慈) 교육프로그램은 6회기이고 격주로 모였으므로 다음 회기까지의 간격이 길어서 그 사이에 일상생활기록(journal)을 썼다. 그 일상생활기록엔 자녀와의 상호 작용을 어떻게 했는지 사실대로 자세히 나타나도록 하였다. 그러나 자효(子孝) 교육프로그램은 10회기이고 매주 모였으므로 어머니들이 썼던 일상생활기록(journal)은 쓰도록 하지 않았다. 다만 소감문과 추후 설문의 문항에 대한 자유기술을 통해 통계에서 드러나지 않는 자효(子孝)역할 관련 주제들을 살펴보았다.

ⓐ 아이 눈에 비친 어머니: 어머니가 달라지셨어요!

어머니께서 프로그램에 참여한 이후에 달라진 생각은 자녀들에게 곧바로 행동으로 나타나야 한다. 생각이 바뀌는 것은 쉽지만 태도나 행동이 바뀌는 것은 시간도 걸리고 특별한 의지가 필요하다. 다음에 아동들의 기술내용을 통해 자효(子孝) 교육프로그램의 효과로 양적 분석에서 드러나지 않는 부분들을 살펴보고자 한다. 다음은 추후 설문에서 자유기술한 내용 중에 승지의 입신 및 어머니의 훈육 영역을 찾아볼 수 있는 대목이다.

(상황 1) 추석이 되어 할아버지 댁에 친척들이 많이 모였었다.
(반응 1) 오(가)는 길이 엄청히 막혀서 6시간이나 걸렸다. 차안에서 짜증이 났지만 참았다. 엄마가 음료수하고 간식을 준비해서 차 안에서 맛있게 먹었다. 운전하시는 아빠가 더 힘든 것 같았다. 엄마는 우리 집이 발전하는 것은 우리들에게 달려 있다고 말했다. 그러면서 우리들을 잘 키우는 것이 소원이라고 했다. 가면 친척들에게 예의바르게 인사하라고 말했다. 엄마도 효프로그램에서 배운 것을 생각하여 나에게 설명해 주셨다. 우리 엄마가 참는 것도 많이 달라졌다. 길이 막혀서 짜증이 났지만 우리 집과 가문에 대해 설명들은 것이 생각나서 참았다. 할아버지는 우리 아빠의 아버지이시고 제사지내는 사람 중에는 또 할아버지의 아버지도 계시다. 나는 우리 아버지의 아들이다. 그리고 우리 집 가훈은 '근면, 사상, 성실'이다. 난 이 가훈을 잘 지키고 입신의 효를 하여 성공해야 한다. 엄마는 가서 피곤한데 일하시느라고 더 피곤하셔도 참으시고 즐겁게 일했다. 내가 엄마를 도와드리면 좋겠다. (C-12)

자효(子孝)의 역할 중 '승지'는 아이들에게 낯선 개념이긴 하나 가족의 뿌리를 생각하고 그 가족의 대를 잇는다는 자신의 위치를 생각하게 해 주는 것은 한국적 가족관계에서 중요한 개념이다. 마침 추석 명절이 되어 여러 친척을 만나러 가는 기회에 승지의 효를 생각하게 된 내용이다.

요즘의 가족형태는 핵가족이면서 동시에 기능 위주 가족관계로 살다 보니 가문과 자신을 잘 연결짓지 못하고 뿌리의식도 약하며 친척들과의 교류도 명절이나 가족행사 때가 아니면 갖기 힘들다. 마침 추후설문 시에 추석과 관련한 에피소드를 쓸 기회가 있어서 C-12가 가문을 생각한 내용이 적절하게 반영될 수 있었다. 또한 어머니가 달라지셨다는 내용도 엿보였다.

ⓑ 자녀 행동변화의 묘약: 엄마의 칭찬은 보약!

자녀들이 어머니로부터 충족받기 원하는 강한 욕구 중의 하나는 잘했을 땐 칭찬받고 싶은 욕구, 잘못했을 땐 위로와 지지받고 싶은 욕구다. 이 욕구가 충족되지 않을 때 자녀의 행동은 의도적으로 어머니의 기대를 거슬리기도 한다.

어머니와 자녀가 함께 참여했던 마지막 마무리 시간에 C-1은 게임활동은 즐겁게 했었는데 어떤 순간인가부터 화를 내며 어머니에게 퉁퉁거리는 모습이 보였었다. P-1(어머니)을 살펴보니 그날의 주위 분위기를 의식하여 큰 소리로 야단도 못치고 참고 있는 모습이었다. 모든 순서를 마치고 사후검사를 할 때 C-1은 진지하게 응답하지 않고 '나의 어머니는~' 하고 묻는 문항에 부정적인 반응으로 응답하는 모습이 보였었다. 며칠 후 P-1에게 전화로 그날의 이유에 대해 물어보니 게임할 때 잘못했다고 핀잔준 것 때문에 C-1이 삐쳤었다고 하였다. 자기는 더듬거리며 애써 어머니 얼굴을 찾았는데 그것도 못 알아주고 무조건 여러 친구들 앞에서 자신을 챙피 주었다는 것이다. C-1은 5학년인데도 어머니의 핀잔을 잘 수용하지 못하고 일부러 어기는 행동을 하는 것이다. 이때 만일 어머니가 게임의 실수를 모른 척하든가 '우리 C-1이 나를 찾느라고 무척 애쓰고 있더구나. 엄마가 금방 찾을 수 있는 표시라도 달고 올 걸……' 하고 자녀의 행동을 이해하고 지지하는 말을 했더라면 C-1의 기분은 금방 풀어졌을 텐데 하는 생각이 들었다.

또한, C-10의 경우를 예로 들어보겠다. C-10은 본 자효(子孝) 교육프로그램에 한 번도 결석하지 않았고 매 시간마다 반응도 적극적인 4학년 여자아이다.

> (상황 1) 외출해서 돌아온 내가 다리가 많이 아프길래 C-10에게 주물러 달라고 했다. 착한 C-10은 꼭꼭 주물러주며 '엄마, 시원하죠?' 한다. '그래, 우리 딸 최고다! 저녁에 아빠 퇴근하시면 아빠도 주물러드려야 한다.'
>
> '네, 엄마.'
>
> (반응 1) 저녁에 아빠가 퇴근하셨다. 그런데 C-10이 다른 일로 기분이 부루퉁해서 별로 좋지 않았다. 'C-10 아, 아까 우리 딸이 무언가 엄마와 약속했는데?……' 아무 반응이 없어서 '너 왜 약속 안 지키니?' 하고 물었다. 딸이 말한다. '엄마가 아까 오늘 학교에서 나 발표 잘했다고 칭찬 들었다고 했을 때 아무 말도 안 했잖아요. 그래서 아무것도 하기 싫어요.' 나는 우리 C-10은 칭찬이 다 들었다고 생각했는데 칭찬하는 것을 놓쳤더니 그만 이렇게 틀어졌네……엄마가 미안해. 아직도 이 엄마는 멀었구나. 그리고 우리 딸은 언제나 칭찬을 기다리고……

C-10은 개학하고 프로그램에 참여하던 중간에 전학을 간 아이다. 마지막 날 쓴 소감문에는 이렇게 의젓한 기록이 있다.

> 방학 동안 수요일마다 상담실로 나와서 효행 프로그램을 함께 했던 선생님과 친구, 언니, 오빠들이 참 그리울 것입니다. 그동안 배운 것 하나하나 실행해 나가며 '효녀'가 될 것입니다. 언제나 선생님

께서 가르쳐주신 것들 마음에 깊이 새기며 하나하나 되짚어 보는 E-10이 되겠습니다.

이 아이는 개운죽에도 '새려'라는 이름을 붙여주어 '새려야, 지금부터 잘 자라주길 바래. 개운죽이 자라듯이 나의 효행정신도 자라나길 바라며……'라고. 매우 감성이 풍부한 아이다. 이렇게 의젓한 면이 있는데도 기다렸던 칭찬이 없자 그만 뿌루퉁했던 것이다.

이런 내용들을 보며 아이들에게 필요한 것은 역시 엄마의 칭찬이고 격려이며 지지인 것을 다시 한번 확인하게 되었다.

C-15의 경우도 P-15가 점차 자신을 받아주고 함께 놀아주며 기대를 충족시켜 줄 때 무표정하던 아이가 점점 얼굴표정이 살아나고 반응도 적극적으로 변하는 모습을 볼 수 있었다. 엄마의 칭찬은 아이를 생기 있게 하는 보약과도 같은 것이라는 것을 실감할 수 있었다.

이상에서 질적 자료들을 중심으로 부자(父慈)와 자효(子孝) 각각의 영역에서 변화되는 내용들을 살펴보았다. 어머니들은 자녀와 학교를 연결지을 때 '상벌의 개념'을 생각하는 경향이 있음을 참여 동기를 소개할 때 알 수 있었다. 또한 평소에 자녀에게 열심이던 자신의 모습에 대해 스스로 어머니 역할을 잘한다고 착각하고 있던 분도 있었다.

또한 자녀를 기르며 힘든 상황에 대해 누군가와 이야기 나눌 시간이 꼭 필요함을 확인한 기회였다. 한 주간의 이야기를 나누는 시간에 자녀와의 관계가 뜻한 바대로 잘 되지 않았던 내용을 공개하면서 서로 공감을 해 주니 지지세력을 얻은 듯 활기를 띤 모습들을 볼 수 있었다. 또한, 잘 안 되던 역할이 모처럼 의도한 바대로 성공했을 때는 서로 칭찬을 해 주고 그대로 해 보자고 다짐도 하며 적용하고자 하는 의지를 확인하기도 하였다. 끝내는 자녀가 안고 있는 성격적 문제들은 거의 부모와 관련 있음을 인정하게 되면서 '내 탓이라'고 고백하게까지 되었다.

한편, 자녀들은 늘 어머니에게 인정과 칭찬을 받으려고 기대하고 있으며 힘든 상황에서는 무조건 위로와 격려를 기대하는 것이기에 어머니는 자녀의 필요가 무엇인지에 따라 적절하게 반응해 줄 준비를 하고 있어야 한다는 것을 알게 되었다. 기대했을 때 어머니로부터 충족이 안 되면 실망과 불신으로 어머니의 기대에 역행하는 모습도 볼 수 있었다. 때로는 자녀가 부모에게 자효(子孝)역할을 수행하는 의도가 아동기 자녀에게 있어서는 어머니 마음에 꼭 드는 자녀가 되어 어머니에게 인정받고 칭찬받으려는 행위에 상당한 의미를 두고 있음도 알 수 있었다(C-15의 상황 2). 이러한 내용은 선행연구(조두영, 1975; 홍강의 · 박선자,

1991)에서 효를 정신분석적으로 접근하여 공격적인 본능을 효에 의해 승화하므로 부모와의 애정관계를 지속시키려는 의도가 있음을 밝힌 내용을 연상하게 하는 대목이다.

(마) 프로그램 만족도 평가

다음은 통계검증에 반영되지는 않았지만 참여자들이 프로그램을 마친 후 1개월 후에 가정으로 발송한 추후 설문에 응답한 자유기술내용을 중심으로 프로그램에 대한 반응내용 및 만족도를 알아본 것이다. 추후설문의 내용과 사후의 소감문은 〈부록〉에 제시하였다.

① 부자(父慈) 교육프로그램의 만족도

부자(父慈) 교육프로그램에 대한 어머니들의 응답기술내용 중 프로그램 참여 후에 변화된 내용 및 만족도에 관한 내용을 중심으로 제시해 보았다.

ⓐ 프로그램에 참여하고 난 후 변화된 자신의 생각이나 행동에 관한 기술내용

〈표 V-19〉는 프로그램에 참여하고 난 후 변화된 자신의 생각이나 행동에 관한 기술내용으로서 어머니들이 보고한 내용이다. 부자(父慈)역할 중 인내 영역에서의 변화에 대한 내용은 P-1, P-2, P-9, 존중 영역에서의 변화에 대한 내용은 P-3, P-4, P-11, 수신 영역에서의 변화에 대한 내용은 P-4, P-5, P-7, P-13, 책임 영역은 P-14, 훈육 영역은 P-6, P-15 등 다섯 구인 전체 영역에 걸쳐 자신의 생각이나 행동이 변화되었음을 기술하고 있다. 특히, P-5와 P-13은 자녀에게는 어머니이지만 본 교육을 받으면서 자신의 친정 부모님을 자녀의 입장에서 생각하게 되었다는 내용도 기술하였다. 부모와 자녀관계는 한 가정을 단위로 하여 분절할 수 있는 관계가 아니라 세대의 끊임없는 대 이음으로 어머니의 부자(父慈)역할은 자효(子孝)역할도 동시에 되돌아보게 하여 본 교육의 부수적 효과였음을 미루어 짐작할 수 있게 한 내용이었다.

〈표 V-19〉 부자(父慈) 교육프로그램 참여 후의 변화된 생각과 태도

대상	기술내용	관련 영역
P1	자녀를 이해하여 눈높이에 맞추어 부모역할을 해야 한다는 점이 새롭게 남아 있다.	인내-이해
P2	아이들에게 꾸지람을 하고 나서 다시 한번 생각하고 반성을 하게 되었다.	인내-관대
P3	부모라는 이유로 아이에게 욕심을 냈던 것이 이젠 작게 느껴진다. 정신적으로 육체적으로 건강하고 밝은 우리 아이의 웃음이 먼저라는 것!	존중-아껴줌
P4	자녀에 대해 참아주고 기다려주는 것이 잘 안 돼서 힘들었는데 교육을 통해 지지해 주고 수용해 주는 역할이 머리와 가슴에 남아 있다. 생활이 힘들 때 가정이 내게 큰 짐이라는 생각을 할 때가 있었다. 아이들에게 준다고만 생각했던 나의 생각은 부모의 역할을 꼼꼼히 따질 때 너무 부끄럽기만 했다. 좋은 모범적인 부모와는 거리가 먼 관계였음을 깨닫고 회개했다. 종교기관에서 들었던 좋은 부모의 많은 설교도 있지만 이렇게 구체적인 실생활에 대해 듣고 이야기하는 기회가 좋았다.	존중-지지 수신-모범
P5	부모님의 소중함을 느끼는 것 같다(내 자신이).	수신-모범
P6	아이가 잘못했을 때 그 이유와 사정에 대해 생각하게 되었다.	훈육-권위
P7	나의 말과 행동을 한 번 더 생각하게 되었고 엄친과 사랑의 조화를 이루고자 한다.	수신-모범
P8	기술 안 함	
P9	나의 기준에서 판단하려던 태도가 아이의 입장과 마음을 먼저 배려하고 인내하게 되었습니다.	인내-이해
P10	미제출	
P11	아이의 행동의 결과만을 보는 것이 아니라 그 마음을 읽으려고 애쓴다. 아이의 입장에서 일단은 들어주고 이해하며 그 후에 나의 생각을 말하게 되었다.	존중-지지
P12	미제출	
P13	나 또한 부모님께 마음적으로 불편하게 해 주는 것은 없는지 뒤돌아보게 됩니다.	수신-모범
P14	더 열심히 참여했으면 마음에 편안함과 자녀에 대한 생각과 관심이 무엇인지 더 알아보았을 텐데 그러지 못해 내 아들에게 미안합니다.	책임-관심
P15	우리 아이는 참여 전부터 효심이 있었으며 저도 효는 부모의 자애와 함께하는 것에 대한 견해를 가지고 있었습니다. 아이의 이야기를 듣고 경청하기, 아이의 결정을 존중해 주기, 엄마 자신을 돌아보기(자애로운 엄마라고 스스로 착각하고 있었음)	훈육-권위 존중-아껴줌 수신-모범

ⓑ 부자(父慈) 프로그램을 통해 도움 받은 정도, 프로그램 만족도, 주위 사람에게 권하고
싶은 이유에 대한 자유기술내용

〈표 V-20〉 부자(父慈) 교육프로그램의 전반적 만족 정도와 기타 의견

대상	도움받은 정도	만족 정도	다른 사람에게 권하고 싶은 이유	회기에 대한 의견
	최저 1~최고 5			
P1	4	5	아이들에게 교육적이다.	보통
P2	4	4	자녀와 나를 위해 한 번씩 본 프로그램에 참여하는 것이 좋다고 생각하여서.	적당했음
P3	4	4	가족의 의미와 사랑을 느낄 수 있다.	의견 없음
P4	5	4	자신의 부족함을 평소에는 모르지만 자신의 말투 행동 등을 돌아볼 수 있는 좋은 기회라서.	짧았다
P5	2	4	학생들의 달라지는 모습을 보니 권하고 싶다.	의견 없음
P6	4	4	효에 대해 구체적으로 배울 수 있어서.	적당했음
P7	5	5	아이의 생각을 알 수 있고 가정을 더 생각하게 되기 때문에.	7회 정도 희망
P8	4	5	자녀와의 관계가 좋아졌다.	적당했음
P9	5	5	아이와의 관계가 많이 가까워지고 아이도 부모에 대해 많이 생각하게 된다.	적당했음
P10	미제출			
P11	5	5	일단은 알아야 되고 알고 나서는 실천하게 되기에.	횟수는 얼마 안 되었어도 내용은 충실했다고 봄
P12	미제출			
P13	5	4	알고는 있지만 방법을 모르는 문제에 있어 도움이 된다.	더 늘렸으면.
P14	5	5	6주 정도 듣고 실천하게 되면 정말 다른 사람이 될 것 같다고 자신한다.	할말은 없다. 다 참석 못해서
P15	4	4	자신과 아이에 대해 다시 생각해 볼 수 있는 계기가 되어서.	부족한 느낌이 들어 아쉬움
평균	4.31	4.46	전반적으로 다른 사람에게 적극적으로 권하겠다는 내용이 많음	

〈표 V-20〉에서 보듯이 프로그램을 통해 도움받은 정도는 2점부터 5점까지 반응하였으며 5점 만점에 평균 4.31, 프로그램 만족도는 4점부터 5점까지 반응하였고 5점 만점에 4.46으로 전반적으로 도움을 받았고 만족하였음을 알 수 있다. 또한 본 교육프로그램을 다른 사람에게 권하겠다는 내용이 거의 대부분이었으며(미제출자 2명 제외) 프로그램 실시 횟수에 대해서는 P-11이 횟수에 비해서 내용이 알찼다고 기술하여서 성실한 참여를 통해 내용에 대한 이해를 잘 하고 있음을 짐작하게 한다. 모임 횟수를 늘렸으면 좋겠다는 의견(P-4, P-7, P-13, P-15)은 4명, 적당했다는 의견(P-2, P-6, P-8, P-9, P-11)은 5명, 나머지는 기술을 안 했거나 보통이었다고 말했다.

② 자효(子孝) 교육프로그램의 만족도

자효(子孝) 교육프로그램은 10회기를 진행하였고 교육이 끝난 후 1개월 후에 추후모임을 1회 더 가졌다. 추후 모임은 소감문을 통해 효행동 변화와 유지에 대한 상황을 살펴보고 일상생활에서 자녀가 지각하고 있는 어머니의 자애로운 역할 변화내용을 알아보기 위한 것이었다. 설문지는 반구조화된 것으로 프로그램의 유익 정도와 가장 기억에 남아 있는 내용, 교육 후에 어머니의 변화내용 중 가장 확실한 것, 각각의 구인에 대한 자신의 실천내용, 실천이 잘 안 될 때 어떻게 하는지, 마지막으로 프로그램에 대한 전체 소감을 자유기술하도록 된 것이다. 이 설문내용은 〈부록〉에 제시하였다.

ⓐ 프로그램에 참여하고 난 후 변화된 자신의 생각이나 행동에 관한 기술내용

자유기술이어서 다소 문맥의 자연스런 흐름이나 질문의 초점과 일치되지 않는 부분들도 있으나 말하고자 하는 내용이 무엇인지는 짐작할 수 있기에 그대로 실었다. 전반적으로 감사하는 내용을 많이 기술하고 있으며(C-2, C-4, C-6, C-14), 인내 영역(C-5, C-13), 봉양 영역에서 어머니를 편안하게 해드리고 싶어 하는 내용(C-7, C-11, C-12, C-13), 책임 영역에서 변화를 보고한 내용(C-2, C-4, C-9, C-12, C-14), 승지, 공경, 순종 영역에서 고루 응답하고 있었다. C-15는 질문내용과 전혀 다른 응답을 하였으나 개별특성이 있는 아동이다.

〈표 Ⅴ-21〉 자효(子孝) 교육프로그램 참여 후의 변화된 생각과 태도

대상	기술내용	관련 영역
C1	참 좋은 프로그램이고 좋은 동생들이 있으니까 참 좋다(난 5학년인데 4학년이 있어서)	순종-형제우애
C2	어머니 은혜를 생각하며 내가 더욱 잘 해야겠다는 생각을 했다.	감사-보은
C3	처음 이 프로그램을 시작했을 때는 '내가 이 프로그램을 하면 정말 효행어린이가 될 수 있을까?' 하고 떨리는 마음으로 시작했다. 점점 내가 효행어린이가 되는 것을 느꼈다. 이 프로그램을 끝마쳤으니 완전한 효행어린이가 되겠다.	전반적인 자효(子孝)
C4	가족의 사랑과 나에 대한 부모님의 생각 등 전에는 별로 느낄 수 없었지만 지금은 더욱 그 사랑을 느낄 수 있다. 어머니의 깊은 사랑과 좋은 추억은 더욱 깊어지고 정말 좋은 시간이었다.	감사-경애
C5	나는 이 프로그램을 처음 시작했을 때는 아무런 뜻 없이 생각해 보았는데 '부자자효(父慈子孝)'라는 내용 배울 때 아이들이 모두 진지하게 공부해서 나도 결심을 하였다. 이제는 불효자가 아니고 효자로 변한 것이다.	전반적인 자효(子孝)
C6	존댓말을 더 잘 쓰게 된 것 같고 또 지금까지 배운 내용을 잘 실천하게 된 것 같다. 나중에 또 이 프로그램을 해야지!	공경-예의 감사-경애
C7	좋은 프로그램이었고 내용을 생각하면 부모님께 잘 해드리고 더욱더 좋은 자녀가 되어서 기쁘고……유익한 활동이라 더욱 오래 했으면 좋겠다(다음에는 도우미로 활동하겠다고 말하는 아이).	봉양-안락
C8	부모님과 형제간에 어떻게 대해야 하는지 이 프로그램에서 잘 알았다.	순종-형제우애
C9	엄마와 더 가까워졌다. 선생님께 어쩌다가 신청서를 받아서 한 것인데 잘한 것 같다. 어머니도 나에게 별로 관심이 없었는데 요즘엔(이 프로그램 하고 난후) 관심이 많아졌다.	전반적인 자효(子孝)
C10	전학	
C11	내가 이 프로그램을 하지 않았으면 나쁜 길로 걸어갔을 것이다. 여러 명의 형과 누나 친구들을 만나서 좋았다. 이제는 효자가 된 기분이고 어머니께서 힘드실 때 도와드린다.	봉양-안락
C12	어머니의 따뜻한 사랑을 많이 느낄 수 있는 프로그램이다. 그리고 나는 어머니의 말씀을 잘 듣기 위해서 공부를 열심히 하고 어머니를 많이 도와준다. 그래서 어머니를 많이 따르게 되었다.	승지-입신 봉양-안락
C13	아주 좋았고 유익한 프로그램이었다. 어떤 것이 좋았냐 하면 봉양을 배운 것이 참 좋았다(행복한 지게라는 비디오를 본 것을 기억하고서).	봉양-안락
C14	감사에 대해 배울 때는 내가 어머니께 받은 모든 것을 감사하게 되었다. 재미있었고 나의 생활을 바꾸어 주었다. 많은 형과 누나들을 만나서 기뻤다. 평소에 안 좋았던 행동들이 많이 고쳐져서 좋았고 소극적이었던 내가 적극적으로 바뀌었다. 형제우애를 배우고서 누나와 더욱 친해졌다.	감사-보은 순종-형제우애
C15	개운죽을 만들 때 키울 것이 기대가 되었다.	효행변화

ⓑ 어머니가 프로그램 참여 후에 달라지신 모습에 대한 기술

다음 〈표 V-22〉는 어머니의 달라지신 모습에 대한 자유기술내용이다.

전반적으로 어머니께서 변하신 내용을 자신이 느끼는 대로 잘 기술하였는데 주로 자신이 존중받고 있다는 느낌(C-2, C-3, C-5, C-6, C-12)이 가장 많았다. 그 외에도 어머니의 부자 역할 중 책임 영역(C-4, C-9, C-12, C-14), 인내 영역(C-5, C-13), 수신 영역(C-11), 훈육 영역(C-8)과 관련하여 기술하고 있는데 C-1은 '의심이 많아지셨다', C-15는 '변한 것이 없다'고 기술하였다.

〈표 V-22〉 어머니가 프로그램 참여 후의 달라졌다고 생각하는 태도

대상	응답내용	관련 영역
C1	의심이 많아지셨다.	존중－믿음의 역(逆)
C2	나에게 잘해 주신다. 학교에서 늦게 오면 많이 걱정하신다.	책임－헌신
C3	엄마가 전보다 나를 존중해 주시고 내 이야기를 잘 들어주신다.	존중－아껴줌
C4	내게 더 관심을 가져주시고 잘해 주신다.	책임－관심
C5	어머니가 나의 의견을 잘 들어주신다.	존중－아껴줌 인내－관대
C6	효행 프로그램을 하기 전보다 나에게 정말 잘해 주신다.	존중－아껴줌
C7	나에게 조금 더 사랑을 주시고 잘해 주신다.	존중－정성 존중－격려
C8	나에게 무서울 때도 있지만 잘해 주신다.	훈육－엄친
C9	나에게 관심을 많이 주신다.	책임－관심
C10	전 출	
C11	내가 엄마의 말씀을 조금 잘 들었더니 어머니께서 매일 웃으신다.	교호적인 모습 수신－모범
C12	내 의견을 존중해 주신다.	존중－아껴줌 책임－관심
C13	화나실 때 끝까지 잘 참아주신다.	인내－관대 인내－이해
C14	나에 대해 관심이 많아졌고 칭찬을 많이 해 주신다.	존중－지지 책임－관심
C15	변한 것 없다.	〈표 V-19〉의 P15와 비교해 보기

　이상에서 부자자효(父慈子孝) 교육프로그램 만족도와 관련한 내용을 요약해 보았다. 자녀들의 기술내용에서 어머니가 교육프로그램에 참여하기 전보다 자기의 말을 끝까지 잘 들어주려고 애쓰신다는 내용이나 교육받기 전보다 잘 참으시고 화도 덜 내신다는 기술로 보아 어머니들의 노력하는 과정과 달라지는 모습이 자녀에게 인지가 되었음을 알 수 있었다. 아는 만큼 실천하는 것은 습관으로 연결되며 좋은 습관의 형성은 부모의 자존감을 높여준다. 부모의 자존감은 또한 자녀의 자존감을 키워주고 유능감을 경험하게 하는 지름길이기 때문에 역시 효(孝)는 부자(父慈)와 자효(子孝)가 공시공존(共時共存)해야 함이 프로그램 진행과정에서도 확인이 된 셈이다.

　인간관계의 가장 기본인 부모-자녀관계! 그리고 일생을 통해 대를 이어 전이되는 부모(어머니)와 자녀의 교호성을 확인하게 된 교육이었다. 본 교육프로그램은 어머니와 자녀만을 대상으로 하였으나 교육 중에 여러 어머니들이 아버지들도 대상으로 교육해 달라는 요구가 있었다. 질적 자료를 통해 드러나고 있는, 또 변화하고 있는 내용들을 살펴볼 때 자녀나 양 부모를 대상으로 하여 꾸준히 지속되어야 할 교육프로그램임을 다시 한번 생각하게 되었다. 특히 아동과 가족을 돕는 예방과 복지 차원에서 교육 현장이나 복지기관을 통한 교육을 적극적으로 실시해야 함을 확인하였다.

VI. 결론 및 제언

1. 결 론

본 연구는 현대 한국 가정의 부모-자녀관계에서 회복해야 할 전통윤리로서 부자자효(父慈子孝) 원리를 기반으로 하여 프로그램을 개발하고 그 효과를 검증하기 위해 진행하였다. 부자자효(父慈子孝)란 쌍방향적이고 쌍무적이며 교호적인 효원리로서 부모가 자녀를 대하여 자애로운 역할을 하고 자녀는 부모에게 효행을 하는 공시공소(共時共所)적인 의미를 담고 있다. 이러한 의미를 담고 있는 부자자효(父慈子孝) 원리를 기반으로 한 프로그램 개발을 위해서는 먼저 부자(父慈)와 자효(子孝)의 구성요인(constructs)을 확정하는 일이 선행과제였다. 따라서 이 과제를 연구문제 1로 정하고 선행연구와 이론을 바탕으로 부자(父慈)의 요소와 자효(子孝)의 요소들을 정리하고 상·하위 차원으로 조정하여 전문가에게 내용 타당 검증과정을 거쳤다. 이 과정을 통해 최종적으로 부자(父慈) 다섯 구인 13요소, 자효 다섯 구인 14요소를 확정하였다.

확정된 부자(父慈) 다섯 구인은 책임(責任), 훈육(訓育), 수신(修身), 존중(尊重), 인내(忍耐)이다. 각각의 구인들의 하위요소를 살펴보면 부자(父慈)의 구인 중 책임(責任)은 정성(精誠), 헌신(獻身), 관심(關心)을, 훈육(訓育)은 권위(權威)와 엄친(嚴親)을, 수신(修身)은 보신(保身)과 모범(模範)을, 존중(尊重)은 아껴줌과 격려(激勵)와 지지(支持)를, 그리고 인내(忍耐)는 관대(寬大)와 믿음(신뢰)과 이해(理解)를 포함한다.

다음, 자효(子孝) 다섯 구인은 순종(順從), 공경(恭敬), 감사(感謝), 승지(承旨), 봉양(奉養)이다. 각각의 구인들의 하위요소를 살펴보면 순종(順從)은 청종(聽從), 형제우애(兄弟友愛), 절제(節制)를, 공경(恭敬)은 예의(禮義)와 존경(尊敬)과 충간(忠諫)을, 감사(感謝)는 보은(報恩)과 경애(敬愛)를, 승지(承旨)는 보신(保身)과 존속(尊屬)과 입신(立身)을, 그리고 봉양(奉養)은 안락(安樂), 섬김, 불욕(不辱)을 포함한다.

연구문제 2에서는 확정된 이 구인을 프로그램의 회기별 주제로 삼아 부자(父慈) 6회기 프로그램, 자효 10회기 프로그램을 개발하였다. 프로그램 개발은 프로그램을 실시할 대상집단을 상대로 요구도 조사결과 드러난 내용을 반영하면서 각각의 구인들을 중심으로 개발하였다. 회기구성, 활동 중심 내용 구성, 진행방식에 대한 요구 등이 프로그램에 반영되었다. 그러나 어머니와 자녀가 함께 참여하기를 원하는 요구는 진행과정에서 배우는 내용이 서로 다르기 때문에 충족되기 힘든 내용이었다. 다만 마지막 회기에는 어머니와 자녀가 함께 참석하여 마무리하는 시간을 가지도록 구성하였다.

개발된 부자자효(父慈子孝) 교육프로그램을 전문가에게 내용타당 검증을 받은 후 지시 및 수정사항을 보완하여 최종 프로그램이 구성되었다. 연구문제 3에서는 본 부자자효(父慈子孝) 교육프로그램의 효과를 검증하고 분석하였다. 이를 위해 사전－사후 통제집단 실험설계(control group pre/post experimental design)를 하였다. 프로그램 처치 후, 효과검증을 위해 사전－사후 검사점수의 차이를 비교해 본 결과 부자(父慈) 교육프로그램과 자효(子孝) 교육프로그램 모두 실험처치의 효과가 통계적으로 유의미하게 나타났다.

부자(父慈) 교육프로그램은 부모역할수행을 증진시켜 주었고 프로그램을 통해 변화된 자애로운 모습은 자녀에게 지각(知覺)이 되어 자녀가 지각하는 어머니의 한국적인 양육행동을 증진시켜 주었다.

또한 자효(子孝) 교육프로그램은 아동이 어머니를 배려하는 태도를 증진시켜 줌이 효과검증 결과 드러났고 어머니가 관찰한 자녀의 효행동에서도 유의미한 차이가 드러남으로 자녀의 효성 변화는 스스로의 평가를 통해서도 드러났고 행동변화도 관찰이 될 정도로 의미있게 드러났다. 어머니에 대한 배려의 태도는 초기 청소년의 자기통제력의 증진과 관련 있으며 힘든 일을 잘 참을 수 있게 해 준다는 정영숙(1994)의 연구로 미루어 볼 때 초기 청소년인 초등학교 고학년에게 있어 변화는 매우 중요한 심리적 요인으로 해석될 수 있다. 이것은 과정기술과 소감문의 분석에서도 드러났듯이 배운 내용이 가정에서 잘 실천되지 않을 때 어떻게 하는가 하는 질문에 대한 아동의 답변 중에 일부 아동은 어머니의 수고를 생각하며 참고 노력한다는 자기보고(Self-report)가 있었다. 이로 보아 어려서부터 어머니의 수고에 대한 인지(認知)와 지각(知覺)수준을 높이는 일은 교육의 몫이며 바로 예방적인 차원에서 평상시 꾸준한 교육프로그램으로 정착되게 할 필요가 있음을 생각하게 한다.

한편, 비교집단에서도 '자녀가 지각하는 어머니의 한국적 양육행동'에서 사전－사후 검사결과 유의미한 차이가 발견되었는데 이것은 실험연구에서 내적 타당도에 영향을 미칠 수 있는 역사적 요인으로 설명이 가능하다. 실험집단에 실험처치를 하는 동안에 비교집단 아동이 비교적 많이 소속된 한 학급에서 돌아가신 어머니를 그리는 신세대의 노래인 '어머니께'라는 노래를 정기적으로 부름으로써 가사내용을 통한 효성자극을 일정 기간 동안 주었던 것이다. 그러한 연유로 해서 비교집단에서도 일부 부자(父慈)역할에서 효과가 나타났던 것이다.

프로그램 개발을 통한 실험연구의 경우 비교집단에서도 효과가 나타나는 경우(김정미, 2000), 일부 변인에서 차이가 나타나지 않는 경우(김 경, 2002; 임선옥, 2003; 조성연, 2003; 지옥정, 1996, 홍성훈, 2000), 비교집단 없이 실험집단만을 대상으로 프로그램의 효과검증을 한 경우(송정애, 2001) 등이 있다. 이것은 엄밀한 의미에서 보아 일반적으로 실험연구는 근원적으로 요구되는 실험실 상황을 연출하기가 힘들다는 한계를 보여주는 것이다.

특히, 교육프로그램인 경우 비교집단을 철저하게 통제할 수 없는 상황에 노출되어 있는 것이다. 즉 역사적 요인을 비롯하여 내적·외적 타당성의 확보가 실험연구에서 중요한 영향을 미치는 변수가 된다. 결국 그러한 한계가 본 연구에서도 드러났으나 본 부자자효(父慈子孝) 교육프로그램은 어머니와 자녀를 대상으로 개발한 효교육프로그램으로서는 최초이고 실험연구로 진행된 연구로서도 처음이라는 데에 의의를 둘 수 있다.

본 연구의 교육 및 복지적 함의(含意)는 예방적 성격의 개입 프로그램이 많지 않은 국내의 상황에서(전우경, 2002) 가족을 도울 수 있는 복지적 접근을 하였다는 데에 있다. 그 방법적 접근은 일반적인 집단(Universal group)을 대상으로 하여 교육적인 장면으로 설계한 것이다.

그동안 효(孝)는 전통적인 가정에서 중요하게 여기던 부모-자녀관계의 핵심원리로 인정은 하면서도 현대적 관점에 맞지 않는다는 일부 논리에 의해 한쪽으로 밀어놓거나 부담스럽게 생각하여 왔었던 것이 사실이다. 또한 그렇게 된 이유가 효(孝)라는 말에 담긴 의미를 생각할 때 거의 대부분의 사람들은 자녀가 부모에게 올려드리는 일 방향적인 행동만을 생각하였기 때문이기도 하다. 그러나 이것은 본 연구에서 제한했던 바 전통사회의 효윤리로서 본래의 효사상으로부터는 변질된 내용임이 선행연구를 통해 밝혀졌다.

한편 현대사회의 기능 위주 가족관계로 인해 날로 삭막해져가는 부모-자녀관계의 심각성이 인식되어 이제라도 효(孝)를 회복시켜 가정을 바로 세우고자 하는 움직임이 사회 여러 분야에서 일어나고 있다(효행법제정 공청회, 효실천운동, hoyduhaja.com 등). 하지만 아직도 그 방법적 원리는 일 방향성에 초점이 맞추어져 자녀의 효행만을 강조하는 경향이 있다. 현대 한국 사회에서 발생하는 많은 비도덕적이고 비윤리적인 사건·사고들의 근본원인이 무엇일까에 대해 다양한 학문적 접근을 통한 노력은 끊임이 없으나 그 근본적인 해결점은 아직도 합의에 이르지 못하고 있다. 인간의 심리가 복잡하고 성장환경이 다양하며 환경에 적응하는 반응양상이 모두 다르기 때문에 일반적인 원리를 적용한다는 것이 어려운 일임은 누구나 공감하는 사실이다.

그럼에도 불구하고 인간의 모든 문제에 대한 관심이 한 곳으로 모아지는 곳은 바로 가정이고 부모 - 자녀관계임은 두 말할 나위가 없다. 본 부자자효(父慈子孝) 교육프로그램은 바로 어머니와 자녀를 동시에 대상으로 삼아 같은 기간에 교육을 실시하여 부모의 자애로움과 자녀의 효행이 동시에 이루어지는 가정이 되게 하고자 개발한 것이다. 그동안 많은 부모교육프로그램이 실시되었으나 거의 대부분은 서양에서 들어온 프로그램이고 국내에서 개발한 부모교육프로그램은 매우 희소하다.

특히, 자효(子孝) 교육프로그램의 효과 중에 어머니에 대한 배려심이 높아졌다는 것은 주목할 만한 성과라고 본다. 왜냐 하면 배려(Caring)는 정의(Justice)와 더불어 도덕성 발달에 있어 1980년대 이후 새롭게 주목되는 덕목이다. 다른 사람을 배려하지 못하는 인성을 소유한 사람은 공동체 삶에서 자신과 타인을 힘들게 할 수 있다. 배려는 정의지향적 도덕성의 발달에 초점을 맞추어 인간세계의 삶을 옳고 그름으로만 분별하고자 하던 경직된 분위기를 반전시킬 수 있는 온유와 따스함으로 인정(人情)을 느끼게 해 주는 덕목이다. 지금 우리 사회는 인정이 필요하다. 돌봄을 필요로 하는 사람이 점점 많아지는 작금인데 배려심이 높아지도록 교육할 수 있는 프로그램이 있다는 것으로도 그 의의가 크다고 본다. 특히, 어머니에 대한 배려가 초기 청소년의 자기통제에 긍정적인 영향을 미친다는 선행연구결과(정영숙, 1994: 102-104)로 볼 때 충동성과 일탈의 잠재요인을 갖고 있는 청소년기에 입문하기 이전에 본 자효(子孝) 교육프로그램을 실시한다면 청소년문제 예방 차원에서도 의의가 있다고 본다. 박순한(2002: 24)도 효사상에서 본받아야 할 교육적 의미로서 배려를 말하였으며 배려야말로 어머니와 자녀를 하나로 만든다고 말하였다.

부자자효(父慈子孝) 교육프로그램은 한국적인 프로그램으로서 부모와 자녀를 동시에 교육한다는 차별성과 독특성이 있다. 본래 의도에서 벗어난 효사상을 바로잡아 부모의 자애로움이 선행되는 분위기 속에서 자연스럽게 자효(子孝)가 싹이 트도록 부자자효(父慈子孝) 원리에 기반을 두고 교육하는 것이다. 본 부자자효(父慈子孝) 프로그램의 효과성이 검증됨에 따라 앞으로의 효교육은 양 방향성을 염두에 두고 실시되어야 한다.

2. 제 언

본 연구결과를 바탕으로 하여 후속연구를 위한 몇 가지 제언을 하자면 다음과 같다.

첫째, 표집의 편파성에 관한 문제다. 본 연구를 진행함에 있어 전국적인 표집을 하지 못하고 요구조사와 실험연구 참여자 표집을 서울의 강북 지방에 위치한 한 초등학교의 고학년 학생들과 그들의 어머니를 대상으로 하였다. 송말희(1998: 111)는 프로그램 개발과 실시에 관한 연구에서 가장 어려운 일은 대상자 모집이라고 말한 바 있다. 학교를 대상으로 하여 피험자를 모집하는 것은 이러한 문제를 해결하는 데는 도움이 되나 지역적으로 다양한 표집이 고려되었다면 더욱 정교한 실험 설계가 되었으리라 생각한다. 실험연구 주제가 병리적인 것에 관한 것이 아니라 일상생활과 관련한 효(孝)를 주제로 한 것이어서 모집단을 대표하는 데에 무리가 없으리라는 연구자의 판단과 효의 인식에 관한 연구 중 사회인구학적 배경에서 연령과 학력 외에는 변인으로서 작용하지 않는다는 선행연구(성규탁, 1995: 174-179)를 참고로 진행하긴 하였으나 더욱 정교한 실험을 위해서는 표집대상과 범위를 확대하여 실험설계할 필요하다고 생각된다.

둘째, 실험연구에 있어 평가의 내적 타당도를 저해하는 요인의 통제문제다. 본 연구에서 개발한 프로그램은 실험처치의 효과가 통계적으로 검증이 되었다. 그러나 처치를 하지 않은 비교집단에서도 일부 효과가 나타났다. 비교집단의 점수변화에 대해 원인을 살펴본 결과 실험 기간 동안 다른 사건이 개입된 역사적 요인으로 설명이 가능함을 알게 되었다. 더욱이 효를 주제로 한 교육프로그램 내용의 일부는 일상생활장면에서 어느 가정에서나 강조할 수도 있고 교육과정 속에서도 다루어질 수 있는 덕목이다. 따라서 완전히 폐쇄된 실험실 상황을 연출하지 않는 이상 비교집단에서 나타나는 효과는 학습과 발달에 의한 자연적인 현상으로도 해석할 수 있으며 이는 곽윤정(2004)의 연구에서도 지적한 바 있다.

셋째, 본 연구를 바탕으로 부자(父慈) 교육프로그램은 회기를 더 늘리고 보다 질적으로 정교하게 보완해서 부모의 자애로운 역할에 대해 장기적인 교육을 계획할 필요가 있다. 프로그램 종료 후 어머니들의 자기보고(self-report) 결과물에서도 그러한 의견이 기술되어 있었는데 초기의 요구조사에서 드러난 것과는 달리 막상 교육을 받게 되면서부터는 프로그램 실시 횟수를 늘렸으면 좋겠다는 의견이 많았다. 이러한 의견은 프로그램 개발과 효과에 관한 다른 선행연구(김정미, 2000: 71, 송말희, 1998: 112)에서도 만족도 평가 시에 나타났던 의견이다.

넷째, 시대적인 정보자원을 활용하여 시너지 효과를 기대할 수 있다는 것이다. 본 부자(父

慈) 교육프로그램을 진행하는 중에 서로의 의견을 상호 교환하고 구성원 간의 결속력을 높이기 위해 자발적으로 사이버공간상에 모임을 만들었다. 그 모임은 배운 내용들을 중심으로 하여 성공담과 실패담을 서로 나누고 어떻게 하면 더 자애로운 어머니가 될 수 있는지에 대한 방법에 대해 상호 간에 생각을 나누고 힘든 순간순간에 서로 지지가 되어 주는 구실을 하고 있다. 인터넷을 통한 교육프로그램 실시를 통해 교육 효과를 본 선행연구(박순한, 2002; 정연이, 2002)를 보더라도 인터넷을 활용하여 지속적인 관심을 나누도록 하는 것은 서로에게 지지 환경이 되어 준다는 의미에서 후속적인 효과를 기대하기에 바람직한 방안이라고 본다.

본 연구의 제한점은 다음과 같다.

첫째, 부자(父慈) 교육프로그램인데 교육대상을 어머니로 제한한 점이다. 가정의 주 양육자가 대체로 어머니이며 초등학교를 기반으로 하여 부모교육을 실시할 때 현실적으로 아버지를 교육대상으로 삼기에는 시간과 장소의 제한이 따르므로 대상자 모집에 어려움이 따르는 것이 사실이다. 그러나 부자(父慈)의 주체가 부모임을 생각할 때 아버지 참여의 기회도 확대하여 부모가 함께 참여하는 것이 바람직하다고 생각한다.

둘째, 외국의 부모교육과 차별화되는 한국적인 부모-자녀관계와 역할에 초점을 맞추었는데도 불구하고 각 회기(마당)에서 다루는 내용 중에는 인본주의 심리학을 배경으로 하는 내용이 삽입되었다. 예를 들면 자녀를 존중하는 한 방법으로 대화기법 익히기라든가 계획적인 시간생활을 강조할 때 7Habits의 개념을 도입한 것 등이 그것이다. 기존의 부모교육 관련 프로그램 실시 연구에서도(이상희, 2003) 이러한 한계는 드러났다.

이상에서 본 연구의 제한점을 기술하였다. 현대 한국 가정에서 재정립해야 할 부모-자녀관계의 원리는 자(慈)와 효(孝) 이 두 가지 덕(德)이다. 이 핵심원리를 바탕으로 개발된 부자자효(父慈子孝) 교육프로그램의 효과를 검증한 결과 부자(父慈) 교육프로그램과 자효(子孝) 교육프로그램이 모두 통계적으로 유의미한 효과가 있었다.

앞으로 부자(父慈) 교육프로그램의 회기를 늘리되 아버지도 참여할 수 있는 내용으로 보완하고, 표집대상을 지역적으로 보다 고르게 확대한 후 더 많은 사례를 대상으로 삼아 실험을 진행해 볼 필요가 있다. 추후연구에서는 이러한 점을 보완하여 부자자효(父慈子孝) 교육프로그램이 교육 현장과 복지기관에서 부모-자녀관계를 돕는 한국적인 교육프로그램으로 정착되기를 기대해 본다.

참고문헌

강윤정(1995). 대학생의 사회도덕적 경험과 도덕성 발달. 덕성여대 논문집, 25, 285-297.

공덕성(1995). 孝란 무엇인가. 孝思想과 未來社會 국제학술자료, 89-97.

곽윤정(2004). 정서지능 교육프로그램 모형 개발 연구. 서울대 박사논문.

권혁내(1981). 아동의 도덕적 판단에 관한 연구. 학생생활연구 6, 103-133.

_____(1985). 아동의 도덕성 발달과 가정교육. 춘천교대논문집, 25. 101-123.

권희정(1995). 보살핌의 윤리와 기독교 도덕교육. 이화여대 대학원 석사논문.

김경희(1987). 국민학교 효 교육을 위한 실천적 방안연구. 동국대 교육대학원 석사논문.

김관옥(1999). 한국전통사회에서의 효사상의 전개와 현대적 의의에 관한 연구. 전북대 교육
    대학원 석사논문.

김광웅(1999). 韓國 傳統 家庭敎育의 原理, 강남대학교. 인문과학논집, 8, 237-261.

김광일, 남정현(1978). 정신과 입원환자에서 본 고부간의 갈등. 신경정신의학, 17(1), 27-32.

김광일(1999). 정신의학자가 본 효의 문제. 정신건강연구, 18, 한양대 정신 건강연구소.

김두헌(1985). 한국가족제도 연구. 서울대학교 출판부. 586-587.

김득중(1993). 생활예절 이렇게 한다. 서울: 교문사.

김만지(2000). 미혼모의 스트레스 관리 프로그램 개발과 효과에 관한 연구. 이대대학원 박
    사논문.

김명자, 송말희(1998). 중년기주부의 가족관계향상을 위한 가족생활교육 요구도 분석. 대한
    가정 학회지, 36(3).

김미령(1999). 습관화를 통한 초등학교 효 교육에 관한 연구, 진주교대 대학원 석사논문.

김병성(1996). 교육연구방법. 서울: 학지사.

김성철(2003). 사회봉사와 효. 성산효도대학원 사회복지학과 강의자료 게시물 중.

김시연, 장진경(2002). 치매노인 부양가족을 위한 교육프로그램 개발연구. 생활과학 연구지, 16, 13-39.

김양호·박정희·유계숙·전춘애(2002). 모자보호시설 아동을 위한 교육프로그램 개발 및 평가. 대한가정학회지, 40(6).

김언영(1997). Gilligan의 여성심리 이론을 통해서 본 여성의 도덕발달 과정 연구 -실제적 삶의 딜레마: 인공유산 경험자 조사를 중심으로- 감신대 신학대학원 석사논문.

김영희(1996). 빈곤층 편모의 스트레스. 사회적 지원 및 심리적 디스트레스가 부모 역할수행에 미치는 영향. 서울대학교 박사논문.

김익수(1995). '한국인의 가정윤리'. 한국정신문화연구원.

김정원(1999). 부모교육프로그램의 개발과정에 관한 연구. 이화여대 대학원 박사논문.

김종서·이영덕·황정규, 이홍우(1997). 교육과정과 교육평가. 서울: 교육과학사.

김지은(1996). 캐롤 길리건의 배려윤리의 도덕적 정당성에 대한 연구. 연세대 석사논문.

김창대(2002). 청소년집단상담 프로그램의 개발과 평가. 한국청소년상담원.

김통원(2003). 사회복지 프로그램 개발과 평가. 서울: 학지사.

김혜영(2001). 학업중도탈락 청소년의 생활세계에 관한 문화기술적 연구. 숙명여대 박사논문.

김화순(1973). 한국 청소년의 가정환경변인과 죄의식과의 관계. 이대대학원 석사논문.

김흥주(1994). 한국 가족 문제의 특징. 한국 사회사 연구회 논문집, 39.

노사광(1986). 중국철학사. 정인재 역. 서울: 탐구당.

노호은·박경자(2001). 청소년이 지각한 부모의 자녀 양육태도와 자기효능감 간의 관계. 연세교육과학, 49, 55-71.

려중동(1997). 효도보감. 서울: 문음사.

마영래(2000). 가정위기 극복을 위한 효행프로그램 개발연구. 성산 효도대학교 대학원 석사논문.

목영해(2002). 배려윤리와 유교윤리의 공통점과 그 함의. 도덕교육연구, 14(1). 45-69.

문경서·김상태(1983). 효의 정신의학적 의미. 신경정신의학, 22(1), 27-31.

박랑규(1999). 자폐 영·유아와 부모의 사회적 상호 작용 발달을 위한 가족훈련 치료 프로그램 개발연구. 이화여대 대학원 박사논문.

박명용, 황송문 편저(1993). 孝經-동양학 시리즈 16. 서울: 자유문고.

박병춘(2002). 배려윤리와 도덕교육. 서울: 울력.

박순한(2002). 교육경력 노인의 능력을 활용한 '효'프로그램 개발 및 적용방안 연구. 성신여
　　대 박사논문.

박영숙(1994). 심리평가의 실제. 서울: 도서출판 하나의학사.

박인우(1996). 효율적 집단상담 프로그램 개발을 위한 체계적 모형. 계명대학교 학생생활연
　　구소, 20. 19-40.

박재주(1992). 현대사회에서의 효의 참뜻과 실천방안. 민주문화논총, 25.

박철호(2001). '효학의 학문적 기반구축을 위한 체계론적 연구'. 효학개론. 성산효도대학원
　　대학교.

백승준(2001). 미래사회에 부응할 청소년의 가치기준 내면화 접근 프로그램 연구. 서강대
　　교육대학원 석사논문.

변창진(1994). 프로그램 개발. 서울: 홍익출판사.

사람다운 삶의 길(2000). 인성교육자료 - 퇴계 이황선생. 경북안동교육청.

서병숙 · 윤혜경(1992). 父母-子女 간 커뮤니케이션과 子女의 孝行에 관한연구. 한국생활과
　　학연구, 10, 233-258.

서영신(2002). 기독교가정에서의 효교육 방안 연구. 성산효도대학원대학교. 석사논문.

성규탁(1995). 새 시대의 효. 연세대학교 출판부.

성균관출판부(1993). 생활예절. 서울: 성균관.

손인수(1992), 한국인의 가치관. 서울: 문음사.

＿＿＿(1995). 한국교육의 뿌리. 서울: 배영사.

＿＿＿(1997). 효행의 행동규칙 생활화 방안. 서울: 문음사.

송말희(1998). 중년기 주부대상 가족생활교육프로그램 개발. 숙명여대 대학원 박사논문.

宋 復(1995). 효사상과 사회발전. 효사상국제학술회의 자료.

송정애(2001). 저소득 편모를 위한 가족생활교육프로그램에 관한 연구. 동국대 대학원 박사

논문.

신동로(1995). 신교육과정 총론(안)의 문제점과 개선방안. 교육학연구, 1(1). 愼鏞日(1998).
　　　효교육의 개념과 학습과정에 관한 고찰. 성산효도대학원대학교 효학학술대회.

신중선(1985). 전통한국 사회에서의 효사상의 전개. 경희대학교 대학원 석사논문.

심리척도핸드북(1999). 고려대학교 부설 행동과학연구소 편.

안경식(2000). 한국 전통아동교육 사상. 서울: 학지사.

안태원(1994). '효경'과 '부모은중경'에 나타난 효사상 비교. 한국교원대 대학원 석사논문.

안희옥(2002). 효행자료개발과 대화학습을 통한 효교육. 대구교대 교육대학원 석사논문.

양태임(2000). 유교와 기독교의 효. 감리교 신학대학원 석사논문.

양희열(1993). 효사상의 현대적 의의와 교육에 관한 연구. 관동대 대학원 석사논문.

엄주정(2000). 孝思想의 本質과 家庭倫理 敎育觀. 인문사회논총, 9, 3-22.

예기(禮記) 上·中·下偏, 池載熙 解譯. 동양학총서 45. 서울: 자유문고.

원종철(2000). 교육학적 입장에서의 효사상. 카톨릭대 神學과 思想, 34, 27-45.

유승국(1995). 孝와 人倫社會. 효사상과 미래사회. 효사상국제학술회의 자료집, 1-12.

유원종(1998). 유소년기의 효교육 방안연구. 성산효도대학원 대학교 석사논문.

유점숙(1995). 朝鮮時代 兒童의 孝行敎育. 兒童學會誌 16(1), 2-4.

＿＿＿＿(1994). 傳統社會의 兒童敎育. 대구: 중문출판사.

윤명선(2000). 초기청소년의 건강한 성을 위한 교육프로그램 개발. 성대대학원 박사논문.

윤성범(1994). 효란 무엇인가? 서울: 삼일서적.

이계학 외(1997). 새 시대의 가정교육을 위한 탐색적 연구. 한국정신문화 연구원 연구논총
　　　97-13.

이귀윤(1996). 교육과정연구. 서울: 교육과학사.

이문원(1998). 효실천의 교육적 의의. 성산효도대학원대학교 효학학술대회 발표본.

이미식(2000). 정의와 배려의 윤리적 논쟁과 도덕교육에 대한 함의. 부산 대대학원 박사논문.

이상희(2002). 母-兒 치료놀이 프로그램의 개발과 효과. 숙명여대 박사논문.

이소희(2003). 아동복지론. 서울: 도서출판 양지.

이숙인(1999). 유교의 관계윤리에 대한 여성 주의적 해석. 한국여성학, 15(1). 한국여성개발원.

이영식·김대성(1998). 내면화 이론과 초등학생의 자기조절 학습. 敎育論叢, 18.

이을호(1979). 다산학의 이해. 서울: 현암사.

_____(1985). 丁茶山의 生涯와 文學. 서울: 박영사.

이응백(1995). 효사상의 전개과정. 효사상 국제학술회의 자료집, 108.

이장주(2002). 부자유친성정 척도개발에 관한 연구. 중앙대 박사논문.

이재승(1998). 효사상(孝思想)의 現代敎育的 硏究. 단국대대학원 박사논문.

이정덕·박허식(2002). 한국의 근대가족 윤리. 서울: 학지사.

이정혜(2004). 대상관계이론에 근거한 아동의 공격성 감소 프로그램 개발과 효과. 숙명여대
        박사논문.

이종각(1997). 한국의 전통문화와 전통교육. '교육인류학의 탐색'. 253-292.

이태영(2000). 유아를 위한 사회적 유능감 증진 프로그램의 구성 및 효과 검증. 서울여대
        대학원 박사논문.

이한분(2000). 가정에서의 효실천 방안에 관한 연구. 성산효도대학원 석사논문.

이현규(2002). 부모-자녀관계의 재정립을 위한 효교육 방안. 성산효도대학원 석사논문.

이효선(2003). 초등학교에서 효교육 이렇게 하자. 초등학교교육연구, 2, 공주교대 초등교육
        연구소.

임돈희·로저(2001). 한국 효 문화의 변용. 한국문화인류학, 34(2), 3-29.

임동렬(2003). 공감적 사고 역할놀이 학습활동과 도덕성의 내면화에 관한 연구, 한신대 교
        육대학원 석사논문.

임정하(2003). 한국적인 양육행동 척도개발과 타당화. 고려대대학원 박사논문.

전영례(1996). 배려의 윤리에서 본 학교행정. 전남대 교육대학원 석사논문.

전우경(2002). 영아의 애착 증진을 위한 부모교육프로그램의 구성과 적용효과. 중앙대학교
        박사학위논문.

정계숙(1993). 가정중심 부모교육프로그램의 효과에 대한 추후 연구(Ⅰ). 교육학연구. 31(1),

57-75.

정상봉(2000). 유학에서의 효(孝)와 그 현대적 의의. 인문과학논총, 34, 33-39.

정연이(2002). 관상동맥질환자를 위한 인터넷기반 교육프로그램 개발 및 효과분석. 서울대 대학원 박사논문.

정영숙(1994). 어머니에 대한 배려가 자기통제에 미치는 영향. 서울대 대학원 박사논문.

정옥분·김광웅·김동춘·유가효·윤종희·정현희·최경순·최영희(1997). 전통 효개념에서 본 부모역할 인식과 자녀양육행동. 아동학회지, 18(1), 81-107.

정옥분·곽경화(2004). 정의지향적 도덕성과 배려지향적 도덕성에 관한 연구. 서울: 집문당.

정옥분(2002). 아동발달의 이해. 서울: 학지사.

조규남(1982). 효사상의 한국 교육적 발전과정의 분석적 연구. 전주대학논문집, 11, 527-548.

조기석(1998). '孝'思想에 나타난 倫理的 問題의 批判. 한국교원대 대학원 석사논문.

조남국(1995). 효의 본질과 사회적 적용 방안. 효사상 국제학술회의 자료집, 311.

조두영(1975). 효자·효녀 전에 있어서 효의 정신분석학적 연구. 신경정신의학, 14(2), 131-139.

조성윤(1994). 한국사 강의. 서울: 한길사.

조운주(2001). 유아교육 실습 지도 교사 교육프로그램 모형개발. 이화여대 대학원 박사논문.

조윤경(2002). 한국인의 나의식-우리의식 척도개발 및 타당화. 고려대 대학원 박사논문.

주영애·박상희·김선주(2002). 유아를 위한 효교육프로그램 모형개발. 한국전통생활 문화학회지, 5(1).

池載熙 解譯(2000). 禮記-동양학 총서, 45, 서울: 자유문고.

차준구(1979). 한국전설에 나타난 효의 문화 정신의학적 고찰. 신경정신의학 18(1), 82-90.

최근덕(1995). 儒學講義 성균관 출판부.

최기섭(2000). 유교(儒敎)의 효 사상(孝思想)과 그리스도교 신앙. 카톨릭대 神學과 思想 34.

최봉영(1997). 조선시대 유교문화. 서울: 사계절.

최봉영(1997). 한국문화의 성격. 서울: 사계절.

최상진(2000). 韓國人의 心理學. 중앙대학교 출판부.

최재석(1982). 한국가족연구. 서울: 일지사.

추병완(2002). 배려교육론. 서울: 도서출판 다른 우리.

한선봉(2001). 초등학생을 위한 효율적인 효교육 방안 연구. 성산효도대학원대학교. 석사논문.

한영진(2003). 학교기반(school-based) 부모교육 실시 가능성에 관한 연구. 학습자 중심교과
　　　　교육연구, 5, 153-181.

＿＿＿＿(2004). 기독교 가정의 부모가 지각하는 자녀의 신앙생활 평가도구 개발 기초연구,
　　　　대한부모교육학회, 1(1), 5-24.

한영훈(2001). 부모교육을 통한 초등학생 효교육 방안연구. 성산효도대학원 대학교 석사논문.

한철희(1997). '孝經'의 生命論的 硏究. 성균관대 유학대학원 석사논문.

황원영(1995). 교육사회학. 서울: 교육과학사.

한국정신문화연구원(1982). 전통적 생활양식의 연구(中), 서울: 천풍인쇄.

한국청소년개발원(1995). 가족캠프활동, 청소년수련거리 31.

한국청소년개발원(2001). 청소년의 가치관확립을 위한 교육프로그램 자료집.

한국청소년상담원(2002). 사랑하는 방법을 바꿔라. 부모교육자료 중.

현미숙(2004). 아동 부모교육·상담을 위한 부모역할지능척도의 개발과 타당화. 숙명여대
　　　　박사논문.

홍강의, 박선자(1991). 발달학적 측면에서의 孝의 기능과 의미. 소아·청소년 정신의학,
　　　　2(1). 176-181.

홍성훈(1999). 의료윤리 교육프로그램의 개발연구. 서울대대학원 박사논문.

효교육 길라잡이(2002). 초등학교 편. 인천광역시 교육과학연구원.

효행교본(1996). 효행교육원 편저. 도서출판: 성산서원.

황옥자(1987). 'STEP'프로그램의 한국적용 가능성 탐색연구; 어머니의 자아개념, 양육태도,
　　　　유아행동에 미치는 영향을 중심으로. 중앙대 대학원. 박사논문.

孝經大義(1996). 전통문화연구회.

〈기타자료〉

공주대학교 효문화연구소 인터넷 탑재자료.

교육부(1993), 국민학교 교육과정 해설(Ⅰ), 서울: 교육부.

교육인적자원부(2003). 7차 교육과정해설.

기독교신문. 2004. 5. 30일자 5면.

동아 국어대사전(1985). 동아출판사편집부.

유교대사전(1990). 1764쪽.

조선일보. 2000. 5. 20일자.

한국교육신문. 2004. 4. 26일자.

Bahemuka, J. M.(1995). *The Impact of Social on Filial Piety within the African Family.* Filial Piety International Conference.

Bandura, A.(1999). *Social Cognitive theory of personality.* In L. A. Pervin and John. O. P.(Eds.), Handbook of Personality; Theory andResearch(2nd edith., pp.154-196). N. Y: Guilford Press.

Baumrind, D.(1971). Current patterns of parental authority, *Developmental Psychology Monographs,* 4(part 2).

Chase-Lansdale, P., Lindsay., & Pittman, Laura. D.(2002). Welfare Reform and Parenting: Reasonable Expectations. *The Future of Children,* 12(1), 167-185.

Chen, X., Dong, Q., and Zhou, H.(1997). Authoritative and authoritarian parenting practices and social and school peformance in Chinese children. *International Journal of Behavioral Development,* 21, 855-873.

Dewey. J.(1959). *Experience and Education.* N. Y. Collier Books. 강윤중 역(2000). 경험과 교육. 서울: 배영사.

Dianne Schilling,(1996). EI for Elementary student, 초등학생을 위한 정 서지능, 노성향·임선빈·조수연 譯. 서울: 양서원.

Galen Saylor., William. J., Alexander. M,. & Arther Lewis. J,(1981). *Curriculum Planning for Better Teaching and Learning,* 4th edth.

George J. Posner., & Alan N. Rundnitsky,(1997). *A Guide to Curriculum Development for Teachers* 5th edith. 교사와 교육과정 설계. 김인식·최호성·최병옥 공역(1997). 경남대출판부.

Hand Book of Parenting(2002), 2nd edith. *Social Conditions and Applied Parenting.* Vol.4. Lawrence Erlbaum Associates, Publishers. Mahwah, N. J.

Holt. N. Y., Rinehart and Winston. 교육과정개발론. 홍성윤·김유미·김복영 편역(1997). 서울: 교육과학사.

Lee Cheuk Yin.(1995). Historical Development and Modern Application in Chinese Society. Filial Piety International Conference.

Lewis Lancast.(1995). *The Role of Filial Piety in Buddism* Filial Piety International Conference.

Louis E. Raths., Merrill Harmin., Sidney B,. Simon(1978). *Values and Teaching-Working with Values in the Classroom.* A Bell & Howell Co. 가치를 어떻게 가르칠 것인가? 조성민·정선심 역 서울: 철학과 현실사.

Lovell, K.(1976). *An Introduction of Human Development,* 인간발달과 교육. 정확실 역, 서울: 배영사.

Luo Guojie.(1995). *The Chinese Tradition of Filial Piety and Contemporary Society,* Filial Piety International Conference.

McMullen. I. J.(1995). *Filial Piety. Loyalty and Universalism in Japanese Thought of the Tokugawa Period.* Filial Piety International Conference.

Noddings. Nel.(1989). 'Educating for Moral People'. Mary M. Brabeck(ed). *Who Cares? Theory. Research. and Educational Implications of Ethics of Care.* N. Y: Praeger.

Peter M. Kettner., Robert M. Moroney., Lawrence L. Matin(1999), *Designing and Managing Programs-An Effectiveness-Based Approach 2nd Edith.* Sage Publications. Inc .CA. 사회복지 프로그램 기획과 관리. 정무성 옮김(2001), 나눔의 집.

Prochaska, J., Norcross. J., Diclemente. C(1994). *Changing for Good.* 강수정 역(2003). 변화프로그램. 서울: 에코 리브르.

Rosemary S. Caffarella. *Planning Programs in Lifelong & Continuing ducation.* 평생교육 프로그램의 개발. 김영주 역(2002). 서울: 지구문화사.

Tu Wei-Ming.(1995). *Humanity as Embodied Love.* Filial Piety International Conference.

William M. Kurtines., & Jacob L. Gewirtz.(1995).*Moral Development: An Introduction.* Pearson Education Inc. 도덕성의 발달과 심리, 문용린 역(2004). 서울: 학지사.

Wilson Ukken(1979). '*Turn to the Subject: A Study for the Formation of the Christian Moral Person in the Writings of the James M. Gustafson*' Rome; Academia Alfonsiana.

兒童福祉論(2003). 水野 智美 外 編著. 東京: 文化書房博文社.

親孝行の終焉(1995). 深谷昌志 著. 名古屋市: 黎明書房.

www.quran.or.kr/Islam/9.html

부록편

부자자효 구인 타당을 위한 전문가 설문지

안녕하십니까? 연구와 가르침으로 바쁘신 중에도 귀중한 시간을 내주셔서 감사합니다. 본 질문지는 우리나라 전통 부모−자녀관계의 기본 원리인 '부자자효(父慈子孝)'에서 부자(父慈)와 자효(子孝) 각각의 구성요소가 무엇인지를 알아보기 위한 질문지입니다.

오늘날, 서양식 자녀교육의 한계에서 오는 여러 부작용들을 절감하면서 우리나라 전통 부모−자녀관계의 기본 원리인 '부자자효(父慈子孝)'를 회복해야 된다는 주장들이 많이 있습니다. 이에 근거하여 '부자자효(父慈子孝)'의 구체적인 내용을 중심으로 한 교육프로그램을 개발하고자 합니다.

본 연구자는 기존 연구자들이 설정한 구인들을 정리하여 새롭게 개발될 프로그램에 반영하고자 하여 여러 전문가의 고견을 듣고자 합니다. 다음에 선정된 구인이 아동기 부모와 자녀 각각에게 실시할 수 있는 효교육프로그램을 구성하기에 과연 적합한지, 또는 수정을 요하는지, 부적합한지에 대한 의견을 표시해 주시면 감사하겠습니다.

바쁘신 중에 부탁을 드려 죄송하오나 후학을 위해 협조를 당부드립니다. 답해 주신 의견은 본 연구 이외의 목적으로는 사용되지 않을 것임을 약속드립니다.

2003년 10월

숙명여자대학교 아동복지학과

지 도 교 수　　　이 소 희

연 구 자 박사 과정 한 영 진

edufare2000@hanmail.net

* 귀하의 직업은?　(　　　　)
* 귀하의 전공은?　(　　　　)
* 현직에 근무하신 연수는? (　　　　　　　)

상위구인 조작적 정의		하위 구인	조작적 정의	적합	부 적합	수정 요함	수정 내용
자 애 로 운 부 모	**책임** 자녀의 보호자로서 독립 시까지 정서적, 물질적 지원을 아끼지 않기 위해 노력함	정성	자녀의 발달을 위해 어려움이나 방해요소가 없도록 정성을 다한다.				
		헌신	어떤 일보다도 부모역할을 하는 데 최우선 순위를 둔다.				
		관심	·자녀의 욕구와 흥미, 관심꺼리, 친구관계에 대해 관심을 갖는다. ·자녀와 친밀한 관계를 형성하기 위해 시간을 투자하며 터놓고 이야기할 수 있는 시간을 가진다.				
		아껴줌	자식을 한 사람의 인격체로서 충분히 존중하고 아껴준다.				
	훈육 부모로서의 권위를 유지하며 엄격함과 자애로움을 바탕으로 옳고 그름을 안내함	권위	논리적인 설명을 통해 훈육하며 행동으로 본을 보여준다.				
		엄친	자녀에게 도덕적인 분별력과 판단력을 길러주기 위해서 엄격함과 자애로움이 조화를 이룬다.				
	수신 부모 자신이 몸가짐을 바르게 하여 덕을 쌓기를 부지런히 함	모범	자녀의 본보기가 됨을 인식하여 언행을 바르고 덕스럽게 한다.				
		보신	자신의 몸과 마음의 건강을 돌보고 잘 관리함으로 건강생활의 본을 보인다.				
	존중 아동의 인격을 귀하게 생각하여 이해와 배려로 존재의식을 느끼도록 해 줌	믿음 (신뢰)	자녀의 심신발달과 인격성장에 대해 미래지향적인 믿음을 갖는다.				
		이해	자녀의 심리적인 상태와 발달특성을 이해한다.				
		격려	자녀가 힘들어 할 때 말과 행동으로 용기와 의욕을 북돋우어 줌으로 성장에 대한 힘을 얻도록 한다.				
		지지	자녀의 잠재력과 장점을 찾아 찬성해 주고 발전되도록 정서적으로 원조해 준다.				
	인내 자녀에게 기대하는 발달적·심리적·학업적 결과에 대해 소망과 안정감을 가지고 기다림	관대	자녀가 같은 실수나 잘못을 여러 번 반복해도 그걸 탓하기보다는 아이의 욕구와 상황을 더 먼저 고려하여 배려한다.				
		희생	자녀의 행복과 성장, 발달을 최우선 순위에 둔다.				

상위구인 조작적정의		하위 구인	조작적 정의	적합	부 적합	수정 요함	수정 내용
효도하는 자녀	**순종** 부모님의 생각과 뜻과 권면을 기쁘게 받아들이고 그대로 따름	청종	부모님 말씀을 거역하지 않고 마음에 깊이 새기고 따른다.				
		형제 우애	형제나 친척 형제간에 서로 관심을 가지고 돌보며 우애 있게 지낸다.				
		절제	부모님의 권면을 받아들여 물건을 아껴 쓰고 저축하는 습관을 기른다.				
	공경 부모님에 대한 경외심을 바탕으로 생각과 행동을 공손하게 나타냄	예의	부모님을 존경하는 마음을 바탕으로 때와 장소에 알맞은 예절바른 생각과 행동을 공손하게 표현한다.				
		존경	부모님께서 이루어 오신 올바른 삶을 존경한다.				
		충간	부모님의 뜻과 생각이 비합리적이라고 판단될 때 간곡하게 자신의 생각을 말씀드린다.				
	감사 낳으시고 기르신 은혜를 생각하며 항상 감사하는 마음을 가짐	보은	낳아주신 은혜와 길러주신 은혜를 생각하며 보답하고자 노력한다.				
		경애	부모님을 존경하고 사랑하는 마음을 담아 늘 감사하는 마음을 갖는다.				
	승지 가문의 기대와 뜻을 헤아리고 자신의 위치와 역할을 파악하여 가족과 세상을 유익하게 함	보신	자신의 몸과 마음을 건강하게 하는 일이 부모와 가족을 위한 일이라는 생각을 한다.				
		입신	적성과 소질에 맞게 몸과 마음을 닦아 뜻을 이루어 부모로부터 독립하여 자신과 사회에 유익한 일을 한다.				
		존속	뿌리의식을 갖고 가문에서의 자신의 위치와 역할을 깨달아 가문을 발전시키고자 노력한다.				
	봉양 부모님의 심신을 편안하고 즐겁게 해드리며 존경하는 마음을 담아 필요를 채워드림.	안락	부모님의 필요를 채워드리며 몸과 마음을 편안하고 즐겁게 해드린다.				
		추모	돌아가신 조상의 업적을 기리고 살아계실 때의 뜻을 이어받으려고 노력한다.				
		불욕	나로 인해 부모님이 부끄러운 일을 당하시지 않도록 행동한다.				

〈부록2〉   〈**어머니용**〉

설 문 지

안녕하십니까?

본 설문지는 효에 관한 부모님들의 생각에 관하여 알아보고자 작성한 것입니다.

수집된 자료는 학문적 연구의 목적에만 이용될 뿐 다른 용도로 사용되지 않으며, 무기명으로 컴퓨터 처리되므로 비밀이 보장됩니다.

설문에 응함에 있어 궁금하신 사항이나 본 연구의 결과가 궁금하신 분은 아래의 연구자에게 연락하여 주시면, 응답해 드리겠습니다.

2003년 9월

숙명여자대학교 대학원
아동복지학전공 박사과정
한영진 올림
edufare2000@hanmail.net
018-290-****

여러분 안녕하세요? 학교상담실에서 여러분의 의견을 듣고 싶습니다.

다음은 평소에 여러분이 자녀의 효도행동에 관한 생각이 어떠한지를 알아보고자 하는 질문입니다.

잘 읽고 본인의 생각을 정확하게 표시해 주시면 고맙겠습니다(번호에 진하게 √표 해 주세요).

---

1. 가정에서 자녀에게 효도에 관해 자주 말씀하십니까?

① 그렇다 ② 가끔 한다 ③ 해 본 기억이 없다(이유?   )

2. 효도에 관해 말씀하실 때 자녀의 반응은 어떠합니까?

① 귀담아 잘 듣는다 ② 듣기 싫어한다 ③ 잔소리라고 생각하는 듯하다 ④ 듣는 척하는 것 같다.

3. 여러분 자신은 집안의 어르신들에게 효도하신다고 생각하십니까?

① 효도를 잘하고 있다(어떻게?   ) ② 별로 효도를 못하고 있다(이유는?   )

4. '효도'라는 말을 들을 때 떠오르는 낱말을 생각나는 대로 써 보세요.

5. 효도를 잘하도록 구성된 교육프로그램이 있으면 참여하고 싶습니까?

① 예(이유?   ) ② 아니오(이유?   )

6. 효도를 주제로 한 프로그램을 진행할 때 어떤 방식으로 진행을 하면 좋겠습니까?

① 강의설명식 ② 비디오관람 ③ 역할극 ④ 예화 중심 ⑤ 옛 조상들의 효행사례듣기

7. 자녀와 함께 효도관련 프로그램에 참여하는 것에 대해 어떻게 생각합니까?

① 좋다 ② 좋긴 하지만 쑥스럽다. ③ 싫다(이유는?   )

8. 자녀가 어떤 방법으로 효도하기를 원하시는지 생각나는 대로 적어보세요.

(예: 공부 잘하기, 말대꾸 안 하기 등)

9. 효도프로그램 구성에 들어갔으면 좋겠다고 생각하는 내용들을 적어주세요.

10. 프로그램에 참석한 후 자녀의 효행이 점점 좋아지는 것은 무엇을 보면 확실히 알 수 있겠습니까?

(   )

11. 프로그램 총 회기는 몇 회기가 적당하겠습니까?

(학교에서 하는 경우 참석가능한 횟수)(   )회

(여러분에 관한 소개)

---
(1) **성별**(① 남, ② 여) (2) **나이** (   )세 (3) **가정의 종교** (① 기독교 ② 천주교 ③ 불교 ④ 기타)

(4) **가족구성** (① 아이의 조부(모)와 함께 산다 ② 핵가족이다 ③ 한부모가정이다)

(5) **자녀 수** (① 1명 ② 2명 ③ 3명)

〈**부록3**〉   〈**자녀용**〉

설 문 지

안녕하십니까?

본 설문지는 효에 관한 아동들의 생각에 관하여 알아보고자 작성한 것입니다.

수집된 자료는 학문적 연구의 목적에만 이용될 뿐 다른 용도로 사용되지 않으며, 무기명으로 컴퓨터 처리되므로 비밀이 보장됩니다.

설문에 응함에 있어 궁금하신 사항이나 본 연구의 결과가 궁금하신 분은 아래의 연구자에게 연락하여 주시면, 응답해 드리겠습니다.

2003년 9월

숙명여자대학교 대학원
아동복지학전공 박사과정
한영진 올림
edufare2000@hanmail.net
018-290-****

여러분 안녕하세요?

효도에 대해 많이 들어보았지요?

다음은 평소에 여러분이 효도에 관한 생각과 행동이 어떠한지를 알아보고자 하는 질문입니다.

잘 읽고 본인의 생각을 정확하게 표시해 주시면 고맙겠습니다(번호에 √표 해 주세요).

1. 우리 집에서는 부모님이 효도에 관해 자주 말씀하신다.

   ① 그렇다   ② 가끔 하신다   ③ 들어본 기억이 없다.

2. 효도에 관해 말씀하실 때 여러분의 기분은 어떠합니까?

   ① 부모님의 말씀이 옳다고 생각한다 ② 별로 듣기 싫다 ③ 잔소리라는 생각이 든다 ④ 듣는 척한다.

3. 여러분의 부모님은 할머니나 할아버지께 효도하신다고 생각하십니까?

   ① 효도를 하신다(어떻게?   ) ② 별로 효도를 안 하신다. ③ 전혀 안 하신다.

4. '효도'라는 말을 들을 때 떠오르는 낱말을 생각나는 대로 써 보세요.

5. 효도를 잘하도록 구성된 교육프로그램이 있으면 참여하고 싶습니까?

   ① 예(이유?   ) ② 아니오(이유?   )

6. 효도를 주제로 한 프로그램을 진행할 때 어떤 방식으로 진행을 하면 좋겠습니까?

   ① 강의설명식 ② 비디오관람 ③ 역할극 ④ 예화 중심 ⑤ 옛 조상들의 효행사례듣기

7. 부모와 함께 효도관련 프로그램에 참여하는 것에 대해 어떻게 생각합니까?

   ① 좋다 ② 좋긴 하지만 쑥스럽다   ③ 싫다(이유는?   )

8. 우리가 효도할 수 있는 일은 어떤 것들이 있는지 생각나는 대로 적어보세요.

9. 여러분이 요즈음 부모님께 효도를 하기위해 노력하는 행동들이 있으면 적어보세요.

10. 프로그램에 참석한 후 여러분의 효행이 점점 좋아지는 것을 다른 사람들은 무엇을 보고 알 수 있을까요? (   )

11. 프로그램 총 회기는 몇 회기가 좋겠습니까?

    (회기란 모임의 횟수입니다)(   )회기

(여러분에 관한 소개)

(1) 성별 (① 남, ② 여) **(2) 학년**(   )학년 **(3) 가정의 종교** (① 기독교 ② 천주교 ③ 불교 ④ 기타)
(4) 가족구성 (① 조부모와 함께 산다   ② 핵가족이다   ③ 한부모가정이다)
(5) 난 (① 첫째 아이예요 ② 둘째 아이예요 ③ 셋째 아이예요   ④ 외둥이예요)

〈부록4〉

부자(父慈) 교육프로그램 진행안

회기	첫째 마당 (여는 마당)	날짜	
주제	친밀감형성과 사전검사 실시	요소	친밀감형성, 부자자효의 원리 알기
목표	본 프로그램의 개요와 목표를 소개하고 구성원으로서의 결속력을 다짐하며 기대감을 갖고 출발하도록 동기를 유발한다.		
단계	활동내용	변화 영역	준비물
도입	* 이름 소개하기(자녀이름과 자기 이름) - 첫 만남이므로 ice breaking이 되도록 약간의 이름 기억 게임을 곁들임 * 본 프로그램에 참여하게 된 동기 소개		이름표
전개	* 사전검사 - 부모역할수행척도, 자녀 효행동 체크리스트 * 프로그램의 전체목표 확인하기: 부모는 부자역할을 잘하고, 자녀는 자효역할을 잘하여 행복한 가정을 이룬다. * 양육경험을 통한 어려움 서로 나누기 * 프로그램의 목표와 자신의 목표를 일치시키기: 다짐서 작성(별지 1-1) * 부자자효의 원리와 내용소개 -예기(禮記)에 소개됨. 부모-자녀관계의 효원리로서 쌍방향적이고 쌍무적이며 교호적임 -부자역할: 책임, 가르침, 수신, 존중. 인내 -자효역할: 감사, 순종, 공경, 승지, 봉양	인 지	・나의 다짐서
마무리	* 주의사항 - 시간 지키기, 결석하지 않기, 가정에서 부모가 본을 보이기, 자녀의 변화를 조급하게 서두르지 말고 인내하며 기다려주기, 자녀와 함께 배우면서 상호 성장과 성숙을 약속하기		메모장
과제	* 자녀의 변화하는 모습관찰하고 기록에 남기기	일상생활기록 (저널쓰기 양식) 소개	

회기	둘째 마당	날짜	
주제	책임	요소	책임역할-정성, 헌신, 관심
목표	부모의 자애로운 역할 중 책임역할에 해당하는 각각의 요소에 대해 구체적인 지침과 방법을 익히고 실천의지를 다진다.		

단계	활동내용	변화 영역	준비물 및 방법
도입	* 두 주간 동안 부모-자녀관계에서 있었던 일이나 느낌 등을 나누기 * 부모의 역할에 대해 평소 생각하던 내용을 자유롭게 서로 얘기하기		이름표
전개	* 자녀인성형성과 부모역할에 대해 강의 　-전통가정의 부모역할소개: 엄부자모, 엄부엄모, 자부엄모, 자부자모 　-'엄부자모'(아버지로부터는 정의와 용기를, 어머니로부터는 배려와 정을 터득하게 됨) * 책임의 영역과 한계-자녀를 양육(철학, 가치관, 방법)하여 자녀가 독립 시까지 　-정성의 의미: * 관심 갖기-관심인가? 간섭인가? 　-관심의 분야(자녀의 흥미와 욕구, 학교생활, 친구관계, 꿈 등) * 토의-부모로서의 역할수행기회와 개인의 욕구충족을 위한 기회가 동시에 올 때 나의 선택은?	인지 정의 행동	토의사례:
마무리	* 책임역할 중 나의 취약 부분을 보완할 방법 생각하고 그 내용을 소감문에 나타내기 * 우리 가족 생활설계 도표에 부모와 자녀의 가족발달 변화 나타내기		소감문
과제	* 부모 각자의 젊었을 때(결혼 직전이나 직후)의 사진을 아동 편에 보내기		저널쓰기 양식소개

회기	셋째 마당	날짜	
주제	훈육, 수신역할	요소	훈육역할-권위, 엄친 수신역할-보신, 모범
목표	부모의 역할 중 훈육, 수신역할에 해당하는 각각의 요소에 대해 구체적인 지침을 익히고 실천의지를 다진다.		

단계	활동내용	변화 영역	준비물 및 방법
도입	* 두 주간 동안 부모-자녀관계에서 있었던 일이나 느낌 등을 나누기 * 부모의 훈육, 수신역할에 대해 평소 생각하던 내용을 자유롭게 서로 얘기 나누기	인지 정의 행동	* 이름표 * 책-'화내지 않고 때리지 않고 아이를 키우는 법' * 삶의 우선순위 활동지 * 비디오-2004. 6. 25 서울방송 생방송투데이 방송내용녹화
전개	* 훈육의 내용-도덕적 분별력, 가훈을 통한 가족의 공동목표와 가치관, 다른 사람을 배려하는 일, 가정과 학교, 사회에서의 예절 등 * 부모로서의 권위 유지하기-일관된 훈육과 원칙적용 * 수신의 의미 이해 　-본이 됨을 인식하고 행동하기(귀로 배우는가, 눈으로 배우는가) 　-자신의 발전을 위한 계획과 실천방법 정하기 　-몸과 마음의 건강관리를 위한 구체적인 계획 　-시간사용의 지혜터득하기: 삶의 우선순위 표(별지 3-1) * 비디오시청-'네 시어머니 모시는 며느리 이야기'-자녀에게 본보기 * 수신제가치국평천하(修身齊家治國平天下)-영향력의 확대 　-활동: '세탁기 게임'-엉킨 문제를 침착하고 슬기롭게 풀어 나가는 경험을 통해 문제해결에 있어서도 자녀에게 본이 되도록 결단하기		
마무리	* 훈육, 수신 역할 중 나의 취약 부분을 보완할 방법 생각하고 그 내용을 소감문에 나타내기	소감문	
과제	* 모임이 없는 주간엔 일상생활기록(저널)을 활용하여 자녀와 함께 부자자효 내용을 실천한 내용에 대해 상세히 기록한다.	* 일상생활기록(저널) 쓰기	

회기	넷째 마당		날짜	
주제	존중, 인내역할		요소	**존중역할**−아껴줌, 격려와 지지 **인내역할**−관대, 믿음, 이해
목표	부모의 역할 중 존중과 인내역할에 해당하는 각각의 요소에 대해 구체적인 원리와 지침을 익히고 실천의지를 다진다.			

단계	활 동 내 용	변화 영역	준비물 및 방법
도입	* 두 주간 동안 부모−자녀관계에서 있었던 일이나 느낌 등을 나누기 * 존중, 인내역할에 초점을 맞추어 두 주간 동안 지낸 얘기 나누기		
전개	* 자녀를 독립된 개체로서 존중하기 　−'존중'의 의미탐색 　−자녀를 '존중'하는 부모와 '무시'하는 부모의 사례소개('미안하다고 말하기가 그렇게 힘들었나요?' 책 내용 소개) 　−존중받을 때 형성되는 인격에 대한 이야기(생활 속의 아이들) 　−아껴줌의 의미 탐색 　−격려가 필요한 상황제시 　−지지가 필요한 상황제시 * 인내 　−자신이 신뢰(불신)받을 때의 경험과 느낌나누기 　−자녀의 현재 여건과 상태를 받아들이기 　−자녀의 미래에 대한 낙관적 신뢰(현재 모습에 대한 감사, 미래에 대해 신뢰) 　−관대함의 의미와 상황 속에서 연습하기(반복되는 실수라도 너그럽게 수용함) 　−자녀의 입장을 이해하기−상황과 맥락을 고려 　−자녀의 욕구이해−인간의 기본욕구(5 Basic Needs) 중심으로 이해 　−발달단계 이해−인지발달, 도덕성 발달, 심리사회발달 　　현재 초등 고학년학생 경우(유능감형성에 초점 맞춘 양육)하기 * 언어표현을 통한 이해, 믿음, 관대, 격려 및 지지 연습하기(역할연습)	인지 정의 행동	이름표 '생활 속의 아이들' 시 함께 읽기 사례소개: '사랑하는 방법을 바꿔라'−출처: 한국청소년상담원 엮음(2002) 역할연습
마무리	* 존중과 인내역할 중 나의 취약 부분을 보완할 방법 생각하고 그 내용을 소감문에 나타내기	*일상생활기록(저널)쓰기 확인 *메모장	
과제	* 자녀효행동의 변화를 관찰하여 기록하기	관찰 기록지 양식소개	

회기	다섯째 마당	날짜	
주제	인내역할	요소	**인내역할**-관대, 믿음, 이해
목표	부모의 역할 중 인내역할에 해당하는 각각의 요소에 대해 구체적인 원리와 지침을 익히고 실천의지를 다진다.		

단계	활 동 내 용	변화 영역	준비물 및 방법
도입	* 두 주간 동안 부모-자녀관계에서 있었던 일이나 느낌 등을 나누기 * 존중역할에 초점을 맞추어 두 주간 동안 지낸 얘기 나누기		
전개	* 인내 　-인내와 관련된 속담 찾기 　(인내는 쓰다 그러나 그 열매는 달다(苦盡甘來). 참을 인(忍) 자가 셋이면 살인도 면한다. 관용 속에 키운 아이 참을성을 알게 된다. 등) * 경험나누기 　-인내를 실천하여 좋은 결과를 가져왔던 경험, 실천하지 못하여 후회했던 경험 * 사례소개-최일도 목사님의 중 2자녀와의 실화 　-토의: 만일 그러한 상황에서 다른 방법으로 대했다면? * 인내의 구체적 내용에 대해 알기: 관대, 믿음, 이해 　-자신이 신뢰(불신)받을 때의 경험과 느낌나누기 　-자녀의 현재 여건과 상태를 받아들이기 　-자녀의 미래에 대한 낙관적 신뢰(현재 모습에 대한 감사, 미래에 대해 신뢰) 　-관대함의 의미와 상황 속에서 연습하기(반복되는 실수라도 너그럽게 수용함) 　-자녀의 입장을 이해하기-상황과 맥락을 고려 　-자녀의 욕구이해-인간의 기본욕구(5 Basic Needs) 중심으로 이해 　-발달단계 이해-인지발달, 도덕성 발달, 심리사회발달 　　현재 초등 고학년학생 경우(유능감형성에 초점 맞춰 양육)하기 * 언어표현을 통한 이해, 믿음, 관대, 격려 및 지지 연습하기(역할연습) * '생활 속의 아이들' 함께 읽기(별지 4-1)-시의 내용과 의미에 담긴 자녀 양육태도에 대해 이야기 나누기	인지 정의 행동	이름표 '생활 속의 아이들'이란 시 사례소개: '사랑하는 방법을 바꿔라'-출처: 한국청소년상담원 엮음(2002) 역할연습
마무리	* 인내역할 중 나의 취약 부분을 보완할 방법 생각하고 그 내용을 소감문에 나타내기	*저널쓰기 확인 *메모장	
과제	* 자녀효행동의 변화를 관찰하여 기록하기	관찰 기록지 양식소개	

회기	닫는 마당		날짜	
주제	총 마무리 (부모-자녀 합석)		요소	총정리, 새로운 출발다짐
목표	배운 내용을 복습하고 게임을 통해 부모-자녀 친밀감을 확인한 후 부자자효하는 효행가족으로서의 자부심을 갖는다.			

단계	활동내용		변화 영역	준비물
	자 녀	부 모		
도입	* 주제가를 부모님과 함께 부른다. * 구호를 다함께 외치기 * '봉양'의 의미 복습 * 부모님을 편안하고 즐겁게 해 　드린 경험이야기	* 자녀와 함께 주제가를 부른다. * 자녀가 외치는 구호를 보며 어머니도 　함께 외친다(어머니는 '나는 자애로운 　어머니!'로 바꾸기). * 부모님께서 자녀의 말을 들으며 '나 　전달하기'-네가 그렇게 해 주었을 때 　'내 맘이 참 기뺐단다. 고맙다'	인지 정의 행동	주제가 악보 퀴즈출제 플래시카드 눈가리개, 손수건 사후검사지 수료증 캠코더 및 카메라 〈게임방법〉-출처: 한국 청소년개발원 연구보고 서 95-20 가족캠프활동 중 ① 눈감고 부모님 찾기 　자녀들은 손수건으로 　눈을 가린다→부모들 　은 여기저기 섞여 서 　계신다→신호가 나면 　자녀들은 진행자가 지 　정한 신체부위(손, 얼 　굴, 머리, 가슴 등)를 　만져 자신의 부모님 　을 찾아낸다. ② 이인삼각-모자가 한 　마음이 되어야 기대 　효과를 거둘 수 있다.
전개	퀴즈를 통한 개념 확인 -자녀는 부모에게 (예) 자녀의 실수를 너그럽게 수 용하는 자애로움을 무엇이라고 하나요?(관대) (예) 자녀를 부모의 소유물로 생 각하지 않고 독립된 인격으로 대 해 주는 것을 무엇이라고 하나 요?(존중) * 게임실시 -자녀의 눈을 가리고 건너편에 계신 자기의 어머니를 모셔오기 * 프로그램 소감문 작성 및 사후 검사 실시 -한국적 양육행동(32문항) -어머니에 대한 태도(34문항) * 보이지 않았는데 어떻게 엄마 를 찾았나요?	-부모는 자녀에게 (예) 부모님 말씀을 거역하지 않고 잘 듣고 그대로 따르려고 애쓰는 것은 무 슨 효도인가요?(청종) (예) 부모의 몸과 마음을 편안하고 즐겁 게 해드리는 효를 무엇이라고 하나요? (안락) * 게임실시 -어머니의 눈을 가리고 건너편에 있는 자녀를 찾아 업고 오기 * 프로그램 소감문 작성 및 사후검사 실시 -부모역할수행(20문항) -자녀의 효행동변화 체크리스트(21문항) * 보이지 않았는데 어떻게 자녀를 찾았 나요?		
정리	기념촬영 수료증 받기 작은 파티-다과회	기념촬영 수료증 받기 작은 파티-다과회		
마무리	(과제) 자녀-효행누가관찰 기록표, 부모-저널쓰기 누가기록물 일주일 후 제출			

〈부록5〉

자효(子孝) 교육프로그램 진행안

회기	여는 마당	날짜	
주제	친해지기 다짐하기	요소	친밀감형성, 프로그램 목표확인, 다짐서 작성
목표	구성원들 간의 친밀감을 높인 후, 프로그램의 개요를 알고 성실히 참여할 것을 다짐한다.		

단계	활동내용	변화 영역	준비물 및 시간
도입	* 인사나누기 - 지도교사소개, 아동 각자의 이름, 학년반 소개하기 * 간단한 게임하기 - ice breaking(이름을 기억하기 위한 게임) * 본 프로그램에 참여하게 된 동기와 자신의 목표를 소개하기		이름표 게임과 간단한 상품
전개	* 본 프로그램의 이름, 목표, 모임에 대한 안내 - 부자자효(父慈子孝)에 대한 간략한 소개 　- 프로그램 이름: '베풀사랑 드릴효도' 　- 프로그램 목표: 자효, 즉 드릴효도의 내용을 알고 실천하여 효도하는 자녀 행복한 가정이 되도록 함 　- 모임: 매주 1회 1시간-1시간 30분 정도(매주 수요일 1시부터 시작) * 프로그램 참여자로서의 기대와 간단한 다짐나누기 　- 프로그램목표와 자신의 목표를 일치시키는 다짐서 작성 　(별지 1-1) 　- 모임의 규칙정하기: 세 명이 한 모둠이 되어 원활한 모임 진행을 위해 각자가 지키고 협조해야 할 내용을 중심으로 규칙을 정한 후 전체 앞에서 발표하고 공동으로 나온 내용과 지도교사가 첨가할 내용으로 규칙을 정하여 스케치북에 적어 게시한다(지각하지 않기, 다른 친구가 말할 때 경청하기, 자신의 생각을 솔직하게 표현하기 등)(별지 1-2) 　- 규칙을 잘 지킨 모둠이나 개인에게 보상이 있음을 소개	인지 정의	ppt 자료
정리	* 부자자효(父慈子孝)란 무엇을 말하는가?(아비 부, 자애로울 자, 아들 자, 효도 효이며 뜻은 부모는 자녀를 자애롭게 대하고 자식은 부모에게 효도함으로써 행복한 가정을 이룰 수 있는 부모와 자녀의 관계를 말함) * 이 모임의 규칙은 무엇이며 잘 지키면 어떤 상이 있을까요?		ppt 자료
과제	* 각자 공책 1권씩 준비해오기		나의 효행변화 기록지(별지 1-3)

회기	둘째 마당	날짜		
주제	감사	요소	자효 – 감사 – 보은	
목표	낳아주신 은혜와 길러주신 은혜를 생각하며 부모님의 사랑과 수고와 고생에 대해 감사하는 마음을 갖는다.			
단계	**활동내용**		**변화 영역**	**준비물 및 시간**
도입	* 주제가 부르기 – 그림 그리고 싶은 날(별지 2-1) * 효행어린이 구호 정하기 – 나는(손 허리), 효행(양손 엄지 번갈아 들기), 어린이(한 글자마다 박수 짝짝짝) * 지난주에 배운 내용 확인 – 3인 학습, 규칙을 잘 지킨 것에 대한 보상(스티커) * 효행실천기록표 확인 – 3인이 같이 비교해 보기			7분 악보 스티커
전개	* 오늘의 주제 확인: 오늘 우리 효행어린이가 배울 주제는 '감사' 주제 중의 보은입니다. * '보은'의 의미를 알아봅시다. * 우리는 언제 부모님께 감사하다는 생각이 드는가? – 3인이 모여 이야기 나누기 * 나의 출생과 관련된 이야기나 출생 전후 어머니의 고생담을 들은 경험 나누기 * '출산의 고통' 비디오 시청 – 한 어머니가 출산을 위해 병원을 가면서부터 진통을 견디며 아기를 탄생시키는 과정으로 남편도 곁에서 함께 견디는 가족애가 담긴 내용 * 시청 후 소감문 작성 – 활동지(별지 2-2)에 기록 후 전체 앞에서 읽기 * 간접경험활동 – 무거운 물건을 배에 얹고 걸어보기(멜가방에 가득 무게가 나가는 책을 넣어 배 앞으로 걸고 걸어보기, 앉아보기, 누워보기, 일하는 흉내 내보기) * 나를 잉태하여 10달 동안 견디면서 나의 어머니가 어떤 수고와 고통을 참으셨을까를 짐작해 보기		인지 정의 행동	35-40분 비디오(5-7분정도 소요됨) 활동지 2-2 멜가방, 무게가 나가는 두꺼운 책
정리	* 어머니가 겪으셨을 고통을 생각하고 어떤 느낌이 들었는지 말하기 – 예: 죄송하다. 감사하다. 대단하다. 신기하다 등 * 그 감사함을 어떻게 표현하면 좋을까? – 활동지(2-2)에 기록하기: 부모님 안마해드리기			5-7분 활동지(2-2)
실행 과제	* 소감문을 제출하고 어머니께 감사표현하기로 다짐한 내용을 실천한 후 기록표에 확인받기			효행실천기록표

회기	셋째 마당	날짜	
주제	감사	요소	자효-감사-경애
목표	부모님을 존경하고 사랑하는 마음을 담아 '감사합니다'란 표현을 생활화하도록 한다.		

단계	활 동 내 용	변화 영역	준비물 및 시간
도입	* 주제가 부르기 * 효행어린이 구호 외치기(금번 회기부터는 '**나는**'을 구성원 중에서 한 사람이 하도록 하고 그 구성원이 선창하면 나머지 구성원이 다함께 합창한다) * 지난주 감사표현을 실천한 경험과 그에 대한 부모님의 반응이야기 * 효행실천기록표 확인-스티커 붙이기 * 오늘 배울 자효의 주제는 '보은'임-낳아주신 은혜와 길러주신 은혜를 생각하며 보답하고자 노력하는 것임		7분
전개	* 자녀로서 부모님께 어떤 말을 가장 많이 하는지 생각해 보고 기록하기(별지 3-1) * 기록한 내용을 보고 3인이 함께 모여 살펴본 후 전체 앞에서 발표하기 * 가장 많이 하는 말은 무엇일까요?: '엄마, ○○ 해 주세요' 등의 요구하는 말 * 하루 생활 중 감사의 마음을 담아 표현을 할 만한 적절한 상황을 찾아보기 　-아침 식사 후, 학교에 올 때, 방과 후 귀가 시, 아버지가 귀가하실 때, 밤에 잠자리에 들기 전, 준비해 주신 음식을 먹고 나서, 병간호를 해 주실 때 등 　-그동안의 감사표현생활 돌아보기: 어버이날 감사편지를 쓸 때, 맛있는 음식을 해 주셨을 때, 용돈주실 때, 새 옷을 사주실 때, 장난감을 사주실 때 등 * 안내자와 아동이 부모와 자녀역할을 맡아 상황마다 다른 인사표현 연습하기 　-잘 먹었습니다. 열심히 공부하고 오겠습니다. 학교생활 잘하고 돌아왔습니다. 아버지 다녀오셨어요? 많이 피곤하시지요? 등 엄마의 간호를 받으니 병이 금방 나을 것 같아요. 엄마 마음을 불편하게 해드려서 죄송해요. 이제 건강관리를 잘 할게요 등 * 부모님을 칭찬해드리기-자녀의 칭찬이 가정에 일으킨 변화에 대한 내용소개, 부모님을 칭찬하고 변화된 가정소개(참고자료: 김상복 지음, '엄마 힘들 땐 울어도 괜찮아') * 칭찬카드 사용방법 소개(별지 3-2)	인지 정의 행동	칭찬카드 '엄마, 힘들 땐 울어도 괜찮아'-책 -김상복 지음 (21세기 북스)
정리	* '보은'의 의미를 말해 보자-낳아주신 은혜와 길러주신 은혜를 생각하며 보답하고자 노력하는 것 * 부모님을 기쁘시게 하는 말을 사용하고 습관이 되도록 다짐하기 * 칭찬카드에 적을 내용에 대한 숙지		5분
실행 과제	* 지난주에 이어 감사표현의 실천과 부모님 칭찬해드리고 그에 대한 부모님의 느낌 받아오기		효행실천기록표

회기	넷째 마당	날짜	
주제	순종	요소	자효-순종-청종 자효-순종-절제
목표			1. 부모님의 말씀을 거역하지 않고 공손한 표정으로 귀담아 듣고 따르도록 한다. 2. 부모님의 권면을 받아들여 물건을 아껴 쓰고 저축하며, 충동적인 감정을 조절하는 방법을 알고 실천한다.

단계	활동내용	변화 영역	준비물 및 시간
도입	* 주제가 부르기 * 효행어린이 구호 외치기: 지난주에 익힌 내용 상기하며 다른 구성원이 선창 * 지난주 부모님을 칭찬해드린 경험과 그에 대한 부모님의 반응이야기 * 효행실천기록표, 칭찬카드 확인-스티커 붙이기 * 오늘 배울 자료의 주제는 '순종' 중에서 청종과 절제임 　-의미알기: '청종': 부모님 말씀을 거역하지 않고 따르려고 노력하는 것 　　'절제': 부모님의 권면을 받아들여 물건을 아껴 쓰고 저축하며, 충동적인 감정을 조절하려고 노력하는 것		효행어린이 노트
전개	* 부모님께서 부르실 때 그동안 어떻게 했었나?-각자 다양한 반응을 유도함 　-즉시 달려가서 '어머니, 아버지, 부르셨어요?', '예, 저 여기 왔어요.' '예, 저에게 시키실 일 있어요?' 또는 '지금 제가 하던 일이 5분이면 끝나는데 이 일 마치고 심부름을 해드려도 될까요?'(역할연습하기) * 예화듣기-이삭이야기 * 부모님께서 사주신 물건을 끝까지 아껴 쓰기(별지 4-1) 　-하고 싶은 일, 사고 싶은 물건에 대해 부모님의 생각을 먼저 여쭤보고 심사숙고해서 결정하기, 우선순위를 정하여 물건을 사기 등 　-현재 자기가 가지고 있는 물건의 목록을 적어보면서 소중히 여기고 끝까지 활용하고자 하는 의지를 다지기 　-별지활동: 자기가 가진 물건을 10가지 적고 지시에 따라 지워나가기 * 시간을 아껴 쓰기 위한 방법에 대해 토의 　-계획세우기, 급한 일과 중요한 일의 구분, 시간관리 매트릭스 이해하기 　-시간사용의 우선순위의 중요성에 대한 설명 　-시간관리 수첩 활용에 대하여 설명 * 충동적인 감정에 대한 조절안내(지사선책의 원리)(별지 4-2) 　-멈추고(지), 생각하여(사), 선택하고(선), 책임지기(책) 　-책임질 수 있는 선택인가? 　-'지사선책'의 유익한 점에 대해 3인 토의	인지 정의 행동	순종의 표본인 이삭이야기 시간관리매트릭스 설명용 ppt자료
정리	* 순종이란 무엇인가? * 충동적인 감정조절을 어떻게 하나?		
실행 과제	* 시간을 아껴 쓰기 위한 계획세우기		효행실천기록표

회기	다섯째 마당	날짜	
주제	순종	요소	자효-순종-형제우애
목표			1. 형제가 우애 있게 지내는 것이 부모님을 기쁘게 해드림을 알고 이해와 양보하기를 연습한다. 2. 친척 형제간에 관심을 갖고 일주일에 한 번씩이라도 연락을 하며 안부를 묻는다.

단계	활동내용	변화 영역	준비물, 비고
도입	* 주제가 부르기 * 효행어린이 구호 외치기: 지난주에 익힌 내용 상기하며 다른 구성원이 선창 * 지난주 부모님을 칭찬해드린 경험과 그에 대한 부모님의 반응이야기 * 효행실천기록표-스티커 붙이기 * 오늘 배울 자효의 주제는 '순종' 중에서 형제우애임 　-의미알기: 형은 동생을 사랑하고 동생은 형은 존중하며 서로 아껴주는 마음이 형제우애임		즉흥 역할극 * 역할극하기 -(상황 1) 부모님이 주시는 용돈의 액수에 불만이 있어 형제간에 싸움이 일어나게 됨 -(상황 2) 어머니가 시킨 심부름을 서로 미루다가 싸움이 벌어짐 -(상황 3) 동생과 함께 노는 과정에서 말다툼이 일어나 동생을 때림->동생이 울면서 부모에게 이름->부모에게 야단을 맞고 다시 동생에게 화풀이 책: '밤톨이와 얼짱이의 효도 뚝딱'(최병용 · 황은주 지음)
전개	* 형제서열에 따른 불만의 내용 소개-상대방의 입장에서 생각해 보고 상대방의 입장을 고려한 후 배려해 주기 * 형제가 참 좋다는 생각을 언제 하는가?(한쪽이 아파서 함께 놀지 못할 때, 학교에서 수련회를 떠나서 며칠 동안 보지 못했을 때, 내 편이 되어 줄 때 등) * 형제가 다투게 되는 경우는 언제인가?(양보하지 않을 때, 욕심부릴 때 등) * 다툴 때 부모님의 반응은 어떠했었나?(마음아파하심, 서로 사랑하며 지내라고 당부하심, 둘 다 야단치심 등) * 토의: 형제와 다투지 않으려면 어떻게 해야 할지에 대해 토의 * 역할극 그룹별로 연습한 후 발표하기(소재는 준비물 및 비고난에) * 예화소개: '금덩이를 버린 형제' * 생각해 보기-그 형제는 왜 금덩이를 버렸을까? 　　　　　　-무엇을 소중하게 생각했을까? 　　　　　　-그에 대해 어떻게 생각하는가?	인지 정의 행동	
정리	* 형제우애와 순종과는 어떤 관계가 있을까? * 외둥이의 경우는 친척 형제와 일주일에 한 번씩 전화하기		
마무리	부모님의 형제를 떠올려보기, 위급한 때 서로 돕고 위로가 될 수 있는 위치에 있음 (과제)오늘날까지 키우시는 동안 부모님이 가장 힘드셨을 때는 언제였는지 말씀 들어오기		효행실천기록표

회 기	여섯째 마당	날짜			
주 제	공경	요소	자효-공경-예의, 존경, 충간		
목 표	부모님에 대한 경외심을 바탕으로 생각과 행동을 공손하게 갖추어 부모님을 대하기를 다짐한다.				
단 계	활동내용			변화 영역	준비물
도 입	* 주제가 부르기 * 효행어린이 구호 외치기: 지난주에 익힌 내용 상기하며 다른 구성원이 선창 * 지난주 형제간에 우애 있게 지내기를 실천한 내용 이야기-3인이 함께 * 효행실천기록표-스티커 붙이기 * 오늘 배울 자효의 주제는 '공경'임 공경의 내용-예의, 존경, 충간임				녹음기, 카셋트 테잎 (충간의 효를 설명하기 위한 상황이 녹음된 것) -어머니께 전화가 걸려왔는데 아들이 받았다. 곁에 계시던 어머니가 '나 없다고 말해' 하시자 전화를 끊은 아들이 어머니에게 핀잔하는 내용의 대화기록 개운죽 물화병재료-물화병, 조약돌, 색종이, 가위, 풀

전 개	* 자신이 존경하는 인물 소개
	  -존경하는 이유는?
	  -그분들에게서 본받을 점은?
	* 부모님을 존경하기
	  -나로부터 가장 존경받기를 원하시는 분은 누굴까?
	  -세상에서 내가 가장 존경해야 할 분은 나를 낳으시고 기르시고 책임지시는 나의 부모님임을 알기
	* 존경하는 대상에 대한 예의
	  -예의의 바탕: 상대방에 대한 존중심
	  -존경하는 부모님께 나의 언행은 어떠하였는지 돌아보고 반성하기
	  -나의 언어생활에서 고칠 점 찾기(공손함을 담은 존대어로서의 언어예절)
	* 그룹토의-부모님을 존경하는 자녀로서의 언어생활은 어떠해야 하는가?
	* '충간의 효'에 대해 설명하기
	  -존경하는 부모님이 간혹 잘못을 하신다는 판단이 될 때
	  -효경의 내용소개(공손하고 부드러운 낯빛으로 간절하게 바른소리를 아뢰다가 부모님께서 듣지 않으시면 조용히 물러나옴)
	  -역할극하기
	* 활동-개운죽 물화병 만들기
	  -개운죽의 현재모습을 효행공책에 그린 후 개운죽의 이파리가 새로 돋는 것을 보고 자신의 효행도 성숙하기를 다짐하는 상징물로서 만듦
				인지
				정의
				행동	

정 리	* 충간이란 무엇인가? -효경에는 간쟁, 간언으로도 소개됨 * 녹음 제시된 상황에서 충간의 효를 실천한다면 뭐라 말씀드리는 것이 좋을까?				
마무리	(과제) 지금까지 부모님께 존댓말을 쓰지 않던 아이들은 오늘부터 실천하기				효행실천기록표

회기	일곱째 마당	날짜	
주제	승지	요소	자효-승지-보신, 입신
목표			1. 부모님이 물려주신 몸을 건강하게 유지하기 위해 규칙적인 운동을 실천한다. 2. 가족과 사회를 위해 유익한 일을 하기 위한 꿈을 키우기 위해 시간을 낭비하지 않고 계획적으로 생활한다.

단계	활동내용	변화 영역	준비물
도입	* 주제가 부르기 * 효행어린이 구호 외치기: 지난주에 익힌 내용 상기하며 다른 구성원이 선창 * 지난주 공경과 관련한 효행경험에 대해 이야기 나누기-3인이 함께 * 효행실천기록표-스티커 붙이기 * 오늘 배울 자효의 주제는 승지로서 그중에 보신과 입신임		녹음자료-부모 인터뷰 내용 바르셀로나 올림픽 마라톤 금메달리스트-황영조 이야기 (어머니께서 자기를 위해 고생하시며 성공하기를 바라시는 것을 알기에 포기하지 않고 끝까지 달렸음)
전개	* 나를 키우시는 동안 부모님이 가장 힘들고 마음이 아팠을 때가 언제였을까?(내가 아파서 병원에 다녔을 때, 거짓말을 하거나 잘못된 길로 갈까봐 걱정하실 때 등) * 나를 향한 부모님의 바램-건강한 몸과 정직한 마음으로 성공하는 것 등 * 몸과 마음의 건강을 위해 내가 할 일 찾기 　-규칙적인 운동계획세우기-줄넘기, 조깅, 배드민턴, 수영, 태권도 등 　-바른 자세 갖추기(활동), 체조하기(활동) * 성공이란 무엇인가?-'입신'의 효 설명 * 각자 자신의 꿈 소개하기-꿈을 이루기 위해 지금 무엇을 하는가? * 나의 'life plan' 작성하기(별지 7-1) * 예화소개-올림픽에서 금메달을 따기까지의 노력의 과정소개 * 꿈을 이룰 수 있는 방법에 대해 토의 후 발표(3인 그룹) 　-시간활용에 대한 지혜 　-우선순위를 정하여 행동하기(별지 7-2)	인지 정의 행동	
정리	* 보신의 효의 내용은?-부모님께서 물려주신 몸과 마음을 건강하게 유지하는 것과 시간을 아껴 쓰고 삶의 목표를 정하여 꿈을 이루어 가족과 사회를 유익하게 하는 것		
마무리	수신제가치국평천하(修身齊家治國平天下)의 의미 이해하기 (과제) 각자 가정의 가훈을 적고 그 뜻을 생각해오기		효행실천기록표

회기	여덟째 마당	날짜		
주제	승지	요소	자효-승지-존속	
목표		1. 가족 내에서 자신의 역할과 위치를 깨닫는다. 2. 가훈을 잘 지킴으로써 뿌리의식을 갖고 대를 이어 가정을 발전시켜야 하는 임무를 깨닫는다.		
단계	**활동내용**		변화 영역	준비물
도입	* 주제가 부르기 * 효행어린이 구호 외치기: 지난주에 익힌 내용 상기하며 다른 구성원이 선창 * 지난주 승지 관련한 효행경험에 대해 이야기 나누기-3인이 함께 * 효행실천기록표-스티커 붙이기 * 오늘 배울 자효의 주제는 지난주에 이어 승지로서 그중에 존속임 * 존속의 의미이해-뿌리의식을 갖고 가문에서의 자신의 위치와 역할에 관심 갖고 가문을 발전시키고자 하는 마음을 가짐		인지 정의 행동	우리 집 가훈 가계도(한 집안의 계통을 나타낸 그림을 말함)
전개	* 우리 가족의 형성과정에 대한 이해-가계도 그리기(별지 8-1) * 가계도상에 나타난 나의 위치(예, 할아버지의 둘째 아들인 우리 아버지와 외할머니의 첫째 딸인 우리 엄마가 결혼하심, 그 사이에서 형과 내가 태어났는데 그중에 둘째 아들인 나!) * 가까운 친척에게 관심가지기(나와의 관계는? 우리 아버지, 또는 어머니와 그들의 관계는? 명절 때는 어떻게 지내는지? 평소에 연락은 자주 하시는지 등) * 나에게 그분들은 어떤 기대를 걸고 계실까?(건강, 학업, 좋은 성격 등) * 우리 집 가훈 소개(별지 8-2) -그 의미는 무엇인가? 왜 그런 가훈을 정하게 되었는가? -가훈은 왜 만들었을까? -가훈을 잘 지키면 어떻게 될까? -가훈을 잘 지키기 위해 내가 해야 할 일은? * 가훈을 잘 지키고 우리 집을 발전시켜야 하는 나의 다짐 적기(별지 8-3)			
정리	* 가계도란 무엇인가? * 존속이란 무엇인가?			
마무리	(과제) 주말에 친할아버지댁, 외가댁에 전화해서 안부 여쭈어보기			효행실천기록표

회기	아홉째 마당	날짜	
주제	봉양	요소	자효-봉양-안락, 섬김, 불욕
목표			부모님의 필요가 무엇인지 관심을 갖고 살피며 몸과 마음을 편안하고 즐겁게 해드릴 방법을 찾아 실천한다.

단계	활동내용	변화 영역	준비물
도입	* 주제가 부르기 * 효행어린이 구호 외치기: 지난주에 익힌 내용 상기하며 다른 구성원이 선창 * 지난주 승지 관련한 효행경험에 대해 이야기 나누기 -3인이 함께 * 효행실천기록표 - 스티커 붙이기 * 오늘 배울 자효의 주제는 봉양임 * 봉양 의미이해 - 부모님의 필요를 채워드리며 몸과 마음을 편안하고 즐겁게 해드림		
전개	* 부모님의 하루 일과를 생각해 보기 　-아버지: 출근준비->교통난->회사->힘든 하루->스트레스->퇴근->귀가 　-어머니: 아침준비->아빠출근, 나 등교 돕기->집안일(시장보기, 빨래, 청소, 시어른 관심 갖기, 학교 봉사활동->내 공부돌보기->저녁준비->내일 아침 준비 등 * 부모님께서 피곤해하실 때 내가 할 일 - 왜 그토록 피곤하심에도 늘 반복되는 일을 쉬지 않고 하실까? - 자식사랑, 가족사랑, 어머니 가슴속엔 오직 자식이 있음(별지 9-1) * 그룹토의 1 - 부모님의 피로를 덜어드릴 수 있는 일은 무엇일까? 　- 토의 내용 그룹별 발표 * 그룹토의 2 - 부모님께 기쁨을 드릴 수 있는 방법은 무엇일까? * 그룹토의 3 - 부모님을 가장 힘들게 하는 일을 무엇일까? - 나의 행동과 관련짓기 * 불욕의 의미와 사례 - 나로 인해 부모님이 부끄러움을 당하심 　-옆집의 후배(5학년이 3학년을)를 때려서 울려놓아 그 댁의 어머니께서 우리 어머니에게 와서 항의를 하심 　-상스런 욕설을 하다가 선생님께 지적을 받음(너의 부모님께서 그렇게 가정교육하셨니?) 등 * 비디오 시청 - '행복한 지게', '네 시어머니 모시는 며느리' * 시청 후 토론 - 3인이 함께 모여 시청소감을 나누며 진정한 봉양에 대해 토론하기	인지 정의 행동	비디오 -행복한 지게 10´(안락의 효와 섬김의 효를 실천하는 덕보의 이야기) -네 시어머니 모시는 며느리 12´(서울방송 생방송 투데이 2004. 6. 25일 방영분) 스케치북, 사인펜
정리	* 봉양의 참 의미는? 부모님의 몸과 마음을 편안하고 즐겁게 해드리는 것이며 비록 나의 힘이 부족해도 비디오의 덕보처럼 순수하고 진실한 마음으로 섬기면 봉양의 효로써 충분함(환경을 핑계대지 않기)		
마무리	(과제) '행복한 지게' 소감문을 효행공책에 기록하기		효행실천기록표

회기	닫는 마당	날짜		
주제	총 마무리 (부모-자녀합석)	요소	총정리, 새로운 출발을 다짐한다.	
목표	배운 내용을 복습하고 게임을 통해 부모-자녀 친밀감을 확인한 후 부자자효하는 효행가족으로서의 자부심을 갖는다.			

단계	활동내용		변화 영역	준비물
	자 녀	부 모		
도입	* 주제가를 부모님과 함께 부른다. * 구호를 다함께 외치기 * '봉양'의 의미 복습 * 부모님을 편안하고 즐겁게 해드린 경험이야기	* 자녀와 함께 주제가를 부른다. * 자녀가 외치는 구호를 보며 어머니도 함께 외친다(어머니는 '나는 자애로운 어머니!'로 바꾸기). * 부모님께서 자녀의 말을 들으며 '나 전달하기'-네가 그렇게 해 주었을 때 '내 맘이 참 기뻤단다. 고맙다'	인지 정의 행동	주제가 악보 퀴즈출제 플래시카드 눈가리개, 손수건 사후검사지 수료증 캠코더 및 카메라 〈게임방법〉-출처: 한국청소년개발원연구보고서 95-20 가족캠프활동 중 ① 눈감고 부모님 찾기 자녀들은 손수건으로 눈을 가린다->부모들은 여기저기 섞여 서 계신다->신호가 나면 자녀들은 진행자가 지정한 신체부위(손, 얼굴, 머리, 가슴 등)를 만져 자신의 부모님을 찾아낸다. ② 이인삼각-모자가 함께 다리를 묶고 마음이 하나되어 목표점을 돌아오기

전개	* 퀴즈를 통한 개념 확인
	  -자녀는 부모에게
	(예) 자녀의 실수를 너그럽게 수용하는 자애로움을 무엇이라고 하나요?(관대)
	(예) 자녀를 부모의 소유물로 생각하지 않고 독립된 인격으로 대해 주는 것을 무엇이라고 하나요?(존중)
	
	* 게임실시
	  -자녀의 눈을 가리고 건너편에 계신 자기의 어머니를 모셔오기
	
	* 프로그램 소감문 작성 및 사후검사 실시
	  -한국적 양육행동(32문항)
	  -어머니에 대한 태도(34문항)
	
	* 보이지 않았는데 어떻게 엄마를 찾았나요?(엄마냄새, 허리 안을 때 느낌, 액세서리 등)
		-부모는 자녀에게
		(예) 부모님 말씀을 거역하지 않고 잘 듣고 그대로 따르려고 애쓰는 것은 무슨 효도인가요?(청종)
		(예) 부모의 몸과 마음을 편안하고 즐겁게 해드리는 효를 무엇이라고 하나요?(안락)
		
		* 게임실시
		  -어머니의 눈을 가리고 건너편에 있는 자녀를 찾아 업고 오기
		
		* 프로그램 소감문 작성 및 사후검사 실시
		  -부모역할수행(20문항)
		  -자녀의 효행동변화 체크리스트(21문항)
		
		* 보이지 않았는데 어떻게 자녀를 찾았나요?(자녀냄새, 헤어스타일, 안을 때 느낌 등)		

정리	기념촬영 수료증 받기 작은 파티-다과회	기념촬영 수료증 받기 작은 파티-다과회		
마무리	(과제) 자녀-효행누가관찰 기록표, 부모-저널쓰기 누가기록물 일주일 후 제출			

〈**부록6**〉

프로그램 실시 안내 및 모집글

안녕하세요?

이번에 본교 상담실에서는 특별한 프로그램을 가지고 여러분을 맞이하고자 합니다.

그것은 바로 '**효행증진을 위한 프로그램**'인데 이 프로그램의 원리는 부자자효(父慈子孝)에 기반을 두었습니다. '자애로운 부모, 효도하는 자녀'를 말하는 것이지요.

현대사회의 역기능적인 특징 중 하나로 부모－자녀 간에 전통적으로 유지되어 오던 孝(효)사상이 약화되면서 가족 간에 많은 문제들이 내포된 채 위기를 맞고 있는 모습을 많이 보게 됩니다. 그리하여 우리 상담실에서는 예방 차원**에서** 우리 학교의 학부모가정을 위해 본 프로그램을 가지고 4-5학년을 대상으로 정기적인 모임을 가져보려고 계획을 세우게 되었습니다.

가정과 부모와 형제의 소중함을 어려서부터 지각(知覺)하고 덕(德)을 쌓아가는 성품을 개발하기 위한 이번 프로그램에는 아동은 10회, 부모는 6회를 참여할 수 있어야 합니다. 부모님이 참석하시는 것이 다소 부담이 될 수 있겠으나 내 자녀의 인성교육에 도움이 된다면 무엇인들 못하겠습니까? 인성지도는 때와 기회가 있는 것이랍니다. 가족 간에 잘 의논하셔서 여러분을 위해 계획한 모처럼의 좋은 기회를 잘 활용하시기 바랍니다. 교육대상은 아동과 그의 어머니입니다.

다음 내용을 확인하시고 원하시는 분은 신청서를 작성하셔서 상담실로 제출해 주시기 바랍니다. 그럼 귀댁의 평강을 기원하며……

---

1. **진행시간:** 매주 수 또는 목요일 방과 후부터 1시간~1시간 30분 정도
2. **진행방법:** 교사설명 및 강의, 역할극, 비디오시청, 토론 등
3. **프로그램목표:** 부자자효의 내용이해, 효(孝)가치관정립, 효행증진
4. **참가횟수:** 학생은 10회, 어머니는 6회 예정(한 번은 어머니와 자녀 합석)

--------------프로그램 참가를 희망하며 신청서를 제출합니다--------------

참가자 인적 사항	학 생	제 　 학년 　 반 이름 (　　　　) (남, 여)		
	부 모	성 명 　　　　　　　　　　 (인)		
	연락처	집전화:	핸드폰	

〈부록7〉

어머니용 설문 - 부모역할수행척도

* 다음 질문은 부모역할수행에 관한 질문입니다. 각각의 문항을 읽으시고 알맞은 칸에 ○표를 해 주세요. 정답이 없는 문항이니 솔직하게만 해 주시면 됩니다.

(어머니의 나이는? ① 20대 ② 30대 ③ 40대)

	문항내용	전혀 그렇지 않다	조금 그렇지 않다	약간 그렇다	늘 그렇다
1	나는 평소에 자녀와 함께 잘 놀아주는 편이다.				
2	나는 자녀들과 함께 있는 시간을 많이 가지는 편이다.				
3	나는 자녀문제에 대해 주위 사람들과 의논을 자주 한다.				
4	나는 주말에 자녀와 함께 외출을 자주 한다.				
5	나는 자녀를 위한 각종 행사에 참석한다.				
6	나는 자녀의 공부에 대해 관심이 많다.				
7	나는 자녀가 잘못했을 때 야단친 후 측은한 마음으로 후퇴하고 자녀의 기분을 풀어준다.				
8	자녀가 잘할 때마다 칭찬을 많이 해 주는 편이다.				
9	나는 자녀들과 이야기를 많이 나누는 편이다.				
10	평소에 자녀들에게 애정표시를 많이 한다.				
11	나는 자녀가 좋아하는 것과 싫어하는 것, 하고 싶은 것이 무엇인지 잘 알고 있다.				
12	나의 자녀는 화가 나거나 걱정되고 속상한 일 등 고민이 있을 때 나에게 털어놓으며 이야기한다.				
13	나는 자녀의 친한 친구가 누구인지 잘 알고 있다.				
14	나는 항상 자녀들과 여러 가지 일을 함께 하며 가까운 친구 같은 느낌이 든다.				
15	나는 자녀들에게서 가장 큰 기쁨을 얻는다.				
16	같은 경우라도 내 기분에 따라 자녀를 야단치는 정도가 달라진다.				
17	나는 화가 나면 자녀에게 매를 들어 때린다.				
18	나는 자녀에게 화를 내거나 소리 지르는 일이 많다.				
19	나는 자녀들이 나에게 짐이라고 생각들 때가 많다.				
20	부모역할을 잘 하기 위해 나 자신의 영양섭취와 건강에 관심이 있다.				
21	가족을 위해 건강한 몸을 유지하려고 규칙적인 운동을 한다.				

〈부록8〉

자녀용 설문 – 한국적인 양육행동

	나의 어머니는?	전혀 그렇지 않다	별로 그렇지 않다	보통 이다	조금 그렇다	매우 그렇다
1	아무리 좋은 의도라고 해도 내 생활에 너무 많이 간섭하신다.	①	②	③	④	⑤
2	다른 식구들 문제로 나를 탓하신다.	①	②	③	④	⑤
3	내 의견에 찬성하지 않으시더라도 내 의견은 존중해 주신다.	①	②	③	④	⑤
4	도움이 필요한 사람이 주위에 있으면 도우라고 하신다.	①	②	③	④	⑤
5	가족행사에 참여하거나 가족을 돕도록 가르치신다.	①	②	③	④	⑤
6	내가 어떤 일에 대해 화를 내면 그것을 이해하려고 하신다.	①	②	③	④	⑤
7	보통 내 또래 아이들이 흔히 하는 일도 내가 하면 못하게 하신다.	①	②	③	④	⑤
8	한 번 가르쳐 주신 것을 내가 제대로 못하면 '그런 것도 못하냐'고 핀잔하신다.	①	②	③	④	⑤
9	다른 사람들에게 피해를 주지 말라고 가르치신다.	①	②	③	④	⑤
10	내가 욕이나 거친 말을 쓰면 나무라신다.	①	②	③	④	⑤
11	내가 무슨 일을 하든지 나를 믿지 못하신다.	①	②	③	④	⑤
12	공공장소에서 질서를 지키지 않거나 소란스럽게 장난을 치면 나를 야단치신다.	①	②	③	④	⑤
13	내가 어머니의 의견을 반대하면 싫어하시면서 못하게 하신다.	①	②	③	④	⑤
14	내가 작은 실수를 해도 핀잔을 주신다.	①	②	③	④	⑤
15	내가 약속을 한 것은 반드시 지키게 하신다.	①	②	③	④	⑤
16	내 말이나 행동을 못마땅하게 생각하신다.	①	②	③	④	⑤
17	나에게 지나치게 훈계를 하신다.	①	②	③	④	⑤
18	나와 관계된 일이 잘못되면 무조건 내 탓으로 돌리신다.	①	②	③	④	⑤
19	내 하루 일과에 대해 물으신다.	①	②	③	④	⑤
20	내가 왜 혼나는지 또는 어떤 일은 왜 하면 안 되는지 설명하신다.	①	②	③	④	⑤
21	어머니에게 있어 내가 소중한 자녀라고 느끼게 해 주신다.	①	②	③	④	⑤
22	이웃에 문제가 있다면 도우려고 하신다.	①	②	③	④	⑤
23	나 때문에 기분이 상하시면 내가 어머니 말씀에 따를 때까지 나에게 말을 안 하신다.	①	②	③	④	⑤
24	내 학교생활에 관심을 가지신다.	①	②	③	④	⑤
25	나를 위해서라면 힘들거나 불편한 일도 마다하지 않으신다.	①	②	③	④	⑤
26	나와 의견이 다를 때 두 사람(어머니와 나) 모두 찬성하는 다른 방법을 찾으신다.	①	②	③	④	⑤
27	나와 함께 있는 것을 좋아하신다.	①	②	③	④	⑤
28	다른 사람의 감정도 생각하라고 가르치신다.	①	②	③	④	⑤
29	나의 관심사에 대해 무시하신다.	①	②	③	④	⑤
30	나 때문에 화나는 일이 있으셔도 일단은 참으신다.	①	②	③	④	⑤
31	물건을 절약하라고(아껴 쓰라고) 말씀하신다.	①	②	③	④	⑤
32	나를 안아주시거나 어깨를 두드려주신다.	①	②	③	④	⑤

〈**부록9**〉

자녀용 설문－어머니에 대한 태도

* 다음 글을 잘 읽어보고 여러분의 생각과 가장 잘 들어맞는 곳에만 ○표 해 주세요.

	나의 생각은?	그렇다	아니다	모르겠다
1	난 어머니와 아주 친하다.			
2	어머니가 내게 무언가를 하라고 하실 때는 다 그럴 만한 이유가 있다고 생각한다.			
3	나는 우리 어머니와 같은 사람이 되고 싶다.			
4	우리 어머니는 내 능력을 낮추어 보신다.			
5	어머니는 늘 내가 잘못하는 것만 찾아내시고 내가 하는 모든 것은 모두 못마땅하게 여기신다.			
6	어머니는 내 의견을 별로 존중해 주지 않는다.			
7	어머니는 내가 친구가 있는지 없는지에 별로 관심이 없다.			
8	어렸을 때에 어머니는 내게 부당하게 대우하셨다.			
9	우리 어머니는 내가 가장 존경할 만한 사람이다.			
10	어머니는 나의 가장 좋은 친구이다.			
11	우리 어머니는 나를 기르는 것을 세상에서 가장 중요하고 가치 있는 일로 여기신다.			

* 아래의 질문에는 질문마다 서로 다른 5개의 답이 적혀 있습니다. 각 질문에 있는 5개의 대답을 잘 읽어보고 그 다섯 개의 대답 중에서 여러분의 생각과 가장 잘 들어맞는 대답 하나에만 ○표를 하세요.

12. 우리 어머니는 ──────────────────── (　　　)
　　(1) 나에 대해 아주 많은 관심을 갖고 계신다.
　　(2) 나에 대해 어느 정도 관심을 갖고 계신다.
　　(3) 나에 대해 그리 관심이 많지 않다.
　　(4) 나에 대해 거의 관심이 없다.
　　(5) 나에 대해 전혀 관심이 없다.

13. 나는 우리 어머니와 ──────────────────(　　　)
　　(1) 사이가 아주 좋다.

    (2) 사이가 좋다.

    (3) 사이가 조금 좋다.

    (4) 사이가 그리 좋지 않다.

    (5) 사이가 나쁘다.

14. 내가 비밀을 털어놓아야 한다면, 나는──────────────────── (　　　)

    (1) 언제나 어머니에게 내 비밀을 얘기할 것이다.

    (2) 대개는 어머니에게 내 비밀을 얘기할 것이다.

    (3) 가끔 어머니에게 내 비밀을 얘기할 것이다.

    (4) 어머니에게는 내 비밀을 거의 말하지 않을 것이다.

    (5) 절대로 어머니에게는 내 비밀을 말하지 않을 것이다.

15. 우리 어머니는 ────────────────────────── (　　　)

    (1) 언제나 내 잘못만 지적하시고 내가 하는 일은 하나도 기뻐하지 않으신다.

    (2) 자주 내 잘못을 지적하시고 내가 하는 일은 별로 기뻐하지 않으신다.

    (3) 내 잘못을 지적하지는 않지만 내가 하는 일도 별로 기뻐하지 않으신다.

    (4) 내가 하는 일을 기뻐하시고 내가 한 일을 자주 칭찬해 주신다.

    (5) 절대로 나를 나무라지 않으시고 나에 대해 칭찬을 아끼지 않으신다.

16. 내 생각에 우리 어머니는 ──────────────────── (　　　)

    (1) 언제나 내가 가장 잘 하는 것만을 생각하려 하신다.

    (2) 내가 잘 하는 것을 생각하시려 한다.

    (3) 내가 잘 하는 것만 생각하시는 것도 아니고 내가 못하는 것만 생각하시는 것도 아니다.

    (4) 때때로 내가 못하는 것을 생각하시는 편이다.

    (5) 언제나 내가 가장 못하는 것만을 생각하시려 한다.

17. 우리 어머니는 나에게 ──────────────────── (　　　)

    (1) 사랑이 담긴 일을 전혀 하지 않으신다.

    (2) 사랑이 담긴 일을 거의 안 하신다.

    (3) 가끔 사랑이 담긴 일을 해 주신다.

    (4) 자주 사랑이 담긴 일을 해 주신다.

    (5) 언제나 사랑이 담긴 일을 해 주신다.

18. 시간이 나면 우리 어머니는 ———————————————— (   )

    (1) 그 시간을 몽땅 나와 함께 보내기를 바라신다.

    (2) 그중 상당한 시간을 나와 함께 보내기를 좋아하신다.

    (3) 그중 조금 시간을 내어 나와 함께 보내기를 좋아하신다.

    (4) 그 시간을 나와 함께 보내기를 좋아하지 않으신다.

    (5) 그 시간을 나와 함께 보내는 것을 아주 싫어하신다.

* 아래의 질문에는 각 질문마다 다섯 가지의 대답이 있습니다. 여러분은 질문을 하나씩 잘 읽어보고 여러분의 어머니가 그 5개의 대답 중에서 어디에 해당하는지, 가장 잘 들어맞는 대답에 ○표를 해 주세요.

	우리 어머니는 ?	아주 많이 그렇다	많이 그렇다	조금 그렇다	아주 조금 그렇다	하나도 그렇지 않다
19	공평하다.					
20	어머니 위주로 생각한다.					
21	남을 잘 돕는다.					
22	남을 잘 비꼰다.					
23	남을 잘 생각해 준다.					
24	'이래라', '저래라' 하신다.					
25	상냥하다.					
26	친절하다.					
27	이해심이 많다.					
28	쌀쌀맞다(냉정하다).					
29	의심이 많다.					
30	남을 불쌍하게 여긴다.					
31	예의 바르다.					
32	사람을 잘 믿어준다.					
33	남을 잘 부러워한다.					
34	사랑이 많다.					

성별	학년	형제서열		함께 사는 식구	부모님 나이	기타
① 남 ② 여	① 4 ② 5	① 외둥이 ③ 둘째	② 첫째 ④ 막내	① 확대가족 ② 핵가족	① 부( )세 ② 모( )세	

〈부록10〉

어머니용 설문 - 자녀 효행동 관찰척도

	나의 자녀는?	전혀 아니다	조금 아니다	조금 그렇다	매우 그렇다
1	부모나 친척 어른에게 존댓말을 사용한다.				
2	부모가 부르거나 무언가를 물을 때 공손한 자세로 여쭙는다.				
3	부모의 심기가 불편해 보이면 관심을 보인다.				
4	부모가 힘들어 보일 때 실제로 도와준다(집안의 작은 일 등).				
5	부모와 생각이 다를 때 고집부리지 않고 받아들인다.				
6	부모와 생각이 다를 때 공손한 자세로 의견을 말한다.				
7	시간관리를 잘하고 계획한 대로 실행한다.				
8	자기 책상 주변이나 방정리를 스스로 한다.				
9	집에 늦게 귀가하게 되면 꼭 전화를 하거나 미리 말씀드린다.				
10	잘못을 했을 땐 솔직하게 말씀드리며 용서를 구한다.				
11	형제간에 사이좋게 지낸다(외둥이의 경우는 친척 형제간에).				
12	가족 간에 약속한 것을 잘 지킨다.				
13	잠자리에 들기 전과 일어나서 부모님께 인사를 한다.				
14	식사를 한 후에 부모님께 감사표시를 한다(말과 행동으로).				
15	자기의 꿈을 이루기 위해 열심히 노력하는 모습이 보인다.				
16	욕설이나 상스런 말을 하기도 한다.				
17	가문에 대한 생각과 자기의 역할과 위치에 관심이 있다.				
18	학교에서 있었던 일에 대해 상세하게 말해 준다.				
19	물건의 소중함을 알고 끝까지 다 활용한다.				
20	자기 몸이나 옷차림을 깨끗이 하려고 노력한다.				
21	외출할 때나 귀가해서 부모님께 알려준다.(다녀오겠습니다, 다녀왔습니다 등)				

성 별	자녀학년	자녀 수	가족형태	부부나이
① 남 ② 여	① 4학년 ② 5학년	① 외둥이 ② 둘 ③ 셋	① 확대가족 ② 핵가족	① 부( ) ② 모( )

〈부록11〉

추후 자기 보고서(self-report)

(   )어머니, 그동안 안녕하셨어요?

 무더운 지난 여름 본 상담실에서 실시하는 '부자자효 교육프로그램'에 참여해 주셔서 감사했습니다. 배운 내용들을 가정의 모든 장면에서 하나하나 적용할 때 우리 가정이 父慈하고 子孝하는 행복한 가정이 될 수 있습니다. 물화분에 꽂은 개운죽도 잘 크고 있겠지요?

 새로운 이파리들이 돋아나고 자라는 모습을 보며 자신의 효행도 더욱 실천하도록 하자고 다짐을 하며 함께 만들었던 것인데 그러한 의미를 담고 있는 그것을 자녀들이 잘 키우도록 돌봐주시기 바랍니다.

 다시 한번 그때 배웠던 내용들을 기억해 보십시다.

 부자(父慈)란 자애로운 부모역할을 말하는데 자애로운 부모역할이란 어떤 것인지에 대해 자세히 배웠었지요. 지난주 수요일에 아이들을 불러 사후지도와 복습에 이어 어머니의 변화를 물었을 때 **'자기말을 끝까지 잘 들어주신다.'**, **'전보다 화를 덜 내신다.'**란 말이 여러 번 나왔습니다. 노력하시는 모습이 자녀에게 전달되었습니다. 듣고서 저도 기쁘고 신이 났습니다. 그때는 여러 역할을 사례를 들어가며 자세히 배웠었습니다. 그것을 다시 정리해 보니 저도 새롭습니다. 마무리 모임 하던 날, 한 달 후에 제가 다시 연락드린다고 했던 말 기억나시나요? 기억하시면서 다음 내용을 한 번 더 읽어보시기 바랍니다. 그리고 카페에 계속 글을 올려주시는 분도 계신데 종종 들어와서 함께 경험한 일들을 함께 나누시기 바랍니다.

---2004. 9. 30(목)--- 상담실 올림

******자애로운 부모란(父慈하는 부모)?******

〈책임 있는 부모〉
-자녀의 발달이나 성장을 위해 어려움이나 방해요소가 없도록 정성을 다한다.(정성)
-어떤 일보다도 부모역할을 하는 데 최우선 순위를 둔다.(헌신)

〈잘 훈육하는 부모〉
-합리적인 설명을 통해 훈육하며 행동으로 본을 보여줌으로써 부모의 권위를 세운다.(권위)
-자녀에게 도덕적인 분별력과 판단력을 길러주기 위해 엄격함과 자애로움이 조화를 이룬다.(엄친)

〈수신하는 부모〉

- 자신의 몸과 마음의 건강을 돌보고 잘 관리함으로 건강생활의 본을 보인다.(보신)
- 자녀의 모델이 됨을 인식하여 언행을 바르고 덕스럽게 한다.(모범)

〈자녀를 존중하는 부모〉

- 자녀를 독립된 인격체로 인정하여 귀하고 소중하게 여긴다.(아껴줌)
- 자녀의 성장발달에 따른 욕구와 흥미, 대인관계에 마음을 두어 주의를 기울인다.(관심)
- 자녀가 힘들어 할 때 말과 행동으로 용기와 의욕을 북돋워주어 성장에 대한 힘을 얻도록 한다.(격려)
- 자녀의 잠재력과 장점을 찾아 인정해 주고 발전되도록 정서적으로 원조해 준다.(지지)

〈인내할 줄 아는 부모〉

- 자녀가 실수나 잘못을 반복해도 상황과 욕구를 고려하여 너그러운 마음으로 수용한다.(관대)
- 자녀의 학업과 심신발달, 인격성장에 대해 미래지향적인 소망과 기대를 갖는다.(믿음)
- 자녀의 발달특성과 심리적 상태를 분별하여 안다.(이해)

*이 내용으로 평생 부모역할의 지침을 삼아 좋은 부모가 되는 행복한 가정되시길 당부드립니다.

　본 프로그램은 두 번째로 실시되었던 것입니다. 많은 아이들에게 이러한 교육을 받도록 하고 싶은데 일단 실시해 보고 효과를 볼 수 있다면 좀더 확신 있게 소개할 수가 있거든요. 시간을 내시기 힘들었던 만큼 생각이나 가치관 그리고 자녀를 다루는 방식에서 무언가 변화가 있을 것입니다. 그 내용을 적어주시면 부족한 부분은 좀더 보완하고 살릴 부분은 강조하여 다음 프로그램을 계획하고자 하오니 한 달이 지난 지금은 어떠신지 그 상황을 적어주시면 감사하겠습니다. 그럼 사랑하고 존경하는 귀댁에 화평과 강건함을 기원하며 이만 그칩니다.

〈프로그램 종료 1개월 후의 자기보고서〉 (   )학년 (   )어머니

■ 다음 질문에 자유롭게 답변해 주시면 감사하겠습니다.

1. 프로그램에 참가하신 후 어머님의 변화된 생각이나 행동은 무엇입니까?

   (1) 효(孝)에 관한 일반적 생각
     ① 교육 전 -
     ② 교육 후 -

   (2) 부모의 자애(慈愛)로운 역할에 관한 지식적인 내용(훈육, 책임, 존중, 수신, 인내 등)
     ① 교육 전 -
     ② 교육 후 -

   (3) 자애(慈愛)로운 역할 각각의 내용에 대한 행동적인 면의 변화
     ① 교육 전 -
     ② 교육 후 -

   (4) 프로그램이 부모는 6회기로 진행되었습니다.
     다음에 이 프로그램을 다시 실시한다면 몇 회기가 적당하겠습니까?(   )

   (5) 교육 전과 후에 자녀의 행동이 변화된 내용이 있다면 기술해 주세요.
     ① 교육 전 -
     ② 교육 후 -

(6) 행동변화가 지속적으로 유지되도록 하기 위해서는 어떻게 하는 것이 효과적일까요?

(7) 기타 본 프로그램에 참여하신 소감을 적어주세요.

〈**부록**12〉

사후 소감문(어머니용)

> 부자자효(父慈子孝) 교육프로그램에 참여해 주신 어머님 그동안 수고하셨습니다. 아동 10회, 부모 6회로 구성된 본 프로그램의 목표가 도달되는 여부는 이제 여러분이 가정에서 어떻게 하느냐에 달려 있습니다. 그동안 배운 내용들을 가정에서 잘 실천하시고 있는지 궁금합니다. 여러분의 가정이 부모는 자녀를 바르게 사랑하고, 자녀는 부모에게 정성을 다하여 '**효도하는 가정, 행복한 가정**'이 되시기를 바라며 몇 가지 소감을 성실하게 적어주시면 고맙겠습니다.

---

1. 부자자효(父慈子孝) 교육프로그램에 참여하기 전과 후의 어머니의 모습을 비교해 볼 때 **효(孝)의 내용 이해 부분**에서 달라진 것이 있으시면 그 내용을 자세히 적어주십시오.

    (1) 있다(내용:

    (2) 없다(이유:

2. 프로그램에 참여하기 전과 지금과 비교해 볼 때 자신의 자애로운 역할수준에 변화가 있었습니까?

    (1) 있다(내용:

    (2) 없다(이유:

3. 본 프로그램은 여러분에게 어느 정도 도움이 되었습니까?

    ① 전혀   ② 조금   ③ 보통   ④ 조금 많이   ⑤ 매우

4. 전반적으로 본 프로그램에 대해 얼마나 만족하십니까?

    ① 전혀   ② 조금   ③ 보통   ④ 조금 많이   ⑤ 매우

5. 다음에 이 프로그램이 다시 실시된다면 다른 사람들에게 권하겠습니까?

    (1) 예(이유?

    (2) 아니오(이유?

6. 본 프로그램에 대한 여러분의 솔직한 의견을 적어주십시오.

    (1) 좋았던 점 –

    (2) 아쉬웠던 점 –

    (3) 보완하기를 바라는 점 –

    (4) 프로그램이 진행되면서 가족 간에 있었던 변화는?

7. 부모는 6회, 아동은 10회로 진행된 것에 대한 의견은 어떻습니까?(   )

❀ 저자소개 ❀

한영진

•약　력•

서울교육대학 졸업
공주대학교 일반대학원 졸업(교육학 석사. 1999)
美 LCC Substance Abuse 과정 이수(2001)
숙명여대 대학원 아동복지학과 졸업(문학박사. 2005)

서울수송초등학교 교사(상담실 운영)
한서대 교육대학원 전문상담교사 과정 강의(2000)
한서대 교육대학원 외래강사(부모교육, 2002)
단국대 행정대학원 외래강사(상담심리, 2002~현재)
숙명여대, 남서울대, 강원대 등 시간강사 역임
서울시 교육청 및 대전연수원 각종 교사연수 과정 상담 및 생활지도 관련 강의
서울시 교육청 상담 및 생활지도 장학자료 집필참여(집단따돌림예방, 학교폭력예방, 진로지도자료,
　　학부모 119, 자기관리GPS 외)
한국가족복지학회 상임이사(2005. 12~ 현재)

•주요논저•

「성경적 태교」(공저)
「성경적 자녀양육」(공저)
「시설출신 부모의 아동학대행위에 관한 미시문화기술적 연구」
「부자자효(父慈子孝) 교육프로그램 개발연구」
「초등학생 상담사례를 통한 학교사회사업 필요성에 관한 연구」
「학교기반(School-based) 부모교육 실시 가능성에 관한 연구」
「기독교가정의 부모가 지각하는 자녀의 신앙생활 평가도구 개발 기초연구」
「통합교육을 통한 창의성 함양 방안 연구(공저)」
「청소년기 부모교육사 교과과정 개발에 관한 기초연구」
「가족복지 증진을 위한 부자자효(父慈子孝) 프로그램 개발에 관한 연구」
외 다수

부자자효

•초판 인쇄	2007년 5월 31일
•초판 발행	2007년 5월 31일
•지 은 이	한영진
•펴 낸 이	채종준
•펴 낸 곳	한국학술정보㈜
	경기도 파주시 교하읍 문발리 526-2
	파주출판문화정보산업단지
	전화　031) 908-3181(대표)·팩스　031) 908-3189
	홈페이지　http://www.kstudy.com
	e-mail(출판사업부)　publish@kstudy.com
•등 　 록	제일산-115호(2000. 6. 19)
•가 　 격	12,000원

ISBN　978-89-534-6743-9 93330 (Paper Book)
　　　　978-89-534-6744-6 98330 (e-Book)